林正三輯錄

臺灣瀛社詩學會叢書

清詩話精華

文史哲出版社印行

目　錄

目　錄 -- 001

清詩話精華 ------------------ 林正三 選輯
鄭貴真 輸入 ------------------ 005

序 ------------------------------------- 林正三 ------------------------------- 005

鈍吟雜錄 ------------------------- 馮　班 著 ------------------------------ 007

詩筏 ----------------------------------- 賀貽孫 著 ------------------------- 007

載酒園詩話 ------------------------- 賀　裳 論次 -------------------------- 011

抱真堂詩話 ------------------------- 宋徵璧 筆記 ------------------------- 024

答萬季埜詩問 ------------------- 吳　喬 著 ---------------------------- 025

圍爐詩話 ------------------------- 吳　喬 述 ------------------------------ 028

蠖齋詩話 ------------------------- 施閏章 著 ------------------------------ 042

薑齋詩話 ------------------------- 王夫之 著 ------------------------------ 045

春酒堂詩話 ------------------------- 周　容 撰 ------------------------------ 050

詩辯坻 ----------------------------------- 毛先舒 著 ------------------------------ 051

原詩 --- 葉　燮 著 ------------------------------ 053

原詩外篇 ------------------------- 葉　燮 著 ------------------------------ 070

龍性堂詩話 ------------------------- 葉矯然 著 ------------------------------ 073

古歡堂集雜著 ------------------- 田　雯 著 ------------------------------ 075

律詩定體 ------------------------- 王士禎 著 ------------------------------ 075

然鐙記聞------------------------ 王漁洋口授 何世璂述 ------------------076

師友詩傳錄------------------------ 王士禎 張篤慶 張實居答 ------------------077

師友詩傳鑛錄------------------------ 劉大勤問 王漁洋答 ------------------078

漁洋詩話------------------------ 王士禎 著 ------------------079

漫堂說詩------------------------ 宋　犖 著 ------------------081

而菴詩話------------------------ 徐　增 著 ------------------082

秋星閣詩話------------------------ 李沂著 著 ------------------085

詩義固說------------------------ 龐　塏 著 ------------------089

談龍錄------------------------ 趙執信 著 ------------------091

聲調譜------------------------ 趙執信 著 ------------------092

唐音審體------------------------ 錢木菴 著 ------------------093

漢詩總說------------------------ 費錫璜 著 ------------------093

寒廳詩話------------------------ 顧嗣立 著 ------------------096

西圃詩說------------------------ 田同之 著 ------------------098

絸齋詩談------------------------ 張謙宜 著 ------------------101

說詩晬語------------------------ 沈德潛 著 ------------------103

蘭叢詩話------------------------ 方世舉 著 ------------------116

一瓢詩話------------------------ 薛　雪 著 ------------------118

貞一齋詩說------------------------ 李重華 著 ------------------125

蓮坡詩話------------------------ 查爲仁 著 ------------------127

劍谿說詩 -------------------- 喬　億 著 -------------------- 129

詩學纂聞 -------------------- 汪師韓 著 -------------------- 130

詩學纂聞又篇 -------------- 汪師韓 著 -------------------- 131

野鴻詩的 -------------------- 黃子雲 著 -------------------- 135

秋窗隨筆 -------------------- 馬　位 著 -------------------- 139

甌北詩話 -------------------- 趙　翼 著 -------------------- 140

葚原詩說 ------------------ 冒春榮 著 -------------------- 146

靜居緒言 ---------------------- 闕　名 著 -------------------- 156

消寒詩話 -------------------- 秦朝釪 著 -------------------- 157

石洲詩話 -------------------- 翁方綱 著 -------------------- 157

拜經樓詩話 ---------------- 吳　騫 輯 -------------------- 159

雨村詩話 -------------------- 李調元 撰 -------------------- 161

讀雪山房唐詩序例 ---------- 管世銘 著 -------------------- 162

履園譚詩 -------------------- 錢　泳 輯 -------------------- 164

老生常談 ------------------ 延君壽 著 -------------------- 169

小清華園詩談 -------------- 王壽昌 撰 -------------------- 173

三家詩話 ------------------ 尙　鎔 編 -------------------- 178

退庵隨筆 ------------------ 梁章鉅 編 -------------------- 179

養一齋詩話 -------------- 潘德輿 著 -------------------- 185

養一齋李杜詩話 ---------- 潘德輿 著 -------------------- 192

輟鍛錄 ---------------------- 方南堂 著 -------------------- 194

說詩菅蒯 -------------------- 吳雷發 著 -------------------- 196

竹林答問----------------------- 陳　僅 答 ------------------199

白華山人詩說------------------- 厲　志 著 ------------------206

問花樓詩話--------------------- 陸　鎣 著 ------------------207

詩槪--------------------------- 劉熙載 著 ------------------209

峴傭說詩----------------------- 施補華口授 ----------------210
　　　　　　　　　　　　　　　　　 錢　夒筆述

筱園詩話----------------------- 朱庭珍 著 ------------------213

附　篇 ------------------------- -------------------------226

經史動靜字音------------------- 劉　鑑 著 ------------------226

名字辨音----------------------- 馬建忠 著 ------------------236

動字辨音----------------------- 馬建忠 著 ------------------242

動字騈列----------------------- 馬建忠 著 ------------------263

易經六十四卦卦名--------------- -------------------------265

清詩話精華

林正三　選輯
鄭貴真　輸入

序

　　清人李沂於《秋星閣詩話・小引》云：「李唐之世，無所謂詩話也，而言詩者，必推李唐。詩話之興，大約在宋、元之世，而宋、元之詩，不及唐人遠甚。然則詩話誠不足以盡詩乎？夫唐人無詩話，所謂善《易》者不言《易》也。然余則謂唯善《易》者始可言《易》，苟以爲善者不言，而遂置不復道；其不善者聞之，必且搖脣鼓舌，作爲文章而無所顧忌，不幾爲斯道之蠹乎？」又吳江沈楙悳跋《蓮坡詩話》云：詩話有兩種，一是論作詩之法，引經據典，求是去非，開後學方便之門（此類又稱詩格），如《一瓢詩話》是也。一是述作詩之人，彼短此長，花紅玉白，爲近來之談藪，如《蓮坡詩話》是也。

　　晚近詩人之詩作水準，頗有日趨俚下之勢。究其原因，誠非一端，顧早期文人，率皆學植深厚之仕宦縉紳，夙夕浸淫於斯，稍用心思，即成佳構。反之，時下文人，處此多元社會，聲色犬馬，足以靡其心志者寖夥，詩學一道，又非積學無以爲功，故咸避而遠之。加以時尙風潮，喜新厭舊，於傳統詩學一道妄加輕賤，上至政府機構，下至庶民百姓，率皆心態如此。更值一提者，五六十年代以前之詩學期刊如《臺日新報》、《詩報》、《中華詩苑》等，皆有詩話之載，考詩話

之作用，既如許彥周氏所謂：「辨句法，備古今……正訛誤」，則學詩之人，何可一日不讀，詩學刊物，烏可一期不載？揆諸今之詩人，於詩格與詩話，終不一談，略不知詩為何物，唯以抄襲為務，寧非詩道之一厄。

　　個人不敏，深為詩道憂，前既輯錄《歷代詩話精華》暨《臺灣近百年詩話》，有感於《清詩話》及《續清詩話》之中，於詩格與詩話之作，兼而有之，對初學為詩或既有所得而欲更上層樓者，率皆有所助益，唯卷帙浩繁，鮮有人能竟其全篇，爰就其要者輯錄約十餘萬言，並由鄭貴真同學輸入電腦，以期嘉惠有意於古典詩之學者。凡我同好，希勿忽之，於此並感貴真之用心也。

　　民國九十六年元旦林正三序於惜餘齋

鈍吟雜錄　　　　馮　班 著

◎　伶工所奏，樂也。詩人所造，詩也。詩乃樂之詞耳，本無定體，唐人律詩，亦是樂府也。今人不解，往往求詩與樂府之別，鍾伯敬至云某詩似樂府，某樂府似詩。不知何以判之？只如西漢人為五言者二家，班婕妤〈怨詩〉，亦樂府也。吾亦不知李陵之詞可歌與否？如《文選・注》引古詩，多云枚乘樂府詩，知〈十九首〉亦是樂府也。漢世歌謠，當騷人之後，文多遒古。魏祖慷慨悲涼，自是此公文體如斯，非樂府應爾。文、明二祖，仰而不逮，大略古直。樂工采歌謠以配聲，文多不可通，〈鐃歌〉聲詞混塡，不可復解是也。李于鱗之流，便謂樂府當如此作。今之詞人，多造詭異不可通之語，題為樂府。集中無此輩語，則以為闕。《樂志》所載五言四言，自有雅則可誦者，豈未之讀耶？

詩筏　　　　　　　賀貽孫 著

◎　吾乃知惟能言人所能言，然後能言人所不能言；能言人所共言，然後能言人所不及言。何也？軌無異轍，理無二致，人自不能言、不及言耳。有一人焉，昭昭揭而示之，於是恍然以為先得我心之所同然也。

◎　詩文之厚，得之內養，非可襲而取也。博綜者謂之富，不謂之厚。

穠縟者謂之肥，不謂之厚。粗傹者謂之蠻，不謂之厚。

◎　不爲酬應而作則神清，不爲諂瀆而作則品貴，不爲迫脅而作則氣沉。

◎　古人詩文所以勝我者，不過能言吾意之所欲言耳，吾所矜爲創獲者，古人皆已先言之。以吾之意，出古人手，較吾言倍爲親切。試取古人意，出吾手，格格不甚暢快，始見吾短。

◎　古詩之妙，在首尾一意而轉折處多，前後一氣而變換處多。或意轉而句不轉，或句轉而意不轉；或氣換而句不換，或句換而氣不換。不轉而轉，故愈轉而意愈不窮；不換而換，故愈換而氣愈不竭。善作詩者，能留不窮之意，蓄不竭之氣，則幾於化。

◎　亂頭粗服之中，條理井然；金玉追琢之內，姿態橫生。兼此二妙，方稱作家。

◎　作詩有情有景，情與景會，便是佳詩。若情景相睽，勿作可也。

◎　〈公讌詩〉，在酒肉場中，露出酸餡本色。寒士得貴遊殘杯冷炙，感恩至此，殊爲可笑；而滿篇搬數他人富貴，尤見俗態。惟曹子建自露家風，而應瑒〈侍建章集詩〉，末語不忘儆戒，頗爲得體耳。大抵建安諸子，稍有才調，全無骨力，豈文舉、正平見殺後，文人垂首喪氣，遂軟媚取容至此。傷哉！

◎　李太白不作七言律，孟浩然五言古不出四十字外，古人立名之意甚堅，每不肯以其拙示人。後世才不逮古人，集中諸體皆備，五言詩至滿百韻。又唐人和詩不和韻，宋人和韻，往往至五六首，雖以子瞻、山谷、少游之才，未免湊泊，他集則如跛鱉矣。此皆好名而

不善取名之過也。

◎　嚴儀卿謂「律詩難於古詩」。彼以律詩歛才就法爲難耳，而不知古詩中無法之法更難。且律詩工者能之，古詩非工者所能，所謂「其中非爾力」，則古詩難於律詩也。又謂「七言律難於五言律」。彼謂七言律格調易弱耳，而不知五言律音韻易促也。五字之中，鏗然悠然，無懈可擊，有味可尋，一氣渾成，波瀾獨老，名爲堅城，實則化境，則五言律難於七言律也。若「絕句難於八句，五言絕難於七言絕」，二語甚當。惜未言五言古難於七言古耳。

◎　前輩有教人煉字之法，謂如老杜「飛星過水白，落月動沙虛」，是煉第三字法，「地坼江帆隱，天清木葉聞」，是煉第五字法之類。不知古人落想便幻，觸景便幽，「飛星過水白」，與〈人日〉詩「雲隨白水落」皆當時實有此境，入他想中，無非空幻。「落月動沙虛」，則滿眼是幻，不可思議，但非老杜形容不出耳。豈胸中先有「飛星水白」、「落月沙虛」八字，而後煉「過」、「動」二字以欺人乎？「天清木葉聞」與孟浩然「荷枯雨滴聞」，兩「聞」字亦真亦幻，皆以落韻自然爲奇，即作者亦不自知，何暇煉乎？落韻自然，莫如摩詰，如「潮來天地青」，「行踏空庭落葉聲」，「青」字「聲」字偶然而落，妙處豈復有痕跡可尋？總之本領人下語下字，自與凡人不同，雖未嘗不煉，然指他煉處，卻無爐火之跡。若不求其本領，專學他一二字爲煉法，是藥汞銀，非真丹也。吾嘗謂眼前尋常景，家人瑣碎事，說得明白，便是驚人之句。蓋人所易道，即人所不能道也。如飛星過水，人人曾見，多是錯過，不能形容，虧他收拾點

綴，遂成奇語。駭其奇者，以爲百煉方就，而不知彼實得之無意耳。即如「池塘生春草」，「生」字極現成，卻極靈幻。雖平平無奇，然較之「園柳變鳴禽」更爲自然。「楓落吳江冷」，「空梁落燕泥」，與摩詰「雨中山果落」，老杜「葉裹松子僧前落」，四「落」字俱以現成語爲靈幻。又如老杜「杖藜還客拜」，「舊犬喜我歸」，王摩詰「野老與人爭席罷」，高達夫「庭鴉喜多雨」，皆現成瑣俗事，無人道得，道得即成妙詩，何嘗煉「還」字、「喜」字、「罷」字以爲奇耶？詩家固不能廢煉，但以煉骨煉氣爲上，煉句次之，煉字斯下矣。惟中晚始以煉字爲工，所謂「推敲」是也。然如「僧敲月下門」，「敲」字所以勝「推」字者，亦只是眼前現成景，寫得如見耳。若喉吻間吞吐不出，雖經百煉，何足貴哉！

◎　作詩必句句著題，失之遠矣，子瞻所謂「賦詩必此詩，定非知詩人」。如詠梅花詩，林逋諸人，句句從香色摹擬，猶恐未切；庾子山但云「枝高出手寒」，杜子美但云「幸不折來傷歲暮，若爲看去亂鄉愁」而已，全不黏住梅花，然非梅花莫敢當也。如子美〈黑白二鷹〉詩，若在今人，必句句在「黑白」二字尋故實，子美卻寫二鷹神情，只劈頭點出黑白。如一幅雙鷹圖，從妙手繪出，便覺奇矯之骨，搏空之氣，驚秋之意，俱從紙上活現，只輕輕將粉墨染黑白二色而已。

◎　作詩有一題數首，而起結雷同，最是大病。如陳正字〈感遇〉諸篇起句云「吾觀龍變化」，又云「吾觀崑崙化」，又云「深居觀元化」，又云「幽居觀大運」是也。且其病不止於此，凡感遇詠懷，

須直說胸臆，巧思夸語，無所用之。正字篇中屢用「仲尼」、「老聃」、「西方」、「金仙」、「日月」、「崑崙」等語者，非本色也。若張曲江〈感遇〉，則語語本色，絕無門面矣，而一種孤勁秀澹之致，對之令人意消。蓋詩品也，而人品係之。「草木有本心，何求美人折」，三復此語，爲之浮白。大抵正字別有佳處，不專在〈感遇〉數詩。〈感遇〉三十八篇，雖矯矯不群，然吾所愛者，「吾觀龍變化」一首耳。

載酒園詩話　　　　　　賀　裳　論次

◎　無理而妙：詩又有以無理而妙者，如李益「早知潮有信，嫁與弄潮兒。」此可以理求乎？然自是妙語。至如義山「八駿日行三萬里，穆王何事不重來」，則又無理之理，更進一塵（層）。總之詩不可執一而論。

◎　王元之〈雜興〉云：「兩株桃杏映籬斜，裝點商州副使家。何事春風容不得，和鶯吹折數枝花。」其子嘉佑曰：「老杜嘗有『恰似春風相欺得，夜來吹折數枝花。』」余以且莫問雷同古人，但安有花枝吹折，鶯不飛去，和花同墜之理？此真傷巧。（黃白山評：「言楊朱爲路岐而泣，若香煙千頭萬緒，其爲路岐多矣，使楊朱見之，又當何如？此云：『因煙而思及淚』，有何相干？解詩如此，古人有知，真欲哭矣。」又曰：「此正『詩有別趣』之謂，若必譏其無理，雖三尺童子亦知鶯必不與花同墜矣。」）

◎ 謝惠連〈擣衣〉詩曰:「腰帶准疇昔,不知今是非。」至張籍〈白紵歌〉則曰:「裁縫長短不能定,自持刀尺向姑前。」裴說〈寄邊衣〉則曰:「愁撚銀針信手縫,惆悵無人試寬窄。」雖語益加妍,意實原本于謝,正子瞻所云:「鹿入公庖,饌之百方,究其所以美處,總無加于煮食時」也。然庖饌變換得宜,實亦可口。又如金昌緒「打起黃鶯兒,莫教枝上啼。啼時驚妾夢,不得到遼西。」令狐楚則曰:「綺席春眠覺,紗窗曉望迷。朦朧殘夢裡,猶自在遼西。」張仲素更曰:「嫋嫋城邊柳,青青陌上桑。提籠忘采葉,昨夜夢漁陽。」或反語以見奇,或循蹊而別悟,若盡如此,何病于偷。

◎ 偷法一事,名家不免。如劉夢得「山圍故國周遭在,潮打空城寂寞回。淮水東邊舊時月,夜深還過女牆來。」杜牧之「煙籠寒水月籠沙,夜泊秦淮近酒家。商女不知亡國恨,隔江猶唱〈後庭花〉。」韋端己「江雨霏霏江草齊,六朝如夢鳥空啼。無情最是臺城柳,依舊煙籠十里堤。」三詩雖各詠一事,意調實則相同。愚意偷法一事,誠不能不犯,但當為韓信之背水,不則為虞詡之增灶,慎毋為邵青之火牛可耳。若霍去病不知學古兵法,究亦非是。

◎ 詩有同出一意而工拙自分者。如戎昱〈寄湖南張郎中〉曰:「寒江近戶漫流聲,竹影當窗亂月明。歸夢不知湖水闊,夜來還到洛陽城。」與武元衡「春風一夜吹鄉夢,又逐春風到洛城」,顧況「故園此去千餘里,春夢猶能夜夜歸」同意,而戎語為勝,以「不知湖水闊」五字,有搔頭弄姿之態也。然皆本于岑參「枕上片時春夢中,行盡江南數千里」。至方干「昨日草枯今日青,羈人又動故鄉情。

夜來有夢登歸路，不到桐廬已及明。」則又竿頭進步，妙于奪胎。
○韓偓〈哭花〉：「若是有情爭不哭，夜來風雨葬西施。」韋莊〈殘
花〉：「十日笙歌一宵夢，苧蘿煙雨失西施。」兩君同時，當非相
襲，然韓語自勝。（黃白山評：「予謂韋語勝。」）

◎　詠物詩惟精巧乃佳，如少陵之詠馬詠鷹，雖寫生者不能到。至于
晚唐，氣益靡弱，間于長律中出一二俊語，便翼然得名。然八句中
率著牽湊，不能全佳，間有形容入俗者。如雍陶〈白鷺〉詩曰「立
當青草人先見，行傍白蓮魚未知」，可為佳絕。至「一足獨拳寒雨
裡，數聲相叫早秋時」，已成俗韻。此黏皮帶骨之累也。末句「林
塘得爾須增價，況是詩家物色宜」，竟成打油惡道矣。鄭谷以〈鷓
鴣〉詩得名，雖全篇勻淨，警句竟不如雍。如「雨昏青草湖邊過，
花落黃陵廟裡啼」，不過淡淡寫景，未能刻畫。（黃白山評：「鄭
語正以韻勝，雍句反以刻畫失之。賀之評賞倒置如此！」）又崔珏
〈鴛鴦〉詩凡數章，佳句如「暫分煙島猶回首，只渡寒塘亦並飛」，
「溪頭日暖眠沙穩，渡口風寒浴浪稀」，「紅絲毳落眠汀處，白雪
花成蹙浪時」，亦微有致，但神似亦不及雍也。至「映霧盡迷珠殿
瓦，逐梭齊上玉人機」，語雖可觀，然遁之瓦與錦，終屬牽曳。又
「琴上只聞交頸語，窗前空展共飛詩」，亦鄭谷「遊子乍聞征袖濕，
佳人才唱翠眉低」類耳。至「翡翠莫誇饒彩飾，鷺鶿須羨好毛衣」，
益枵然告匱，不復能拊馬而秣以應客。樂天〈鶴〉詩「低頭祇恐丹
砂落，曬翅常疑白雪消」，意態俱佳。然「轉覺鶹鷥毛色下，苦嫌
鸚鵡語聲嬌」，亦不老氣也。至宋人謂詠禽須言標致，祇及羽毛飛

鳴則陋，此論亦僻不足從。（黃白山評：「此論是極意刻畫，翻墮惡道。至以鷺鷥鸚鵡相比，益令人欲嘔，豈止『不老氣』而已。蓋鶴本清高之物，自不致以二禽反形也。」）

◎　……義山又有〈食筍呈座中〉詩「皇都陸海應無數，忍剪凌雲一寸心」，〈蜀桐〉詩「枉教紫鳳無棲處，斲作秋琴彈〈廣陵〉」，亦即〈亂石〉意，但以不使事，故語亮然。〈食筍〉詩感慨已盡于言內。叔夜死而〈廣陵〉散不傳，言外有知音難遇意，此語亦深也。

◎　作詩貴于用意，又必有味，斯佳。……義山又有〈李花〉詩「自明無月夜，強笑欲風天」，詠物只須如此，何必詭僻如前作。又〈宿晉昌亭聞驚禽〉曰：「羈緒鰥鰥夜景侵，高窗不掩見驚禽。飛來曲渚煙方合，過盡南塘樹更深。」數語寫景如畫。後聯「胡馬嘶和榆塞笛，楚猿吟雜橘村砧。失群掛木知何限，遠隔天涯共此心。」始以「羈緒」而感「驚禽」，又因「驚禽」而思及「塞馬」、「楚猿」之失偶傷離者，雖則情深，徑路何紆折也！謝茂秦曰：「詩貴乎遠而近，凡靜室索詩，心神渺然，西遊天竺國，仍歸上黨昭覺寺，此所謂遠而近之法也。若經天竺，又向扶桑，此遠而又遠，于何歸宿？」此詩未免此病。

◎　詩有名爲佳聯而上下句工力不能均敵者，如夏子喬「山勢蜂腰斷，溪流燕尾分」，陳傳道「一鳩鳴午寂，雙燕話春愁」，唐子西「片雲明外暗，斜日雨邊晴」，皆下句勝上句，李濤「掃地樹留影，拂床琴有聲」，則上句勝下句，以此知工力悉配之難。

◎　折腰句法，本出唐人，如「斑竹岡連山雨暗，枇杷門向楚天秋」，

「木奴花映桐廬縣，青雀舟隨白鷺濤」，何嘗可厭。惟宋人學步，遂入惡道耳。」）……即劉過〈送王簡卿〉「放開筆下閑風月，收拾胸中舊甲兵」，亦非雅談也。……○宋詩之惡，生硬鄙俚兩途盡之。更有二種，「山如仁者壽，水似聖之清」，太學究氣；「浮雲一任閑舒捲，萬古青山只麼清」，太禪和氣，皆凌夷風雅者也。

◎　弇州之論，似目空千古，實亦與古人互相發明。其云：「篇法有起有束，有放有斂，有喚有應，一開則一闔，一揚則一抑，一象則一意，無偏用者。字法有虛有實，有沉有響，虛響易工，沉實難至。五十六字如魏明帝凌雲台材木，銖兩悉配乃可。」此即隱侯所云「前有浮聲，後須切響。一篇之內，音韻盡殊；一句之中，輕重悉異」意也。

◎　〈秋興〉詩體高格厚，意味深長。以「秋興」命篇，乃因秋起興，非詠秋也。其言忽而蜀中，忽而秦中，忽而寫景，忽而言懷，忽而壯麗，忽而荒涼，忽而直陳，忽而隱喻，正所謂哀傷之至，語言失倫，或笑或泣，苦樂自知者。鍾云：「〈秋興〉偶然八首耳，非必于八也。今人詩擬〈秋興〉已非矣，況舍其所為〈秋興〉，而專取盈于八首乎？胸中有八首，便無復〈秋興〉矣。」此言自當，然因擬者之八首，並棄杜之〈秋興〉，仍是胸中有八首，無〈秋興〉也。

◎　詩之亂頭粗服而好者，千載一淵明耳。樂天效之，便傷俚淺，惟王無功差得其彷彿。

◎　吾嘗謂學李而失，易涉粗豪；學杜而失，恐成生硬；學孟而失，將流輕淺；惟學王者不失為刻鵠類鶩，不意入效顰之手，亦有此種

流弊。

◎　讀丘為、祖詠詩，如坐春風中，令人心曠神怡。其人與摩詰友，詩亦相近，且終卷和平淡蕩，無叫號噪噦之音。唐詩人惟丘幾近百歲，其詩固亦不干天和也。詠與盧象，稍有悲涼之感，然亦不激不傷。盧情深，祖尤骨秀。○〈答王維留宿〉曰：「握手言未畢，卻令傷別離。升堂還駐馬，酌醴便呼兒。」王〈送祖〉曰：「相逢方一笑，相送還成泣。解纜君已遙，望君猶佇立。」寫得交誼藹然，千載之下，猶難為懷。

◎　……筆力強弱，實由性生，不復可強，智者善藏其短耳。如孟襄陽寫景、敘事、述情，無一不妙，令讀者躁心欲平。但瑰奇磊落，實所不足，故不甚作七言，專精五字。

◎　……杜自稱「沈鬱頓挫」，謂李「飛揚跋扈」，二語最善形容。後復稱其「筆落驚風雨，詩成泣鬼神」，推許至矣。亦稱岑參，僅曰「岑生多新語」；亦稱摩詰，僅曰「最傳秀句寰區滿」；亦稱浩然，僅曰「清詩句句盡堪傳」；與高適尤善，雖稱之「詩名惟我共」，其所品目，亦僅曰「驊騮開道路，鷹隼出風塵」而已，未有此揚厲也。

◎　唐人稱「有唐以來，詩人之達者，惟適而已。」今讀其詩，豁達磊落，寒澀瑣媚之態，去之略盡。如〈送田少府貶蒼梧〉曰：「丈夫窮達未可知，看君不合長數奇。」〈贈別晉三處士〉曰：「愛君且欲君先達，今上求賢早上書。」……眉宇如此，豈久處塢壁！

◎　李頎五言，猶以清機寒色，未見出群，至七言實不在高適之下。……

「青青蘭艾本殊香，察見泉魚固不祥。濟水自清河自濁，周公大聖接輿狂。千年魑魅逢華表，九日茱萸作佩囊。善惡死生齊一貫，祇應斗酒任蒼蒼。」每一讀之，勝呼龍泉、擊唾壺矣。

◎　「玉帛朝回望帝鄉，烏孫歸去不稱王。天涯靜處無征戰，兵氣銷爲日月光。」唐三百年，〈塞下曲〉佳者多矣，昌明博大，無如此篇，出自幽紆之筆，故爲尤奇。（常建詩）

◎　嚴武〈題巴州光福寺楠木〉曰：「看君幽靄幾千丈，寂寞窮山今遇賞。亦知鐘梵報黃昏，猶臥禪床戀奇響。」興趣不俗，骨氣亦盡高，武詩如此，宜其知少陵也。

◎　「春城無處不飛花，寒食東風御柳斜」二語，猶只澹寫。至「日暮漢宮傳蠟燭，輕煙散入五侯家」，上句言新火，下句言賜火也。此詩作于天寶中，其時楊氏擅寵，國忠、琦與秦、虢、韓三姨號爲五家，豪貴榮盛，莫之能比，故借漢王氏五侯喻之。即賜火一事，而恩澤先橫于戚畹，非他人可望，其餘錫予之濫，又不待言矣。寓意遠，託興微，真得風人之遺。

◎　劉長卿外，盧綸爲佳。其詩亦以真而入妙，如「少孤爲客早，多難識君遲」，「貌衰緣藥盡，起晚爲山寒」，「語少心長苦，愁深醉自遲」，「顏衰重喜歸鄉國，身賤多慚問姓名」，「高歌猶愛〈思歸引〉，醉語惟誇漉酒巾」，「故友九泉留語別，逐臣千里寄書來」，皆能使人情爲之移，甚者欷歔欲絕。寫景之工，則如「估客晝眠知浪靜，舟人夜語覺潮生」，「上方月曉聞僧語，下界林疏見客行」，「孤村樹色昏殘雨，遠寺鐘聲帶夕陽」，「折花朝露滴，漱石野泉

清」,「泉急魚依藻,花繁鳥近人」,「路濕雲初上,山明日正中」,「人隨雁迢遞,棧與雲重疊」,悉如目見也。○〈塞下曲〉六首,俱有盛唐之音,「平明尋白羽,沒在石稜中」一章尤佳。人顧稱「欲將輕騎逐,大雪滿弓刀」,雖亦矯健,然殊有逗遛之態,何如前語雄壯。

◎　大曆以還,詩多崇尚自然。柳子厚始一振厲,篇琢句錘,起頹靡而蕩穢濁,出入《騷》、《雅》,無一字輕率。……○宋人詩法,以韋、柳為一體,方回謂其同而異,其言甚當。余以韋、柳相同者神骨之清,相異者不獨峭淡之分,先自憂樂之別。（黃白山評:「東坡『發纖穠於簡古,寄至味於淡泊』,上句指韋,下句指柳,本有分別。後人動以二子並稱,兒不別其風格之異,總是隔壁聽耳。」）

◎　姚合〈曉望華清宮〉曰:「曉看樓殿更分明,遙隔朱欄見鹿行。武帝自知身不死,教修玉殿號長生。」譏刺不露,而言外似嘲似謔,覺顧況「豈知今夜長生殿,獨閉空山月影寒」,調平語直,味索然矣。（黃白山評:「予以顧詩遠勝姚作,具眼者當自辦之。」）○凡作熟題,須得新意乃佳。〈楊柳枝〉曰:「江亭楊柳折還垂,月照深黃幾樹絲。見說隋堤枯已盡,年年行客怪春遲。」此詩頗脫窠臼。○按秘書與閬仙善,兼效其體。古詩不惟氣格近之,尚無其酸言。至近體如「酒熟聽琴酌,詩成削樹題」,「過門無馬跡,滿宅是蟬聲」,「看月嫌松密,垂綸愛水深」,「弄日鶯狂語,迎風蝶倒飛」,俱為宋人所尊,觀之果亦警策。

◎　項子遷俊句亦甚可喜,如「溪中雲隔寺,夜半雪添泉」,「鶴睡

松枝定，螢歸葛葉垂」，「霞光侵曙發，嵐翠近秋濃」。……余恨
其「上高樓閣看星坐，著白衣裳把劍行」，宋人導之，號爲折句法。
如盧贊元〈詠雪〉：「想行客過溪橋滑，免老農憂麥隴乾。」轉轉
相效，惡聲盈耳，不能不追咎作俑。

◎ ……杜紫薇：「南陵水面漫悠悠，風緊雲輕欲變秋。正是客心孤
迥處，誰家紅袖憑江樓？」羅鄴曰：「別離不獨恨蹄輪，渡口風帆
發更頻。何處青樓方憑檻，半江斜日認歸人？」每讀此二詩，忽忽
如行江上。……「靜裡改詩空憑几，寒中著《易》不開簾」（皮日
休詩。又憑《唐韻》皮孕切、《集韻》皮冰切）。

◎ 魏仲先微有俊句而體輕，輕則易率，率則易俗。如「有名閑富貴，
無事小神仙」，墮惡趣矣。惟善寫塢壁間事，如「妻喜栽花活，兒
誇鬥草贏」，「洗硯魚吞墨，烹茶鶴避煙」，田園隱淪之趣，宛然
如見。

◎ 漁隱譏人剽竊，載惠崇爲其徒所嘲曰：「河分岡勢司空曙，春入
燒痕劉長卿。不是師兄多犯古，古人詩句犯師兄。」爲千古藝林笑
談。又《古今詩話》稱寇萊公招崇于池亭，分題，崇得池鷺，限「明」
字韻，自午至晡，五押得之。「雨歇方塘溢，遲回不復驚。曝翎沙
日暖，引步島風清。照水千尋迥，棲煙一點明。主人池上鳳，見爾
憶蓬瀛。」公稱善。……此詩惟結句帶諂，減高韻。〇又按前詩雖
蹈襲，其下聯甚佳。題爲〈訪楊雲卿淮上別墅〉：「地近得頻到，
相攜向野亭。河分岡勢斷，春入燒痕青。望久人收釣，吟餘鶴振翎。
不愁歸路晚，明月上前汀。」〇崇《自撰句圖》一百聯，余尤喜其

「歸禽動疏竹,落果響寒塘。」(〈上谷相公池上〉)「鳥歸松墮雪,僧定石沉雲。」(〈宿東林寺〉))「空潭聞鹿飲,疏樹見僧行。」〈隱靜寺〉「繁霜衣上積,殘月馬前低。」(〈早行〉)「磬斷蟲聲出,峰回鶴影沉。」(〈秋夕〉)「松風吹髮亂,巖溜濺棋寒。」(〈贈李道士〉)「禽寒時動竹,露重忽翻荷。」(〈楊秘監池上〉)「夜梵通雲竇,秋香滿石叢。」(〈寄白閣能上人〉)「落潮鳴下岸,飛雨暗中峰。」(〈瓜洲亭子〉)「驚蟬移古柳,斗雀墮寒庭。」(〈國清寺秋居〉)不惟語工,兼多畫意,但以不見全詩為恨。

◎ 俗傳曾子固不能詩,真妄語耳。「恁欄到處臨清泚,開閣終朝對翠微」,「詩書落落成孤論,耕稼依依憶舊遊」,如此風調,不能詩耶!……子固,介甫執友也。邵子,醇儒也。邵〈無酒吟〉:「自從新法行,常苦樽無酒。每有賓朋至,盡日閒相守。必欲丐于人,交覥自無有。興來典衣買,焉能得長久!」子固〈過介甫偶成〉:「結交謂無嫌,忠言期有補。直道詎非難,進言竟多迕。知者尙復然,悠悠誰可語?」二詩之佳不必言,新法是非,即此可定矣。余嘗謂為人辯謗者,正不當盡護其短,但言拗執而介甫之過自輕。

◎ 坡公之美不勝言,其病亦不勝摘,大率俊邁而少淵渟,瑰奇而失詳慎,故多粗豪處、滑稽處、草率處,又多以文為詩,皆詩之病。然其才自是古今獨絕。……〈哭王斿父平甫〉曰:「聞道騎鯨遊汗漫,憶嘗捫虱話悲辛。」使事妙無痕跡,真鉅匠也。至其清空而妙者,如「野闊牛羊同雁鶩,天長草樹接雲霄」,「古琴彈罷風吹座,山閣醒時月照杯」,「行樂及時須有酒,出門無侶漫看書」,「狙

公欺病來分栗,水伯知饞爲出魚」,「床下雪霜侵戶月,枕中琴竺落階泉」,俱清新俊逸。若「風來震澤帆初飽,雨入松江水漸肥」,「清風偶與山阿曲,明月聯隨屋角方」,未免太纖。

◎ 欒城身分氣槪,總不如兄,然瀟瀟俊逸,于雄姿英發中,兼有醇醲飲人之致,雖亦遠于唐音,實宋詩之可喜者也。長律尤多可喜;閒適則如「遠泛便成終日醉,幽尋不盡數家園」,「簾中飛絮縈殘夢,窗外啼鶯伴獨吟」。風景則如「雨餘嶺上雲披絮,石淺溪頭水蹙鱗」。排遣則如「宦遊底處非巢燕,歸計何嫌誚沐猴」,「士師憔悴經三黜,陶令幽憂付一酣」,「懶將詞賦占鴟臆,頻夢江湖伴蟹螯」。慰人則如「舊傳北海偏憐客,新怪東方苦慰飢。應笑長安居不易,空吟原上草離離」。使事則如〈送王恪知襄州〉:「峴首重尋碑墮淚,習池還指客橫鞭。逃亡已覺依劉表,寒俊應須禮浩然。」〈寄題趙虮戲彩堂〉:「槖裝已笑分諸子,吏道何勞問薛公。」不惟切定省,兼切相子。

◎ 作田園詩,宜于樸直,共曲折頓挫在轉落處,用意不窮便佳,不在雕飾字句;常有用雅字則俗,用俗字反雅者,猶服大練不可承以錦襪也。少游(秦觀)〈田居〉詩,描寫情景,亦有佳處,但篇中多雜雅言,不甚肖農夫口角,頗有驢非驢、馬非馬之恨。如「雞號四鄰起,結束赴中原」,此遊俠少年及從軍行中語,田叟何煩爾!然如「寥寥場圃空,跕跕烏鳶下。飲酣爭獻酬,語闌或悲吒。悠悠燈火暗,刺刺風飆射」。亦深肖田家風景,有儲詩之遺。○昔人評少游詩:「如時女步春,終傷婉弱。」如「支枕星河橫醉後,入簾

風絮報春深」，真好姿態。至「屠龍肯自羞無用，畫虎從人笑未成」，亦自骯髒也。然終不如介甫「雞蟲得失何須問，鵬鷃逍遙各自知」，真是老手。

◎ 漁隱曰：東坡云「黃魯直詩文如蝤蛑江瑤柱，格韻高絕，盤飧盡廢。然不可多食，多食則發風動氣。」

◎ 屏山（劉子翬）絕句曰：「偶臨沙岸立多時，淡淡煙村日向低。幽事挽人歸不得，一枝梅影浸澄溪。」此種意趣，豈屠沽兒所解？

◎ 詩雖不宜苟作，然必字字牽入道理，則詩道之厄也。吾選晦翁詩，惟取多興趣者。如〈次秀野雪後書事〉：「惆悵江頭幾樹梅，杖藜行繞去還來。前時雪壓無尋處，昨夜月明依舊開。持寄遙憐人似玉，相思應恨劫成灰。沉吟落日寒鴉起，卻望紫荊獨自回。」又〈次雪韻〉：「一夜同雲匝四山，曉來千里共漫漫。不應琪樹猶含凍，翻笑楊花許耐寒。乘興政須披鶴氅，瀹甘尤喜破龍團。無端酒思催吟筆，卻恐長鯨吸海乾。」二詩俱風致，「楊花」句尤具慧心。○道學諸公詩，亦自有佳句。如徐崇文〈毅齋即事〉「苔色上侵閑坐處，鳥聲來和獨吟時」，殊清氣。林膚齋〈送光澤蘇縣丞〉「松廳莫笑無公事，藥幕常能致俊流」，用事頗切。呂東萊〈春日絕句〉曰：「一川晚色鷺分去，兩岸煙光鶯喚來。徑欲卜居從釣叟，垂楊缺處竹門開。」尤雅靚也。

◎ 陸游〈江樓醉中作〉曰：「淋漓百榼宴江樓，秉燭揮毫氣尚遒。天上但聞星主酒，人間寧有地埋憂？生希李廣名飛將，死慕劉伶贈醉侯。戲語佳人頻一笑，錦城已是六年留。」公得石湖為幕府，故

縱懷若此。及守嚴〈述懷〉曰：「桐君故隱兩經秋，小院孤燈夜夜愁。名酒過于求趙璧，異書渾似借荊州。溪山勝處身難到，風月佳時事不休。安得連雲車載釀，金鞭重作浣花遊。」回憶舊時主賓，何可復得？正猶少陵在夔更思嚴武不已，從來宦遊勝事，真不在職之大小也。

◎　永嘉四靈，趙紫芝最為佼佼。如〈秋夜偶書〉：「此生漫與蠹魚同，白髮難收紙上功。輔嗣《易》行無漢學，玄暉詩變有唐風。夜長燈燼挑頻落，秋老蟲聲聽不窮。多少故人天祿貴，猶將寂寞歎揚雄。」〈示友〉：「中夜清寒入縕袍，一杯山茗當香醪。禽翻竹葉霜初下，人立梅花月正高。無欲自然心似水，有營何止事如毛。春來擬約蕭閑伴，同上天台看海潮。」第二聯神骨俱清，可謂脫西江塵土氣殆盡。……

◎　讀嚴滄浪詩，真如諸于繡鞾中獨見司隸將吏，且喜其言行相顧，不為鸚鵡之效人語也。古詩亦甚用功于太白，惜氣力不逮耳。短律有沈雲卿、岑嘉州之遺，長律于高適、李頎尤深。獨樂府不能入古，彼自得力于盛唐也。常酷愛其〈送客〉一絕：「川程極目渺空波，送爾歸舟奈別何。南國音書須早寄，江湖春雁已無多。」

◎　劉後村〈暝色〉、〈早行〉二詩，皆瑜勝于瑕。〈答翁定被酒〉二篇，尤是全璧：「牢落祠官冷似秋，賴詩消遣一襟愁。喜延明月常開戶，貪對青山懶下樓。客詫瀑奇邀往看，僧誇寺僻約來遊。何當與子分峰隱，饑嗅岩花渴飲流。」「酒戶當年頗著聲，可堪病起困飛觥。醉呼褚令為傖父，狂喚桓公作老兵。舊有崢嶸皆鏟去，新

無壘塊可澆平。投床懶取《騷經》看,只嗅梅花解宿醒。風味差不惡也。」

◎　大節如信公(天祥),不待詩為重,信公能詩,則尤可重耳。嘗有〈雲端〉一詩:「半空矯矯起層台,傳道劉安車馬來。山上自晴山下雨,倚欄平立看風雷。」如此氣魄,真有履險如夷之概。

◎　嘗歎詩法壞而宋衰,宋垂亡詩道反振,真咄咄怪事!讀林景熙詩,真令心眼一開。如「開池納天影,種竹引秋聲」,「日斜禽影亂,水落樹根懸」,「香飄苔徑花誰惜,影落沙泉鶴自看」,「老愛歸田追靖節,狂思入海訪安期」,「萱草堂深衣屢寄,桃花觀冷酒重攜」,「僧閒時與雲來往,鶴老應知城是非」,真視唐人無愧。〈詠秦本紀〉尤佳:「琅琊臺上晚雲平,虎視眈眈隘八弦。萬里不知人半死,三山空覓草生長。兆來鬼璧沙丘近,威動神鞭海石驚。書外有書焚不盡,一編坁上漢功名。」較之「坑灰未冷山東亂,劉項原來不讀書」,可謂直向毗盧頂上行矣。又〈夢回〉詩尤清妙:「夢回荒館月籠秋,何處砧聲喚客愁。深夜無風蓮葉響,水寒更有未眠鷗。」

抱真堂詩話　　　　宋徵璧　筆記

◎　王弇州謂唐七律罕全璧,如「暮雲空磧時驅馬,落日平原好射鵰」,庶足壓卷,惜後有「玉靶角弓珠勒馬」,全首用二「馬」字。予謂可易「暮雲空磧時聞雁」也。五言律,則摩詰「風勁角弓鳴」無可

擬議。

◎ 謝朓工于發端，如「大江流日夜，客心悲未央。」即爲五律起句，亦殊警策。

◎ 詩人之難也，不敢有傲氣，不敢有躁心，不敢有乖調。

◎ 詩之有隱有秀，畫之有神有逸，天授非人力。

答萬季埜詩問　　　吳　喬 著

◎ 昨東海諸英俊，問：「出韻詩，唐人多有之，而王麟洲極以爲非，何也？」答曰：「出韻必是起句，起句可用仄聲字，出韻何傷？蓋起句不在韻數中，故一絕止言二韻，一律止言四韻。如〈滕王閣〉詩，本是六韻，而序云：『四韻俱成。』以『渚』、『悠』不在韻數中故也。」

◎ 又問：「和詩必步韻乎？」答曰：「和詩之體不一，意如答問而不同韻者，謂之和詩；同其韻而不同其字者，謂之和韻；用其韻而次第不同者，謂之用韻；依其次第者，謂之步韻。步韻最困人，如相毆而自縶手足也。蓋心思爲韻所束，於命意佈局，最難照顧。今人不及古人，大半以此。嚴滄浪已深斥之。而施愚山侍讀嘗曰：『今人只解作韻，誰會作詩？』此言可畏。出韻必當嚴戒，而或謂步韻思路易行，則陷溺其心者然也。此體元、白不多，皮、陸多矣，至明人而極。……」

◎ 讀唐人詩集，知其性情，知其學問，知其立志。明人以聲音笑貌

學唐人，論其本力，尚未及許渾、薛能，而皆自以爲李、杜、高、岑，故讀其詩集，千人一體，雖紅紫雜陳，絲竹競響，唐人能事渺然，一望黃茅白葦而已。唐明之辨，深求於命意布局寄託，則知有金矢之別，若唯論聲色，則必爲所惑。

◎　又曰：「下手處如何？」答曰：「姑言其淺處，如少陵〈黑鷹〉、曹唐〈病馬〉，其中有人，袁凱〈白燕〉詩，膾炙人口，其中無人，誰不可作，畫也，非詩也。空同云：「此詩最著最下」，蓋嫌其唯有手致，全無氣骨耳！安知詩中無人，則氣骨手致，同是皮毛耶！又問唐人詩，盡如〈黑鷹〉、〈病馬〉否？答曰：「不能，崔鴛鴦，鄭鷓鴣，皆以一詩得名，詩中絕無二人，有志者取法乎上耳！諸君因以拙作相質，答曰：「眼見易遠，下足處必近，後人何敢與古人同日語耶？諸君相逼不已，答曰：「拙草名托物，非咏物也，如〈蜂〉詩云：「利劍行空猶俠客，細腰成病似詩人」，〈燈花〉云：「脂浮初夜根無托，炧落三更子不成」，〈落花〉云：「來歲東皇別造藥，不曾容汝復青枝」，其中有不佞在。無手病，有賢子，不處革運者，不得作此語也。諸君又曰：「同朋發矢，方知中的與否」？煩君亦作〈白燕〉詩見示，偶爾妄言，撞此禍事，袁公必大笑於前，吾兄必大笑于今矣。

◎　「未須愁日暮，天際是輕陰」，忠厚和平，不減義山之「夕陽無限好，只是近黃昏」矣。唐人作詩，大率如此，宋詩鮮也。唐人作詩，自述己意，不必求人知之，亦不在人人說好，宋人皆欲人人知我意，明人必欲人人說好，故不相入。

◎　又問詩與文之辨？答曰：「二者意豈有異，唯是體制辭語不同耳！意喻之米，文喻之炊而爲飯，詩喻之釀而爲酒。飯不變米形，酒形質盡變。噉飯則飽，可以養生，可以盡年，爲人事之正道：飲酒則醉，憂者以樂，喜者以悲，有不知其所以然者。如〈凱風〉、〈小弁〉之意，斷不可以文章之道平直出之，詩其可已於世乎？

◎　問命意如何？答曰：「詩不同於文章，皆有一定之意，顯然可見，蓋意從境生，熟讀《新舊唐書》、《通鑑》稗史，知其時事，知其處境，乃知其意所從生。」

◎　五律氣脉，須從五古中來，初盛皆然，中唐鮮矣，明人多以七律餘材成之，是以悉不足觀。五絕最易成篇，却難得好。五古須通篇無偶句，漢、魏則然，晉、宋漸有偶句，履霜堅冰，至唐人遂成律。」

◎　又問，施愚山所謂今人祇解作韻者若何？答曰：「每得一題，守住五字，於《韻府群玉》、《五車韻瑞》上，覓得現成韻脚子，以句輳韻，以意輳句，扭捻一上，自心自身俱不照管，非做韻而何？」陷溺之甚者，遂至本是倡作，亦覓古人詩之韻而步之，烏得不爲愚山所鄙哉？古詩不對偶，不論黏，不拘長短，韻法又寬。唐律悉反之，已是束縛事。若又步韻，陶、謝、李、杜，無以措手。」

◎　〈離騷〉出於變《風》變《雅》，唐人大抵宗之，不可具述，如「明堂聖天子，月朔朝諸侯」，「得罪風霜苦，全生天地仁」，「青山數行淚，白首一窮鱗」，「身多疾病思田里，邑有流亡愧俸錢」，盛唐人早朝諸篇，不可謂非二《雅》之遺音也。

◎　問詩唯情景，其用處何如？答曰：「〈十九首〉言情者十之八，

叙景者十之二，建安之詩，叙景已多，日甚一日，至晚唐有清空如話之說，而少陵如「暫往北鄉去」等，却又全不叙景，在今卑之無甚高論。但能融景入情，如少陵之「近淚無乾土，低空有斷雲」，寄情於景，如嚴維之「柳塘春水漫，花塢夕陽遲」，哀樂之意宛然，斯盡善矣。明人於此大不留心，所以無味。」

◎　問三唐變而愈弱，其病安在？答曰：「須在此處識得唐人好處，方脫二李陋習，《左傳》一人之筆，而前則典重，後則流麗，所託者然也，豈必前高於後乎？三唐人各自作詩，各自用心，寧使體格稍落，而不肯爲前人奴隸，是其好處，豈可不知。而唯舉其病，楊、劉學義山而不能流動，竟成死句。歐、蘇學少陵，只成一家之體，尚能自立。至於空同，唯以高聲大氣爲少陵，于鱗唯以皮毛鮮潤爲盛唐，其義本欲振起中晚，而不知全無自己，以病爲藥也。然在今日，遂爲不祧之祖，何也，事之關係功名富貴者，人肯用心，唐世功名富貴在詩，故唐世人用心而有變，一不自做，蹈襲前人，便爲士林中滯貨也。明代功名富貴在時文，全段精神，俱在時文用盡，詩其暮氣爲之耳！此間有二種人，一則得意者不免應酬，誤以二李之作爲唐詩，便於應酬之用。一則失意者不免代筆，亦唯二李最便故耳。

圍爐詩話　　　　吳　喬述

◎　問曰：「詩在今日，以何者爲急務？」答曰：「有有詞無意之詩，

二百年來，習以成風，全不覺悟。無意則賦尙不成，何況比興？」
葉文敏公論古文，余曰：「以意求古人則近，以詞求古人則遠。」
公深然之。詩不容有異也。唐詩有意，而託比興以雜出之，其詞婉
而微，如人而衣冠。宋詩亦有意，惟賦而少比興，其詞徑以直，如
人而赤體。明之瞎盛唐詩，字面煥然，無意無法，直是木偶被文繡
耳。此病二高萌之，弘、嘉大盛，識者祇斥其措詞之不倫，而不言
其無意之爲病。

◎ 以唐、明言之，唐詩爲雅，明詩爲俗。以古體、唐體言之，古體
爲雅，唐體爲俗。以絕句、律詩言之，絕句爲雅，律詩爲俗。以五
律、七律言之，五律猶雅，七律爲俗。以古律、唐律言之，古律猶
雅，唐律爲俗。

◎ 所謂詩，如空谷幽蘭，不求賞識者。唐人作詩，惟適己意，不索
人知其意，亦不索人之說好。如義山〈有感〉二長律，爲甘露之變
而作，則〈重有感〉七律無別意可知，何以遠至七百年後，錢夕公
始能注釋之耶？意尙不知，誰知好惡？蓋人心隱曲處，不能已于言，
又不欲明告于人，故發于吟詠。《三百篇》中如是者不少，唐人能
不失此意。宋人作詩，欲人人知其意，故多直達。明人更欲人人見
好，自必流于鏗鏘絢燦，有詞無意之途。

◎ 詩文有雅學，有俗學。雅學大費工力，眞實而闇然，見者難識，
不便于人事之用。俗學不費工力，虛僞而的然，能悅衆目，便于人
事之用。世之知詩者難得，故雅學之門，可以羅雀，後鮮繼者；俗
學之門，簫鼓如雷，衣鉢不絕。如震川、元美，時同地近，震川却

掃荒村，後之學其文者無幾；元美奔走天下，至今壽奠之作，猶漑
餘膏。

◎　人于順逆境遇間，所動情思，皆是詩材。子美之詩，多得于此。
人不能然，失却好詩，及至作詩，了無意思，惟學古人句樣而已。

◎　青樓狹邪，良家子一入其門，身心俱變，縱欲從良，無由自脫，
甚至甘爲倡鴇，續置假女者。二李詩絕無意義，惟事聲色，看之見
好，爲之易成，又冒盛唐之名，易于眩人，淺夫不察，一飲狂泉，
終身苦海。及乎技倆已成，縱識得唐人門徑，而下筆終不能脫舊調。
始進之路，可不愼哉！

◎　子瞻云：「詩以奇趣爲宗，反常合道爲趣。」此語最善。無奇趣
何以爲詩？反常而不合道，是謂亂談；不反常而合道，則文章也。
山谷云：「雙鬟女娣如桃李，早年歸我第二雛。」亂談也。堯夫〈三
皇〉等吟，文章也。

◎　詩貴有含蓄不盡之意，尤以不着意見、聲色、故事、議論者爲最
上。義山刺楊妃事之「夜半宴歸宮漏永，薛王沈醉壽王醒」是也。
稍着意見者，子美〈玄元廟〉之「世家遺舊史，道德付今王」是也。
稍着聲色者，子美之「落日留王母，微風倚少兒」是也。稍用故事
者，子美之「伯仲之間見伊呂，指揮若定失蕭曹」是也。着議論而
不大露圭角者，羅昭諫之「靜憐貴族謀身易，危覺文皇創業難」是
也。露圭角者，杜牧之〈題烏江亭〉之「勝負兵家未可期，包羞忍
恥是男兒。江東子弟多才俊，捲土重來未可知」是也。然已開宋人
門徑矣。宋人更有不倫處。（宋楊誠齋〈題武惠妃傳〉之「壽王不

忍金宮冷，獨獻君王一玉環」，詞雖工，意未婉。惟義山之「薛王
沈醉壽王醒」，其詞微而意顯，得風人之體。）

◎　夫詩以情爲主，景爲賓。景物無自生，惟情所化。情哀則景哀，
情樂則景樂。唐詩能融景入情，寄情于景。如子美之「近淚無乾土，
低空有斷雲」；沈下賢之「梨花寒食夜，深閉翠微宮」；嚴維之「柳
塘春水漫，花塢夕陽遲」；祖詠之「遲日園林好，清明煙火新」，
景中哀樂之

◎　景同而語異，情亦因之而殊。宋之問〈大庾嶺〉云：「明朝望鄉
處，應見嶺頭梅。」賈島云：「無端更渡桑乾水，却望幷州是故鄉。」
景意本同，而宋覺優游，詞爲之也。然島句比之問反爲醒目，詩之
所以日趨于薄也。

◎　問曰：「詩文之界如何？」答曰：「意豈有二？意同而所以用之
者不同，是以詩文體製有異耳。文之詞達，詩之詞婉。書以道政事，
故宜詞達；詩以道性情，故宜詞婉。意喻之米，飯與酒所同出。文
喻之炊而爲飯，詩喻之釀而爲酒。文之措詞必副乎意，猶飯之不變
米形，噉之則飽也。詩之措詞不必副乎意，猶酒之變盡米形，飲之
則醉也。」

◎　余與友人說詩曰：「古人有通篇言情者，無通篇敍景者，情爲主，
景爲賓也。情爲境遇，景則景物也。」又曰：「七律大抵兩聯言情，
兩聯敍景，是爲死法。蓋景多則浮泛，情多則虛薄也。然順逆在境，
哀樂在心，能寄情于景，融景入情，無施不可，是爲活法。」又曰：
「首聯言情，無景則寂寥矣，故次聯言景以暢其情。首聯敍景，則

情未有著落，故次聯言情以合乎景，所謂開承也。此下須轉情而景，景而情，或推開，或深入，或引古，或邀賓，須與次聯不同收，或收第三聯，或收至首聯，看意之所在而收之，又有推開暗結者。輕重虛實，濃淡深淺，一篇中參差用之，偏枯卽不佳。」又曰：「意爲情景之本，只就情景中有通融之變化，則開承轉合不爲死法，意乃得見。」

◎　大抵文章實做則有盡，虛做則無窮。《雅》、《頌》多賦，是實做；《風》、《騷》多比興，是虛做。唐詩多宗《風》、《騷》，所以靈妙。

◎　詩之失比興，非細故也。比興是虛句活句，賦是實句。有比興則實句變爲活句，無比興則實句變成死句。許渾詩有力量，而當時以爲不如不作，無比興，說死句也。

◎　《青箱雜記》載鄭谷、齊己、黃損等定今體詩格云：「用韻有數格，曰葫蘆，曰轆轤，曰進退。葫蘆韻者，先二後四；轆轤韻者，雙出雙入；進退韻者，一進一退。」引李師中〈送唐介〉詩云：「孤忠自許衆不與，獨立敢言人所難。去國一身輕似葉，高名千古重如山。並遊英俊顏何厚？未死奸諛骨已寒。天爲吾皇扶社稷，肯教夫子不生還？」八句詩一「難」三「寒」同部，二「山」四「還」又一部，爲進退韻格之證。而葫蘆、轆轤未有引證。別本詩話引太白「我攜一尊酒」爲葫蘆韻之例，引「漢帝寵阿嬌」爲轆轤韻之例，乃古詩也。

◎　子美〈飲中八仙歌〉押二「船」字，二「眠」字，二「天」字，

三「前」字。說者謂此篇是八段，不妨重押。《學林新編》云：「觀詩題，則是一歌也。通篇在『船』字中押，不移別韻，則非分八段。」蓋子美詩重韻者不少，因歷舉諸篇以及〈十九首〉、曹子建、謝康樂、陸士衡、阮嗣宗、江文通、王仲宣重韻之句，以見古有此體，子美因之。余謂古人重詩而輕韻，故十九首以下多有重韻之詩；後人重韻而輕詩，見重押者駭爲異物耳。施愚山謂步韻者是做韻，非做詩。余謂自唐以來，以意湊韻，重韻輕詩者，皆是做韻。

◎ 古人作詩，不以辭害志，不以韻害辭。今人奉韻以害辭，泥辭以害志。

◎ 夫和詩之體非一，意如問答而韻不同部者，謂之和詩；同其部而不同其字者，謂之和韻；同其字而次第不同者，謂之用韻；次第皆同，謂之步韻。

◎ 古人視詩甚高，視韻甚輕，隨意轉叶而已，以詩乃吾之聲，韻以諧人口吻故也。唐人局于韻而詩自好，今人押韻不落卽是詩。故古人有詩無韻，唐人有韻有詩，今人惟有韻無詩。

◎ 一篇詩祇立一意，起手、中間、收結互相照應，方得無懈可擊。唐人必然。宋至明初，猶不大失。弘、正以後，一句七字猶多不貫，何況通篇！

◎ 意由于識。馬嵬事吟咏甚多，而子美云：「不聞夏殷衰，中自誅褒妲。」曲折有含蓄，子瞻稱之。鄭畋云：「肅宗[1]迴馬楊妃死，雲

---

[1] 藝文版《清詩話續編・圍爐詩話卷一・註》云：「『肅宗』原作『玄宗』，據《全唐詩》鄭畋〈馬嵬坡〉改。」又按「此詩最早見於唐末高彥修《唐闕史》，『肅

雨雖亡日月新。終是聖明天子事，景陽宮井又何人？」人知其有宰相器。劉夢得、白樂天直言六軍逼殺天子之妃矣！

◎　唐人詩意不必在題中，如右丞〈息夫人怨〉云：「莫以今時寵，能忘舊日恩！看花滿眼淚，不共楚王言。」使無稗說載其爲寧王奪餅師妻作，後人何從知之。

◎　唐人作詩最重意，不顧功令。省試詩多是六聯。祖詠〈終南餘雪〉云：「終南陰嶺秀，積雪浮雲端。林表明霽色，城中增暮寒。」二聯便呈主司，云「意盡」。唐人自重如此。

◎　起聯如李遠之「有客新從趙地回，自言曾上古叢台」，太傷平淺。劉禹錫之「王濬樓船下益州，金陵王氣黯然收」稍勝。而少陵之「童稚情親四十年，中間消息兩茫然」，能使次聯「更爲後會知何地，忽漫相逢是別筵」倍添精彩，更勝之矣。至于義山之「海外徒聞更九州，他生未卜此生休」，則勢如危峰矗天，當面崛起，唐詩中所少者。而「昨夜星辰昨夜風，畫樓西畔桂堂東」，乃是具文見意之法。起聯以引起下文而虛做者，常道也。起聯若實，次聯反虛，是爲定法。

◎　結句收束上文者，正法也；宕開者，別法也。上官昭容之評沈、宋，貴有餘力也。「曲終人不見，江上數峯青」，貴有遠神也。義山〈馬嵬〉詩一代傑作，惜于結語說破。絕句是合，律及長詩是結。溫飛卿〈五丈原〉詩以「譙周」結武侯，〈春日偶成〉以「釣渚」

宗迴馬』乃指肅宗於馬嵬坡不隨玄宗入蜀，而至靈武接位討安祿山，重振唐室，故下云『日月新』」。

結旅情。劉長卿之「白馬翩翩春草綠，邵陵西去獵平原」，宕開者也。子美〈褥段〉詩之「振我粗席塵，愧客茹藜羹」，收上文者也。

◎ 義山〈龍池〉詩云：「龍池賜酒敞雲屏，羯鼓聲高眾樂停。夜半宴歸宮漏永，薛王沉醉壽王醒。」龍池，玄宗潛邸南池，沉而為池，即位後以為瑞應，賜名龍池，制〈龍池樂〉。杜審言之〈龍池篇〉，即樂歌也。開元、天寶共四十二年，賜酒於此者多矣，薛王侍宴自在前，壽王侍宴自在後，義山詩意非指一席之事而言之也。十四字中敘四十餘年事，扛鼎之筆也。玄宗厚兄弟而薄于其子，詩中隱然，入《三百篇》可也。

◎ 詩貴活句，賤死句。石曼卿〈咏紅梅〉云：「認桃無綠葉，辨杏有青枝。」于題甚切，而無丰致、無寄托，死句也。

◎ 唐詩固有驚人好句，而其至善處在乎澹遠含蓄，宋失含蓄，明失澹遠。唐如李拯詩云：「紫宸朝罷綴鵷鸞，丹鳳樓前駐馬看。惟有終南山色在，晴明依舊滿長安。」兵火後之荒涼，不言自見。但此法唐人用之已多，今不可用也。

◎ 《詩法源流》云：「詩者，原于德性，發于才情，心聲不同，有如其面，故法度可學而神意不可學。是以太白自有太白之詩，子美自有子美之詩，昌黎自有昌黎之詩。其他如陳子昂、王摩詰、高、岑、賈、許、鄭、張、許之徒，亦皆各自為體，不可強而同也。」

◎ 馮定遠云：「多讀書，則胸次自高，出語皆與古人相應，一也；博識多知，文章有根據，二也；所見既多，自知得失，下筆知取舍，三也。」

◎ 七律之法，起結散句，中二聯排偶。其體方，方則滯。敘景言情，遠不如古詩之曲折如意，以初唐古律相較可見矣。七律止宜于臺閣，餘處不稱。景龍既有此體，以其便於人事之用，日盛月滋，不問何處皆用七律，謂之近體，實詩道之一厄也。學初盛則端莊而不能快意，學中晚則流利而傷於淺薄。自宋以來，多傷淺薄。弘、正間人，矯語初盛，而淺心粗氣，不能詳求初盛命意遣詞之妙，遂流爲強梗膚殼，又唐體之一厄也。

◎ 唐人七律，賓主、起結、虛實、轉折、濃淡、避就、照應，皆有定法。意爲主將，法爲號令，字句爲部曲兵卒。由有主將，故號令得行，而部曲兵卒，莫不如臂指之用，旌旗金鼓，秩然井然。弘、嘉詩惟有旌旗炫目，金鼓聒耳而已。

◎ 劉得仁晚唐也，〈禁署早春〉詩，亦有沈、宋應制之體。使大曆、開成人不作他詩，只作應制詩，吾保其無不高華典重者也。況景龍應制之詩雖多，而命意、佈局、使事無不相同，則多人只一人，多篇只一篇，安可以一人一篇而立一體？詩既雷同，則與今世應酬俗學無異，何足貴哉！盛唐博大沉雄亦然。孟浩然有『坐時衣帶縈纖草，行即裙裾掃落梅』，張謂有『櫻桃解結垂簷子，楊柳能低入戶枝』，王灣有『月華照杵空隨妾，風響傳砧不到君』，萬楚有『眉黛奪將萱草色，紅裙妒殺石榴花。誰道五絲能續命，卻令今日死君家』，子美之『卻繞井欄添個個，偶經花蕊弄輝輝』等，不可枚舉，皆是隨題成體，不作死套子語也。詩必隨題成體，而後臺閣、山林、閨房、邊塞、旅邸、道路、方外、青樓，處處有詩。子美備矣，太

白已有所偏，餘人之偏更甚，絕無只走一路者也。弘、嘉瞎盛唐只走一路，學成空殼生硬套子，不問何題，一概用之，詩道遂成異物。七律，盛唐極高，而篇數不多，未得盡態極妍，猶《三百篇》之正《風》正《雅》也；大曆已多，開成後尤多，盡態極妍，猶變《風》變《雅》也。夫子存二變，而弘、嘉人嚴擯大曆、開成，識見高於聖人矣。

◎　詩乃一念所得，于一念中，唐、宋體有相參處，何況初、盛、中、晚而能必無相似耶？如杜牧之〈華清宮〉詩：「霓裳一曲千峯上，舞破中原始下來。」語無含蓄，即同宋詩。又云：「一騎紅塵妃子笑，無人知是荔枝來。」語有含蓄，却是唐詩。

◎　唐人詩有平頭之病，如竇叔向之「遠書珍重、舊事淒涼」；「去日兒童、昔年親友」；唐彥謙之「淚隨紅蠟、腸比朱絃」；「梅向好風、柳因微雨」，亦當慎之。

◎　詩意大抵出側面。鄭仲賢〈送別〉云：「亭亭畫舸繫春潭，只待行人酒半酣。不管煙波與風雨，載將離恨過江南。」人自別離，却怨畫舸。義山憶往事而怨錦瑟亦然。文出正面，詩出側面，其道果然。

◎　賀黃公曰：「詩之亂頭粗服而好者，千載只淵明一人，而王無功得其彷彿。」

◎　秦少游云：「蘇、李高妙；曹、劉豪逸；阮、陶沖澹；謝、鮑峻潔；徐、庾藻麗，子美兼有之。」

◎　葉夢得云：「『細雨魚兒出，微風燕子斜』。細雨著水面爲漚，

魚浮而淰，大雨則伏而不出；燕體輕微，不能勝猛風，惟微風則有頡頏之致。全似未嘗用力，所以不礙氣格。晚唐人為之，則有『魚躍練江拋玉尺，鶯穿絲柳織金梭』矣。詩以一字為工，人皆知之。如杜詩之『江山有巴蜀，棟宇自齊梁』，則遠近數千里，上下數百年，只在『有』、『自』二字，而吞吐山水之氣，俯仰古今之懷，皆見言外，人力不可及。」

◎ 〈孤雁〉詩，鮑當云：「更無聲接續，空有影相隨。」切題而意味短矣。子美云：「孤雁不飲啄，飛鳴聲念羣。誰憐一片影，相失萬重雲？」力量自殊。

◎ 讀詩與作詩，用心各別。讀詩心須細，密察作者用意如何，布局如何，措詞如何，如織者機梭，一絲不紊，而後有得。于古人只取好句，無益也。作詩須將古今人詩，一帚掃却，空曠其心，于茫然中忽得一意，而後成篇，定有可觀。若讀時心不能細入，作時隨手卽成，必為宋、明人所困。

◎ 學業須從苦心厚力而得，恃天資而乏學力，自必無成，縱有學力而識不高遠，亦不能見古人用心處也。楊大年十一歲，卽試二詩二賦，頃刻而成。後來詩學義山，唯〈咏漢武帝〉云：「力通青海求龍種，死諱文成食馬肝。待詔先生齒編貝，忍令索米向長安。」稍有氣分。其西崑詩全落死句，未能髣髴萬一。文章不脫五代陋習，以視歐、蘇，真天淵矣。非學不贍，識卑近也。識為目，學為足。有目無足，如老而策杖，不失為明眼人；有足無目，則為瞽者之行道也。今日作詩，于宋、明瞎話留一絲在胸中，縱讀書萬卷，只成

有足無目之人。

◎ 詩壞于明，明詩又壞于應酬。朋友爲五倫之一，既爲詩人，安可無贈言？而交道古今不同，古人朋友不多，情誼真摯，世愈下則交愈泛，詩亦因此而流失焉。《三百篇》中，如仲山甫者不再見。蘇、李贈別詩，未必是真。唐人贈詩已多。明朝之詩，惟此爲事。唐人專心于詩，故應酬之外，自有好詩。明人之詩，乃時文之尸居餘氣，專爲應酬而學詩，學成亦不過爲人事之用，舍二李何適矣！

◎ 明人應酬，能四面周旋，一處不漏，乃其長技，却從嚴維〈送崔兼寄薛〉詩來。其詩云：「如今相府用英髦，獨往南州肯告勞」，讚崔兼及相府也。「冰水近開漁浦出，雪雲初捲定山高。木奴花映桐廬縣，青雀舟隨白鷺濤」，泛敍景物，全似明人套語。「使者應須訪廉吏，府中惟有范功曹」，譽薛縉及于崔，一處不漏。三人得之，未有不喜者，而詩道壞矣。以視其「柳塘春水漫，花塢夕陽遲」，有天壤之別，應酬之害詩如此。義山〈贈趙協律皙〉云：「俱識孫公與謝公，二年歌哭處皆同。已叨鄒馬聲華末，更共劉盧族望通。南省恩深賓館在，東山事往妓樓空。不堪歲暮相逢地，我欲西征君又東。」亦是人事詩，以有交情，自然懇切，興嚴詩不同。既落應酬，唐人亦不能勝弘、嘉，弘、嘉無讓于唐人也。

◎ 今世最尙壽詩，不分顯晦愚智，莫不墮此罥索。余謂村裏張思谷，田中李仰橋，乃樂此物，知文理者，必宜看破。庚戌，賤齒六十，友人欲以詩壽。余曰：「若果如此，必踵門而詬之。」友曰：「何至于此！」余曰：「吾是老代筆，專以此侮人者也，君輩乃欲侮我

耶！」聞者大笑。庚申，遂無言及之者。庸醫不信藥，俗僧不信佛，皆此意也。唐人絕少壽詩，宋人有之，而壽詞為多。無已，壽詞猶可。

◎ 方子通咏〈古柏〉云：「四邊喬木盡兒孫，曾見吳宮幾度春。若使當年成大廈，也應隨例作埃塵。」〈灩澦堆〉云：「湍流怪石礙通津，一一操舟若有神。自是世間無好手，古來何事不由人。」有意無詞者也。今試以唐人之詞出其意，如何而可？詩誠難事哉！

◎ 憶得宋人〈咏梅〉一句云：「疑有化人巢木末。」奇哉！是李義山〈落花〉詩「高閣客竟去」之思路也。唐人猶少，何況後人？楊誠齋詩云：「野逕有香尋不得，闌干石背一花開。」雖淺薄猶可。

◎ 范希文〈贈林和靖〉云：「巢由不願仕，堯舜豈遺人？風俗因君厚，文章到老醇。」庶幾子美矣，而終寄其廡下。山谷別開門徑矣，未免是殘山剩水。吾不知如何而後可以為詩？

◎ 韓子蒼詩云：「汴水日馳三百里，扁舟東下更開帆。旦辭杞國風微北，夜宿寧陵月正南。老樹挾霜鳴窣窣，寒花承露落毿毿。茫然不悟身何處，水色天光共蔚藍。」呂居仁舉此詩為學者法，然非唐人詩，以是死句故也。

◎ 范希文〈贈釣者〉云：「江上往來人，盡愛鱸魚美。君看一葉舟，出沒風濤裏。」寧讓子美？

◎ 宋僧道潛〈臨平道中〉詩云：「風蒲獵獵弄輕柔，欲立蜻蜓不自由。五月臨平山下路，藕花無數滿汀洲。」清穎極矣，尚非唐詩，景中無意故也。其「數聲柔櫓蒼茫外，何處江村人夜歸」，「隔林

彷彿聞機杼，知有人家住翠微」，皆佳絕。

◎　宋人好句有可入六朝、三唐者，何可沒之？五言如張文潛云：「漱
井消午睡，掃花坐晚涼。衆綠結夏帷，老紅駐春粧。」楊徽之云：
「戍樓煙自直，戰地雨長腥。」又云：「新霜染楓葉，皓月借蘆花。」
卞震云：「雨壁長秋菌，風枝落病蟬。」妓單氏〈贈陳希夷〉云：
「帝王師不得，日月老應難。」僧惠崇〈長安〉云：「人遊曲江少，
草入未央多。」又云：「嶺暮青猿急，江寒白鳥稀。」「歸禽動疎
竹，落果響寒塘。」「野人傳相鶴，山叟學彈琴。」「掩門青檜老，
出定白髭長。」「河冰堅度馬，塞雪密藏鵰。」〈宿東林寺〉云：
「鳥歸松墮雪，僧定石沈雲。」「探騎通番疊，降兵逐漢旗。」「露
下牛羊靜，河明桑柘空。」「捲幔來風遠，移床得月多。」「白浪
分吳國，青山隔楚天。……」

◎　金楊奐〈讀汝南遺事〉云：「六朝江水故依然，隔斷中原又百年。
長笑桓溫無遠慮，竟留王猛佐苻堅。」〈長安感懷〉詩曰：「此心
直欲作東周，再到長安已白頭。往事無憑空擊節，故人何處獨登樓？
月搖銀海秦陵夜，露滴金莖漢殿秋。日落酒醒雙淚下，幾時清渭向
西流？」優柔含蓄，大抵金人詩勝于宋人。

◎　宋人學問，史也，文也，詞也，俱推盡善，字畫亦稱盡美，詩則
未然，由其致精于詞，心無二用故也。大抵詩人，不惟李、杜窮盡
古人，而後自能成家，即長吉、義山，亦致力於杜詩者甚深，而後
變體。其集具在，可考也。永叔詩學未深，輒欲變古。魯直視永叔
稍進，亦但得杜之一鱗隻爪，便欲自成一家，開淺直之門，貽悞于

人。迨江西派立，胥淪以亡矣。

◎　七言排律，子美止有二篇，亦不甚佳，其難可知。明人以爲能事，文長不免也。

◎　無好句不動人，而好句實非至極處。唐人至極處，乃在不著議論聲色，含蓄深遠耳。以此求明詩，合者十不得一，惟求好句，則叢然矣。……如瞿佑有「射虎何人逢李廣？聞雞中夜舞劉琨。」陳汝言有「佳人搗練秋如水，壯士吹笳月滿城」。……劉崧有「林花落處頻中酒，海燕飛時獨倚樓。」……王希範有「歸去天涯雙白鬢，夢回江上一青山。」……童軒有「黃菊酒香人病後，白蘋風冷雁來初」。……莊昶有「狂搔短髮孤鴻外，病臥高樓細雨中。」

◎　黃庭鑑識：「修齡先所譔圍爐詩話，膾炙藝林。其排擊七子，探源六義，議論精到，發前人之所未發。惟詞鋒凌厲，間傷忠厚，殆以王、李之派迷溺已深，有激使然歟？」

蠖齋詩話　　　　　施閏章 著

◎　詩有本：山谷言近世少年不肯深治經史，徒取助詩，故致遠則泥，此最爲詩人針砭。詩如其人，不可不慎。浮華者浪子，叫囂者麤人，窘瘠者淺，痴肥者俗，風雲月露，鋪張滿眼，識者見之，直是一葉空紙耳！故曰：「君子以言有物。」

◎　五言排律：有謂排律無單韻，如老杜集中止有十韻十二、十四、二十、二十四、三十、四十、五十韻之類，並無十一、十三、十五

韻者。考之杜集，良然，按此體唐人以沈、宋爲宗，及考盛唐諸家，沈佺期諸君用五韻七韻者頗多，駱丞「樓觀滄海日，門對浙江潮」，亦七韻，不害爲名作，其餘九韻、十一、十三韻、二十五韻，各有之，具摘于後，大抵以對仗精嚴聲格流麗爲長，未嘗數韻限字，勒定雙韻。其雙韻者，十八、二十二、二十八、三十二皆有之，未嘗取盈于三十、四十也。初盛惟沈佺期〈答魑魅〉四十八韻爲最長，中腹四韻殊少警句。杜審言排律皆雙韻，〈和李大夫嗣眞〉四十韻，沈雄老健，開闔排蕩，壁壘與諸家不同。子美承之，遂爾旌旗整肅，開疆拓土，故是家法，然往往五十韻百韻中，韻重意複，瑕瑜互見，似可稍省。

◎ 排律單韻：五韻，宋之問〈始安秋日〉，楊炯〈途中〉，盧照鄰〈至望喜矚目〉，駱賓王〈過張平子墓〉、〈海曲書情〉、〈和李明府〉，王維〈沈拾遺新竹〉、〈山中示弟〉、〈青龍寺送熊九〉。七韻，沈佺期〈登瀛州南樓〉，宋之問〈酬李丹徒〉，盧照鄰〈宿晉安寺〉，〈贈左丞〉，〈哭韋郎中〉，〈春晚從李長史〉，〈冬日野望〉，〈夏夜憶張二〉，〈靈隱寺〉，〈寒夜獨坐〉，王維〈田家〉，〈過盧員外〉。九韻，駱賓王〈四月八日題七級〉，王維〈贈焦鍊師〉。十一韻，沈佺期〈扈從出長安〉，宋之問〈雲門寺〉，〈早入清遠峽〉，盧照鄰〈結客少年場〉，駱賓王〈咏懷〉。十三韻，宋之問〈入瀧洲江〉。二十五韻，楊尙〈和劉長史〉。

◎ 賈句：賈閬仙嘗得句云：「獨行潭底影」，苦難屬對，久之，聯以「數息樹邊身」，自注云：「二句三年得，一吟雙淚流。」後續

成一律，送無可上人：「圭峯霽色新，送此草堂人。麈尾同離寺，蛩鳴暫別親。獨行潭底影，數息樹邊身。終有煙霞約，天台作近鄰。」余謂此語，宜是山行野望，心目間偶得之，不作送人詩，當更勝，誦老杜「力稀經樹歇，老困撥書眠。」氣象全別矣。

◎ 于鱗七律：于鱗自喜高調，于登臨尤擅場。然登太行、太華山絕頂各四首，竭盡氣力，聲格俱壯，細看四首景象，無甚差別，前後亦少層次，總似一首可盡，故知七律不貴多也。杜老〈秋興〉八首，〈咏懷古蹟〉五首各有所指，自可不厭，今人搖筆四首八首，以十為率，強半不知痛癢耳。

◎ 唐人絕句：太白龍標外，人各擅能，有一口直述，絕無含蓄轉折，自然入妙，如「昔年今日此門中，人面桃花相映紅。人面不知何處去，桃花依舊笑春風。」「清江一曲柳千條，二十年前舊板橋。曾與美人橋上別，恨無消息到今朝。」「畫松一似真松樹，待我尋思記得無。曾在天台山上見，石橋南畔第三株。」此等詩著不得氣力學問，所謂詩家三味，直讓唐人獨步，宋賢要入議論，著見解，力可拔山，去之彌遠。

◎ 早朝詩：毛子大可夜酌，嘗言酬和詩不易作，如老杜一代詩豪，其和王維岑參詩，皆遜。〈和賈至早朝〉「春色仙桃」語，既近俗，卽「日暖龍蛇，風微燕雀」，並非早朝時所見，五六遽言朝罷，殊少次第，故當遠讓王、岑，然王作氣象壓岑，而「衣」字犯重，末又微拗，推岑作獨步矣。一日語少子恪，恪誦吟一過，笑曰：「洵如毛說，則早朝時無鶯囀，亦不見春色」，余更思不可得，一日臥

舟中，忽改數字云：「鷄鳴禁苑漏聲殘，馬簇天街曙色寒」，景切而語實，且免複，末句春字，直是無瑕可指矣。

薑齋詩話　　　王夫之 著

◎　無論詩歌與長行文字，俱以意爲主。意猶帥也，無帥之兵，謂之烏合。李杜所以稱大家者，無意之詩，十不得一二也。煙雲泉石，花鳥苔林，金鋪錦帳，寓意則靈，若齊梁綺語，宋人搏合成句之出處（宋人論詩字字求出處），役心向彼掇索，而不恤已情之所自發，此之謂小家數，總在圈繢中求活計也。把定一題一人一事一物，於其上求形模、求比似、求詞采、求故實，如鈍斧子劈櫟柞，皮屑紛霏，何嘗動得一絲紋理，以意爲主，勢次之，勢者意中之神理也。唯謝康樂爲能取勢，宛轉屈伸，以求盡其意，意已盡則止，殆無剩語，夭矯連蜷，煙雲繚繞，乃眞龍，非畫龍也。

◎　一詩止於一時一事，自〈十九首〉至陶、謝皆然。「夔府孤城落日斜」，繼以「月映荻花」，亦自日斜至月出，詩乃成耳。若杜陵長篇，有歷數月日事者，合爲一章，《大雅》有此體。後唯〈焦仲卿〉、〈木蘭〉二詩爲然。要以從旁追敘，非言情之章也。爲歌行則合，五言固不宜爾！

◎　情、景名爲二，而實不可離。神於詩者，妙合無垠。巧者則有情中景，景中情。景中情者如「長安一片月」，自是孤棲憶遠之情；「影靜千官裏」，自是喜達行在之情。情中景尤難曲寫，如「詩成

珠玉在揮毫」，寫出才人翰墨淋漓，自心欣賞之景。凡此類知者遇之；非然，亦鶻突看過，作等閒語耳！

◎ 近體中二聯，一情一景，一法也。「雲霞出海曙，梅柳渡江春。淑氣催黃鳥，晴光轉綠蘋。」「雲飛北闕輕陰散，雨歇南山積翠來。御柳已爭梅信發，林花不待曉風開。」皆景也，何者爲情？若四句俱情而無景語者，尤不可勝數，其得謂之非法乎？夫景以情合，情以景生，初不相離，唯意所適。截分兩橛，則情不足興，而景非其景。且如「九月寒砧催木葉」，二句之中，情景作對；「片石孤雲窺色相」四句，情景雙收，更從何處分析？陋人標陋格，乃謂「吳楚東南坼」四句，上景下情，爲律詩憲典，不顧杜陵九原大笑。愚不可瘳，亦孰與療之？

◎ 《樂記》云：「凡音之起，從人心生也。」固當以穆耳協心爲音律之準。「一三五不論，二四六分明」之說，不可恃爲典要。「昔聞洞庭水」，「聞」、「庭」二字俱平，正爾振起。若「今上岳陽樓」易第三字爲平聲，云「今上巴陵樓」，則語蹇而戾於聽矣。「八月湖水平」，「月」、「水」二字皆仄，自可，若「涵虛混太清」易作「混虛涵太清」，爲泥磬土鼓而已。又如「太清上初日」，音律自可；若云「太清初上日」，以求合於粘，則情文索然，不復能成佳句。又如楊用修警句云：「誰起東山謝安石，爲君談笑淨烽煙？」若謂「安」字失粘，更云「誰起東山謝太傅」，拖沓便不成響。足見凡言法者，皆非法也。釋氏有言：「法尙應捨，何況非法？」藝文家知此，思過半矣。

◎　作詩亦須識字，如「思」、「應」、「教」、「令」、「吹」、「燒」之類，有平仄二聲，音別則義亦異，若粘與押韻，於此鶻突，則荒謬止堪嗤笑，唐人不尋出處，不誇字學，而犯此者，百無一二。宋人以博核見長，偏於此多誤。杜陵以「酇侯」「酇」字作「才何切」，平聲粘，緣《史》、《漢》注自有兩說，非不識字也。至「廉頗」音「婆」，「相如」音「湘」，則考據精切矣。蘇子瞻不知〈軒轅彌明詩・序〉「長頸高結」，「結」字作「潔」音，穉子之所恥為，而孟浪若此。近見有和人韻者，以「葑菲」作「芳菲」字音押，雖不足道，亦可為不學人永鑒。

◎　不能作景語，又何能作情語耶？古人絕唱句多景語，如「高臺多悲風」、「蝴蝶飛南園」、「池塘生春草」、「亭皋木葉下」、「芙蓉露下落」皆是也，而情寓其中矣。以寫景之心理言情，則身心中獨喻之微，輕安拈出。謝太傅於《毛詩》取「訏謨定命，遠猷辰告」，以此八句如一串珠，將大臣經營國事之心曲，寫出次第，故與「昔我往矣，楊柳依依。今我來思，雨雪霏霏」同一達情之妙。

◎　含情而能達，會景而生心，體物而得神，則自有靈通之句，參化工之妙。若但於句求巧，則性情先為外蕩，生意索然矣。「松陵體」永墮小乘者，以無句不巧也。然皮、陸二子，差有興會，猶堪諷詠。若韓退之以險韻、奇字、古句、方言，矜其餖飣之巧，巧誠巧矣，而於心情興會，一無所涉，適可為酒令而已。黃魯直、米元章益墮此障中。近則王譿菴承其下游，不恤才情，別尋蹊徑，良可惜也。

◎　「落日照大旗，馬鳴風蕭蕭」，豈以「蕭蕭馬鳴，悠悠斾旌」為

出處耶？用意別，則悲愉之景，原不相貸，出語時偶然湊合耳！必求出處，宋人之陋也。其尤酸迂不通者，既於詩求出處，抑以詩爲出處，考證事理。杜詩「我欲相就沽斗酒，恰有三百青銅錢。」遂據以爲唐時酒價。崔國輔詩「與沽一斗酒，恰用十千錢。」就杜陵沽處販酒向崔國輔賣，豈不三十倍獲息錢耶？求出處者，其可笑類如此。

◎ 作詩但求好句，已落下乘，況絕句只此數語，拆開作一俊語，豈復成詩？「百戰方夷項，三章且易秦。功歸蕭相國，氣盡戚夫人。」（唐于季子，登咸亨進士第），恰似一漢高帝謎子，擲開成四片，全不相關通，如此作詩，所謂佛出世也救不得也。

◎ 論畫者曰：「咫尺有萬里之勢」，一勢字宜着眼，若不論勢，則縮萬里於咫尺，直是《廣輿記》前一天下圖耳，五言絕句，以此爲落想時第一義，唯盛唐人能得其妙，如「君家住何處，妾住在橫塘。停船暫借問，或恐是同鄉？」墨氣所射，四表無窮，無字處皆其意也。李獻吉詩「浩浩長江水，黃州若箇邊。岸回山一轉，船到堞樓前。」固自不失此風味。

◎ 門庭之外，更有數種惡詩：有似婦人者；有似衲子者；有似鄉塾師者；有似游食客者。婦人、衲子，非無小慧；塾師、遊客，亦侈高談。但其識量不出針線蔬筍，數米量鹽，抽豐告貸之中；古今上下哀樂，了不相關，即令揣度言之，亦粵人詠雪，但言白冷而已。然此數者，亦有所自來，以爲依據，似婦人者，仿《國風》而失其不淫之度。晉、宋以後，柔曼移於壯夫，近則王辰玉、譚友夏中之。

似袗子者，其源自東晉來。鍾嶸謂陶令爲隱逸詩人之宗，亦以其量不弘而氣不勝，下此者可知已。自是而賈島固其本色；陳無己刻意冥搜，止墮鹽瓿臼。近則鍾伯敬通身陷入；陳仲醇縱饒綺語，亦宋初九僧之流亞耳！似塾師、遊客者，《衛風》、〈北門〉實爲作俑。彼所謂「政散民流，誣上行私而不可止者，夫子錄之，以著衛爲狄滅之因耳！陶公「饑來驅我去」，誤墮其中。杜陵不審，鼓其餘波。嗣後啼饑號寒，望門求索之子，奉爲羔雉，至陳昂、宋登春而醜穢極矣。學詩者，一染此數家之習，白練受汙，終不可復白，尚戒之哉！

◎ 前所列諸惡詩，極矣，更有猥賤於此者，則詩傭是也。詩傭者，衰腐廣文，應上官之徵索，望門幕客，受主人之倚託也。彼皆不得已而爲之。而宗子相一流，得已不已，閒則繙書以求之，迫則傾腹以出之。攢眉叉手，自苦何爲？其法姓氏官爵、邑里山川，寒暄慶弔，各以類從。移易故實，就其腔殼。千篇一律，代人悲歌。迎頭便喝，結煞無餘。一起一伏，一虛一實。自詫全體無瑕，不知透心便死。風雅下游至此，而濁穢無加矣。宋以上未嘗有也，高廷禮作俑於先，宗子相承其衣鉢。凡爲傭者，得此以摘埴而行，而天下之言詩者，車載斗量，此可爲風雅痛哭者也。

◎ 咏物詩齊、梁始多有之，其標格高下，猶畫之有匠作，有士氣。徵故實，寫色澤，廣比譬，雖極鏤繪之工，皆匠氣也，又其卑者，餖湊成篇，謎也，非詩也。李嶠稱大手筆，詠物尤其屬意之作，裁翦整齊而生意索然，亦匠筆耳！至盛唐以後，始有卽物達情之作，

「自是寢園春薦後,非關御苑鳥銜殘」,貼切櫻桃,而句皆有意,所謂正在阿堵中也。「黃鶯弄不足,含入未央宮」,斷不可移咏梅、桃、李、杏,而超然玄遠,如九轉還丹,仙胎自孕矣。宋人於此茫然,愈工愈拙,非但「認桃無綠葉,辨杏有青枝」,為可姍笑已也,嗣是作者益趨匠畫,里耳喧傳,非俗不賞,袁凱以〈白燕〉得名,而「月明漢水初無影,雪滿梁園尚未歸」,按字求之,總成窒礙。高季迪〈梅花〉,非無雅韻,世所傳誦者,偏在「雪滿山中、月明林下」之句,徐文長、袁中郎皆以此銜巧,要之文心不屬,何巧之有哉!杜陵白小諸篇躊躇自尋別路,雖風韻足而如黃大癡寫景,蒼莽不羣。作者去彼取此,不猶善乎禪家有三量,唯現量發光為依佛性,比量稍有不審,便入非量。況直從非量中施朱而赤,施粉而白,勺水洗之,無鹽之色,敗露無餘,明眼人豈為所欺邪。

春酒堂詩話　　　周　容　撰

◎　嘗坐牧齋先生昭慶寺寓,適有客以詩卷謁者,先生一展,輒掩置几側,不復視。已而此客辭去,先生顧謂容曰:「凡於人詩,不必於詩也,於目知之。頃見目中有〈梅花〉詩,且三十首,故不必復視耳。」隨出其〈梅花〉詩讀之,皆《兔園冊》語,相視大笑。又曰:「使當此君前一讀,其輕謾之不能自禁,當更甚於掩置耳。」

◎　馮惟訥《詩紀》曰:「古今詩人以詩名世者,或只一句,或只一聯,或只一篇,夫豈在多哉?」但「空梁燕泥」與「庭草無人」,

以煬帝殺之而傳;「楓落吳江」,則可謂之一語傳耳。若「池塘春草」以夢,故非以此盡康樂也。太白、少陵將從何處拈出耶?

◎　邱文莊嘗云:「眼前景致口頭語,便是詩家絕妙詞。」此言是矣,然元、白又何以輕而俗邪?此中兩參,乃得三昧耳。

◎　慈水姚亦方嘗問予曰:「唐詩畢竟從何人入手?」予曰:「莫問從何人,且先問從何體。」亦方瞪目曰:「體從五言古,又煩言邪!」予曰:「非也。須從絕句始。」亦方沈吟次,予曰:「唐詩中最得風人遺意者,惟絕句耳。意近而遠,詞淡而濃,節短而情長。從此悟入,無論李、杜、王、孟,即蘇、李、陶、謝皆是矣。」亦方為之快然。

◎　有人問曰:「絕句如何鍊意?」予曰:「意在句中。」友不悟。予笑曰:「崔惠童詩『今日殘花昨日開』,若是『昨日開花今日殘』,便削然無意矣。」

詩辯坻　　　　　毛先舒　著

◎　高手下語,唯恐意露;卑手下語,為恐意不露。

◎　詩必相題,猥瑣、尖新、淫褻等題,可無作也。詩必相韻,故拈、險、俗、生澀之韻及限韻、步韻,可無作也。

◎　文章,公器也。經術,聖心也。自應討論通流,商略忘我。

◎　詩言情寫景敍事,收攏拓開,點題掉尾,俱是要格。律尤須謹嚴,頹唐可時有耳。借如律詩,中二聯一實一虛,一黏一離;起須高渾,

勢冒全篇；結欲悠圓，盡而有餘；轉折收縱，宜使合度，勿得後先倒置，舒促失節，然後可以告成篇矣。

◎ 作詩對仗須精整，不定以青對白，以冬對夏，以北對南爲也，要審死活、虛實、平側（按此處之「平」，應指語法上之聯合結構；「側」應指非屬聯合結之主謂、述補、述賓等結構）。借如「登山臨水」，「高山流水」，「登」、「臨」爲活，「高」、「流」爲死，不得易位相對仗也，或有假借作變對耳。又如「高山流水」，「吳山越水」，「高」、「流」爲虛，「吳」、「越」爲實，亦不得易位爲對仗也，或假借斯有之。又如「山水」二字，平可對「雲霞」。若「江水」，乃說江中之水，二字側不可對「雲霞」，但可以「山雲」對之。卽以一物對二物，亦無不可，總須論字面不側（按指語法結構相同）。如以「鸚鵡」對「龍蛇」，或對「鴛鴦」，以一對二之類；若以「鸚鵡」對「神龍」、「彩鸞」，便是以平對側，非其法也。以二對一亦然。如「楓柳」可對「梧桐」，「春柳」便不可與「梧桐」對耳。有自對者，（杜）必簡「伐鼓撞鐘驚海上，新粧袨服照江東。」摩詰「赭圻將赤岸，擊汰復揚舲。」又云「門外青山如屋裏，東家流水入西隣。」子美「桃花細逐楊花落，黃鳥時兼白鳥飛。」又有借對者，如「高鳳」對「聚螢」，「世家」對「道德」，「鳥道」對「漁翁」。「高鳳」本人（按指人名），乃借「鳳」對「螢」耳。「世家」義本側，乃借其字面作平對「道德」耳。「漁」借作「魚」對「鳥」。如此古人間有，亦只是遊戲法，不爲經理。古最忌合掌對，如「朝」對「曉」，「聽」對「聞」之

類。古人亦多有之（玄宗「馬色分朝露，雞聲逐曉風。」郎君胄「暮蟬不可聽，落葉豈堪聞。」）雖有拙致，似不足效。

◎　詩用連二字有可顛倒互換者，有不可顛倒互換者。如「雲煙」可作「煙雲」，「山河」可作「河山」之類，此可以互換者也。「雲霞」卽不可作「霞雲」，「山川」卽不可作「川山」，此不可互換者。總以昔人運過適于上口者爲順耳。嘗見詩流用「丘壑」爲「壑丘」，又有稱「海湖」者，眞可笑也。司馬相如賦「鸞鳳飛而北南」，曹植樂府「下下乃窮極地天」，「地天泰」本易卦。又《禮記》：「吾得坤乾焉」，「坤乾」是商〈歸藏易〉。〈王風〉：「羊牛下來」，〈齊風〉：「顛倒裳衣」，如此類須有所本可以倒互。然終近古調，入近體似未宜，斯在作者酌其當耳。

◎　步韻非古也；斷勿可爲。七律一題勿作數首，若杜〈秋興〉，似無題耳，〈諸將〉亦敘數事，非復一題。律中重一二字，自不礙法。若長律重押韻，古間有之，似不可爲法。擬古樂府一事，翻似爲戲，無庸多作。

◎　詩有駢字，如「崔嵬」、「嵯峩」、「岧嶤」之類。詩有複字，如「悠悠」、「瀟瀟」、「茫茫」之類。近體斷無單押之法，或審有出處，可間押入古詩耳，然亦須愼之。

原詩　　　　　　　葉　燮　著

◎　原夫作詩者之肇端，而有事乎此也，必先有所觸。

◎　或曰，今之稱詩者，高言法矣，作詩者果有法乎哉，且無法乎哉，余曰：「法者虛名也，非所論于有也；又法者定位也，非所論于無也。子無以余言爲惝恍河漢，當細爲子晰之。自開闢以來，天地之大，古今之變，萬彙之賾，日星河嶽，賦物象形，兵刑禮樂，飲食男女，于以發爲文章，形爲詩賦，其道萬千，余得以三語蔽之，曰理，曰事，曰情。不出乎此而已，然則詩文一道，豈有定法哉？先揆乎其理，揆之于理而不謬，則理得；次徵諸事，徵之于事而不悖，則事得；終絜諸情，絜之于情而可通，則情得；三者得而不可易，則自然之法立。故法者當乎理，確乎事，酌乎情，爲三者之平準，而無所自爲法也，故謂之曰虛名。又法者國家之所謂律也。自古之五刑宅就以至于今，法亦密矣，然豈無所憑而爲法哉？不過揆度于理情三者之輕重大小上下，以爲五服五章刑賞生殺之等威差別。于是事理情當于法之中，人見法而適愜其事、理、情之用，故又謂之曰定位。

◎　乃稱詩者，不能言法所以然之故，而嘵嘵曰法。吾不知其離一切以爲法乎？將有所緣以爲法乎？離一切以爲法，則法不能憑虛而立；有所緣以爲法，則法仍託他物以見矣。吾不知統提法者之于何屬也？彼曰凡事凡物皆有法，何獨于詩而不然？是也，然法有死法，有活法，若以死法論今，譽一人之美，當問之曰，若固眉在眼上乎？鼻口居中乎？若固手操作而足循履乎？夫妍媸萬態，而此數者必不渝，此死法也。彼美之絕世獨立，不在是也。又朝廟享燕，以及士庶宴會，揖讓升降，絺坐獻酬，無不然者，此亦死法也。而格鬼神，

通愛敬，不在是也。然則彼美之絕世獨立，果有法乎？

◎　不過卽耳目口鼻之常，而神明之。而神明之法，果可言乎？彼享宴之格鬼神，合愛敬，果有法乎？不過卽揖讓獻酬而感通之，而感通之法，又可言乎？死法則執塗之人能言之。若曰活法，旣活，而不可執矣，又焉得泥于法。而所謂詩之法，得毋平平仄仄之拈乎？村塾曾讀千家詩者，亦不屑言之，若更有進，必將曰，律詩必首句如何起，三四如何承，五六如何接，末句如何結。古詩要炤應，要起伏，析之為句法，總之為章法，此三家村詞伯相傳久矣。不可謂稱詩者獨得之秘也。若舍此兩端，而謂作詩另有法，法在神明之中，巧力之外，是謂變化生心。

◎　變化生心之法，又何若乎？則死法為定位，活法為虛名，虛名不可以為有，定位不可以為無。不可為無者，初學能言之。不可為有者，作者之匠心變化，不可言也。

◎　夫識辨不精，揮霍無具，徒倚法之一語，以牢籠一切，譬之國家有法，所以儆愚夫愚婦之不肖，而使之不犯。未聞與道德仁義之人，講論罰肆而時以五刑五罰之法，恐懼之而迫脅之者也。惟理、事、情三語，無處不然，三者得，則胸中通達無阻，出而敷為辭，則夫子所云辭達，達者通也，通乎理，通乎事，通乎情之謂。而必泥乎法，則反有所不通矣，辭且不通，法更于何有乎？

◎　曰理、曰事、曰情三語，大而乾坤以之定位，日月以之運行，以至一草一木一飛一走，三者缺一，則不成物，文章者，所以表天地萬物之情狀也，然具是三者，又有總而持之，條而貫之者曰氣，事

理情之所為用，氣為之用也，譬之一木一草，其能發生者，理也。其既發生，則事也，既發生之後，夭喬滋植，情狀萬千，咸有自得之趣，則情也。苟無氣以行之，能若是乎？又如合抱之木，百尺干霄，纖葉微柯以萬計，同時而發，無有絲毫異同，是氣之為也。苟斷其根，則氣盡而立萎。此時理、事、情，俱無從施矣，吾故曰：「三者藉氣而行者也，得是三者，而氣鼓行于其間，絪縕磅礴，隨其自然，所至即為法。此天地萬象之至文，豈先有法以馭是氣者哉。

◎ 不然，天地之生萬物，舍其自然流行之氣，一切以法繩之，夭喬飛走，紛紛于形體之萬殊，不敢過于法，不敢不及于法，將不勝其勞，乾坤亦幾乎息矣。

◎ 草木氣斷則立萎，理、事、情俱隨之而盡，固也。雖然，氣斷則氣無矣，而理、事、情，依然在也，何也？草木氣斷則立萎，是理也，萎則成枯木，其事也，枯木豈無形狀，向背高低上下，則其情也。由是言之，氣有時而或離，理、事、情無之而不在。向枯木而言法，法于何施，必將曰：「法將析之以為薪，法將斲之而為器，若果將以為薪為器，吾恐仍屬之事理情矣，而法又將遁而之他矣。

◎ 天地之大文，風雲雨雷是也，風雲雨雷變化不測，不可端倪。天地之至神也，即至文也，試以一端論。泰山之雲，起于膚寸，不崇朝而徧天下。吾嘗居泰山之下者半載，熟悉雲之情狀，或起于膚寸，瀰淪六合；或諸峯競出，升頂即滅；或連陰數月；或食時即散；或黑如漆，或白如雪；或大如鵬翼；或亂如散鬌；或塊然垂天後無繼者；或聯綿纖微相續不絕；又忽而黑雲興，土人以法占之曰將雨，

竟不雨！又晴雲出，法占者曰將晴，乃竟雨！雲之態以萬計，無一同也。以雲之色相，雲之性情，無一同也。雲或有時歸，或有時竟一去不歸，或有時全歸，或有時半歸，無一同也。此天地自然之文，至工也。

◎　若以法繩天地之文，則泰山之將出雲也，必先聚雲族而謀之曰：「吾將出雲，而爲天地之文矣」，先之以某雲，繼之以某雲，以某雲爲起，以某雲爲伏，以某雲爲照應，爲波瀾，以某雲爲逆入，以某雲爲空翻，以某雲爲開，以某雲爲闔，以某雲爲掉尾，如是以出之，如是以歸之，一一使無爽，而天地之文成焉。無乃天地之勞于有泰山；泰山且勞于有是雲。而出雲且無日矣，蘇軾有言，我文如萬斛源泉，隨地而出，亦可與此相發明也。

◎　曰理、曰事、曰情，此三言者足以窮盡萬有之變態。凡形形色色，音聲狀貌，舉不能越乎此，此舉在物者而爲言，而無一物之或能去此者也，曰才、曰膽、曰識、曰力，此四言者所以窮盡此心之神明。凡形形色色，音聲狀貌，無不待于此而爲之發宣昭著。此舉在我者而爲言，而無一不如此心以出之者也，以在我之四衡，在物之三合。而爲作者之文章，大之經緯天地。細而一動一植，詠歎謳吟，俱不能離是而爲言者矣。

◎　在物者前已論悉之，在我者雖有天分之不齊，要無不可以人力充之。其優于天者，四者具足，而才獨外見，則羣稱其才。而不知其才之不能無所憑而獨見也。其歉乎天者，才見不足，人皆曰才之歉也，不可勉強也，不知有識以居乎才之先。識爲體而才爲用，若不

足於才，當先研精推求乎其識，人惟中藏無識，則理、事、情錯陳於前，而渾然茫然，是非可否，妍媸黑白，悉眩惑而不能辨，安望其敷而出之爲才乎，文章之能事，實始乎此。

◎　今夫詩，彼無識者，既不能知古來作者之意，并不自知其何所興感觸發而爲詩，或亦聞古今詩家之詩，所謂體裁格力聲調興會等語，不過影響於耳，含糊於心，附會於口，而眼光從無着處，腕力從無措處，卽歷代之詩，陳於前，何所決擇，何所適從，人言是則是之，人言非則非之。夫非必謂人言之不可憑也，而彼先不能得我心之是非而是非之，又安能知人言之是非而是非之也，有人曰：「詩必學漢魏，學盛唐」，彼亦曰「學漢魏，學盛唐」，從而然之，而學漢魏與盛唐所以然之故，彼不能知，不能言也，卽能效而言之，而終不能知也。

◎　又有人曰：「詩當學晚唐，學宋、學元」，彼亦曰「學晚唐、學宋、學元，又從而然之」，而置漢、魏與盛唐所以然之故，彼又終不能知也，或聞詩家有宗劉長卿者矣，於是群然而稱劉隨州矣，又或聞有崇尙陸游者矣，於是人人案頭無不有《劍南集》，以爲秘本，而遂不敢他及矣，如此等類不可枚舉一槩。人云亦云，人否亦否，何爲者邪？夫人以著作自命，將進退古人，次第前哲，必具有隻眼，而後泰然有自居之地。倘議論是非，瞶瞶于中心，而隨世人之影響而附會之，終日以其言語筆墨爲人使令驅役，不亦愚乎！

◎　且有不自以爲愚，旋愚成妄，妄以生驕，而愚益甚焉。原其患始于無識，不能取舍之故也，是卽吟咏不輟，累牘連章，任其塗抹，

全無生氣，其爲才邪，爲不才邪？惟有識則是非明，是非明則取舍定，不但不隨世人腳跟，幷亦不隨古人腳跟。非薄古人爲不足學也，蓋大地有自然之文章，隨我之所觸而發宣之，必有克肖其自然者，爲至文以立極，我之命意發言，自當求其至極者。昔人有言：「不恨我不見古人，恨古人不見我」，又云：「不恨臣無二王法，但恨二王無臣法」，斯言特論書法耳，而其人自命如此，等而上之，可以推矣。

◎ 譬之學射者，盡其目力臂力，審而後發，苟能百發百中，卽不必學古人。而古有后羿、養由基其人者，自然來合我矣。我能是，古人先我而能是。未知我合古人與，古人合我與？高適有云：「乃知古時人，亦有如我者，豈不然哉！」故我之著作與古人同，所謂其揆之一，卽有與古人異，乃補古人之所未足，亦可言古人補我之所未足，而後我與古人交爲知己也。惟如是，我之命意發言，一一皆從識見中流布，識明則膽張，任其發宣而無所於怯。橫說豎說，左宜而右有，直造化在手，無有一之不肖乎物也。

◎ 且夫胸中無識之人，卽終日勤于學，而亦無益，俗諺謂爲兩脚書櫥，記誦日多，多益爲累。及伸紙落筆時，胸如亂絲，頭緒旣紛，無從割擇，中且餒而膽愈怯，欲言而不能言，或能言而不敢言，矜持於銖兩尺矱之中，旣恐不合於古人，又恐貽譏於今人。如三日新婦，動恐失體，又如跛者登臨，擧恐失足。文章一道，本攄寫揮灑樂事，反若有物焉以桎梏之，無處非礙矣。於是强者必曰古人某某之作如是，非我則不能得其法也；弱者亦曰，古人某某之作如是，

今之聞人某某傳其法如是，而我亦如是也；其黠者心則然而秘而不言；愚者心不能知其然，徒夸而張於人；以爲我自有所本也。更或謀篇時，有言已盡，本無可贅矣，恐方幅不足，而不合於格，於是多方拖沓以擴之，是蛇添足也。

◎　又有言尙未盡，正堪抒寫，恐逾於格而失矩度，亟闔而已焉，是生割活剝也。之數者，因無識，故無膽，使筆墨不能自由，是爲操觚家之苦趣，不可不察也。

◎　昔賢有言，成事在膽，文章千古事，苟無膽，何以能千古乎，吾故曰，無膽則筆墨畏縮，膽既詘矣，才何由而得伸乎？惟膽能生才，但知才受於天，而抑知必待擴充於膽邪，吾見世有稱人之才，而歸美之曰，能斂才就法，斯言也，非能知才之所由然者也。

◎　夫才者，諸法之蘊隆發現處也，若有所斂而爲就，則未斂未就以前之才，尙未有法也，其所爲才，皆不從理、事、情而得，爲拂道悖德之言，與才之義相背而馳者，尙得謂之才乎？夫於人之所不能知，而惟我有才能知之，於人之所不能言，而惟我有才能言之，縱其心思之氤氳磅礴，上下縱橫，凡六合以內外，皆不得而囿之。以是措而爲文辭，而至理存焉，萬事準焉，深情托焉，是之謂有才。若欲其斂以就法，彼固掉臂遊行於法中久矣，不知其所就者，又何物也？

◎　必將曰所就者，乃一定不遷之規矩，此千萬庸衆人皆可共趨之而由之，又何待於才之斂邪！故文章家止有以才御法，而驅使之決無就法而爲法之所役，而猶欲詘其才者也。吾故曰：「無才則心思不

出。亦可曰無心思則才不出」，而所謂規矩者，卽心思之肆應各當
之所爲也。

◎　蓋言心思，則主乎內以言才，言法，則主乎外以言才，主乎內，
心思無處不可通，吐而爲辭，無物不可通也。夫孰得而範圍其心，
又孰得而範圍其言乎？主乎外，則囿于物而反有所不得于我心。心
思不靈，而才銷鑠矣。

◎　吾嘗觀古之才人，合詩與文而論之，如左邱明、司馬遷、賈誼、
李白、杜甫、韓愈、蘇軾之徒，天地萬物皆遞開闔于其筆端，無有
不可舉，無有不能勝，前不必有所承，後不必有所繼，而各有其愉
快，如是之才，必有其力以載之，惟力大而才能堅，故至堅而不可
摧也，歷千百代而不朽者以此。昔人有云：「擲地須作金石聲」，
六朝人非能知此義者，而言金石，喻其堅也，此可以見文家之力，
力之分量，卽一句一言，如植之則不可仆，橫之則不可斷，行之則
不可遏，住則不可遷，易曰獨立不懼，此言其人，而其人之文當亦
如是也。

◎　譬之兩人焉，共適于途，而值羊腸、蠶叢、峻棧、危梁之險，其
一弱者，精疲于中，形戰於外，將裹足而不前，又必不可已而進焉，
于是步步有所憑藉，以爲依傍，或藉人之推之挽之，或手有所持而
捫，或足有所緣而踐，卽能前達皆非其人自有之力，僅愈于木偶爲
人舁之而行耳。

◎　其一爲有力者，神旺而氣足，徑往直前，不待有所攀援假借，奮
然投足，反趨弱者扶掖之前，此直以神行而形隨之，豈待外求而能

者，故有境必能造，有造必能成，吾故曰：「立言者，無力則不能自成一家」，夫家者，吾固有之家也，人各自有家，在己力而成之耳，豈有依傍想象他人之家以爲我之家乎？是猶不能自求家珍，穿窬鄰人之物以爲己有。卽使盡竊其連城之璧，終是鄰人之寶，不可爲我家珍。

◎　而識者窺見其裏，適供其啞然一笑而已，故本其所自有者而益充而廣大之以成家，非其力之所自致乎，然力有大小，家有巨細，吾又觀古之才人，力足以蓋一鄉，則爲一鄉之才，力足以蓋一國，則爲一國之才，力足以蓋天下，則爲天下之才，更進乎此，其力足以十世，足以百世，足以終古，則其立言不朽之業，亦垂十世，垂百世，垂終古，悉如其力以報之，試合古今之才，一一較其所就、視其力之大小遠近如分寸銖兩之悉稱焉。

◎　大約才識膽力，四者交相爲濟，苟一有所歉，則不可登作者之壇，四者無緩急，而要在先之以識，使無識則三者俱無所託，無識而有膽，則爲妄，爲鹵莽，爲無知其言背理叛道，蔑如也；無識而有才，雖議論縱橫，思致揮霍，而是非淆亂，黑白顚倒，才反爲累矣；無識而有力，則堅僻妄誕之辭，足以悞人而惑世，爲害甚烈，若在騷壇，均爲風雅之罪人。

◎　惟有識則能知所從，知所奮，知所決，而後才與膽力，皆確然有以自信舉世非之，舉世譽之，而不爲其所搖，安有隨人之是非，以爲是非者哉，其胸中之愉快自足，寧獨在詩文一道已也，然人安能盡生而具絕人之姿，何得易言有識，其道宜如大學之始于格物，誦

讀古人詩書，一一以理事情格之，則前後中邊左右向背，形形色色，殊類萬態，無不可得。不使有毫髮之罅，而物得以乘我焉！如以文爲戰，而進無堅成，退無橫陣矣，若舍其在我者，而徒日勞于章句誦讀，不過勦襲、依傍、摹擬、窺伺之術，以自躋于作者之林，則吾不得而知之矣。

◎　詩之至處，妙在含蓄無垠，思致微渺，其寄托在可言不可言之間。其指歸在可解不可解之會，言在此而意在彼，泯端倪而離形象，絕議論而窮思維，引人于冥漠恍惚之境，所以爲至也。若一切以理概之，理者，一定之衡，則能實而不能虛，爲執而不爲化，非板則腐。

◎　可言之理，人人能言之，又安在詩人之言之；可徵之事，人人能述之，又安在詩人之述之；必有不可言之理，不可述之事，遇之于默會意象之表，而理與事無不燦然于前者也。今試舉杜甫集中一二名句，爲子晰而剖之，以見其概，可乎？如〈元元皇帝廟〉作「碧瓦初寒外」，逐字論之，言乎外，與內爲界也。初寒何物，可以內外界乎？將碧瓦之外，無初寒乎？寒者，天地之氣也，是氣也，盡宇宙之內，無處不充塞，而碧瓦獨居其外，寒氣獨盤踞于碧瓦之內乎？寒而曰初，將嚴寒或不如是乎？初寒無象無形，碧瓦有物有質，合虛實而分內外，吾不知其寫碧瓦乎？寫初寒乎？寫近乎？寫遠乎？使必以理而實諸事以解之，雖稷下談天之辨，恐至此亦窮矣！然設身而處當時之境會，覺此五字之情景，恍如天造地設。呈于象，感于目，會于心。意中之言，而口不能言；口能言之，而意又不可解。劃然示我以默會相象之表，竟若有內有外，有寒有初寒，特借

碧瓦一實相發之。有中間，有邊際，虛實相成，有無互立。取之當前而自得，其理昭然，其事的然也。昔人云：「王維詩中有畫」，凡詩可入畫者，爲詩家能事。如風雲雨雪景象之至虛者，畫家無不可繪之于筆，若初寒內外之景色，卽董巨復生，恐亦束手擱筆矣。

◎　天下惟理事之入神境者，固非庸凡人可摹擬而得也。又〈宿左省〉：「月傍九霄多」句，從來言月者，祗有言圓缺，言明暗，言升沉，言高下，未有言多少者。若俗儒不曰「月傍九霄明」，則曰「月傍九霄高」，以爲景象眞而使字切矣。今曰多，不知月本來多乎？抑傍九霄而始多乎？不知月多乎？月所照之境多乎？有不可名言者。試想當時之情景，非言明、言高、言升可得，而惟此「多」字可以盡括此夜宮殿當前之景象。他人共見之，而不能知、不能言，惟甫見而知之，而能言之，其事如是，其理不能不如是也。

◎　又〈夔州雨濕不得上岸〉：「晨鐘雲外濕」，以晨鐘爲物而濕乎？雲外之物，何啻以萬萬計，且鐘必於寺觀，卽寺觀中，鐘之外，物亦無算，何獨濕鐘乎？然爲此語者，因聞鐘聲有觸而云然也。聲無形，安能濕？鐘聲入耳而有聞，聞在耳，止能辨其聲，安能辨其濕？曰雲外，是又以目始見雲，不見鐘，故云雲外。然此詩爲雨濕而作，有雲然後有雨，濕爲雨鐘，則鐘在雲內，不應云外也。斯語也，吾不知其爲耳聞邪，爲目見邪，爲意揣邪，俗儒于此，必曰「晨鐘雲外度」，又必曰「晨鐘雲外發」，決無下濕字者，不知其于隔雲見鐘，聲中聞濕，妙悟天開，從至理實事中領悟，乃得此境界也。

◎　又〈摩訶池泛舟〉：「高城秋自落」句，夫秋何物，若何而落乎？

時序有代謝，未聞云落也，卽秋能落，何繫之以高城乎？而曰「高城落」，則秋實自高城而落，理與事俱不可易也。以上偶舉杜集四語，若以俗儒之眼觀之，以言乎理，理于何通？以言乎事，事于何有？所謂言語道斷，思維路絕，然其中之理，至虛而實，至渺而近，灼然心目之間，殆如鳶飛魚躍之昭著也。

◎ 理旣昭矣，尙得無其事乎？古人妙于事理之句，如此極多，姑舉此四語，以例其餘耳！其更有事所必無者，偶舉唐人一二語，如「蜀道之難難于上青天」，「似將海水添宮漏」，「春風不度玉門關」，「天若有情天亦老」，「玉顏不及寒鴉色」等句，如此者何止盈千累萬，決不能有其事實，爲情至之語。夫情必依乎理，情得然後理眞，情理交至，事尙不得邪？

◎ 要之作詩者，實寫理、事、情，可以言，言可以解，解卽爲俗儒之作，惟不可名言之理；不可施見之事；不可徑達之情。則幽渺以爲理；想象以爲事；怳惚以爲情。方爲理至、事至、情至之語，此豈俗儒耳目心思界分中所有哉？則余之爲此三語者，非腐也、非僻也、非錮也，得此意而通之，審獨學詩，無適而不可矣。

◎ 大抵近時詩人，其過有二，其一奉老生之常談，襲古來所云忠厚、和平、渾樸、典雅，陳陳皮膚之語。以爲正始在是，元音復振。動以道性情、托比興爲言，其詩也非庸則腐，非腐則俚，其人且復鼻孔撩天，搖脣振履，面目與心胸，殆無處可以位置，此眞虎豹之鞟耳！其一好爲大言，遺棄一切，掇探字句，抄集韻脚，覩其成篇，句句可畫，諷其一句，字字可斷。其怪戾則自以爲李賀；其濃抹則

自以爲李商隱；其澀險則自以爲皮陸；其拗拙則自以爲韓孟。土苴
建安，弁髦初盛，後生小子，詫爲新奇，競趨而效之。所云牛鬼蛇
神，夔蚿罔兩。揆之《風》、《雅》之義，《風》者眞不可以《風》，
《雅》者則已喪其《雅》，尚可言邪？

◎ 吾願學詩者，必從先刑以察其源流，識其升降，讀《三百篇》而
知其盡美矣、盡善矣，然非今之人所能爲。卽今之人能爲之，而亦
無爲之之理，終亦不必爲之矣。繼之而讀漢、魏之詩，美矣善矣，
今之人庶能爲之，而無不可爲之，然不必爲之，或偶一爲之，而不
必似之。又繼之而讀六朝之詩，亦可謂美矣，亦可謂善矣，我可以
擇而間爲之，亦可以恝而置之。又繼之而讀唐人之詩，盡美盡善矣，
我可盡其心以爲之，又將變化神明而達之。又繼之而讀宋之詩、元
之詩，美之變而仍美，善之變而仍善矣，吾縱其所如，而無不可爲
之，可以進退出入而爲之。此古今之詩相承之極致，而學詩者循序
反覆之極致也。

◎ 原夫剙始作者之人，其興會所至，每無意而出之，卽爲可法可則。
如《三百篇》中，里巷歌謠，思婦勞人之吟詠居其半，彼其人非素
所誦讀、講肄、推求而爲此也，又非有所研精極思、腐毫輟翰而始
得也。情偶至而感，有所感而鳴，斯以爲風人之旨，遂適合千聖人
之旨，而刪之爲經以垂教。非必謂後之君子，雖誦讀講習，研精極
思，求一言之幾于此而不能也。乃後之人，頌美訓釋《三百篇》者，
每有附會，而于漢、魏、初、盛唐亦然，以爲後人必不能及，乃其
弊之流，且有逆而反之。推崇宋、元者，菲薄唐人，節取中、晚者，

遺置漢、魏，則執其源而遺其流者，固已非矣；得其流而棄其源者，又非之非者乎？然則學詩者，使竟從事于宋、元近代，而置漢、魏、唐人之詩而不問，不亦大乖于詩之旨哉？

◎ 陳熟生新，二者於義爲對待。對待之義，自太極生兩儀以後，無事無物不然，日月、寒暑、晝夜、以及人事之萬有，生死、貴賤，貧富、高卑，上下、長短，遠近、新舊，大小、香臭，深淺、明暗，種種兩端，不可枚舉。大約對待之兩端，各有美有惡，非美惡有所偏于一者也。其間惟生死、貴賤、貧富、香臭，人皆美生而惡死，美香而惡臭，美富貴而惡貧賤，然逢比之盡忠，死何嘗不美；江總之白首，生何嘗不惡。幽蘭得糞而肥，臭以成美；海木生香則萎，香反爲惡。富貴有時而可惡，貧賤有時而見美，尤易以明。卽莊生所云：「其成也毀，其毀也成」之義，對待之美惡，果有常主乎？生熟、新舊二義，以凡事物參之，器用以商周爲寶，是舊勝新；美人以新知爲佳，是新勝舊。肉食以熟爲美者也；果食以生爲美者也，反是則兩惡，推之詩獨不然乎？舒寫胸襟，發揮景物；境皆獨得，意自天成。能令人永言三歎，尋味不窮，忘其爲熟，轉益見新，無適而不可也。若五內空如，毫無寄托，以勦襲浮辭爲熟，搜尋險怪爲生，均爲風雅所擯。論文亦有順逆二義，并可與此參觀發明矣。

◎ 《虞書》稱詩言志，志也者，訓詁爲心之所之，在釋氏所謂種子也，志之發端，雅有高卑大小遠近之不同，然有是志，而以我所云「才、識、膽、力」四語充之，則其仰觀俯察遇物觸景之會，勃然而興，旁見側出，才氣心思，溢于筆墨之外。

◎　志高則其言潔，志大則其辭弘，志遠則其旨永，如是者其詩必傳。正不必斤斤爭工拙于一字一句之間。乃俗儒欲炫其長，以鳴于世，于片語隻字，輒攻瑕索疵，指爲何出？稍不勝，則又援前人以證，不知讀古人書，欲著作以垂後世，貴得古人大意，片語隻字，稍不合無害也，必欲求其瑕疵，則古今惟吾夫子可免，《孟子》七篇，欲加之辭，豈無微有可議者，《孟子》引詩書，字句恒有錯誤，豈爲子輿氏病乎，詩聖推杜甫，若索其瑕疵，而文致之，政自不少，終何損乎杜詩。俗儒于杜，則不敢難，若今人爲之，則喧呶不休矣。

◎　今有人，其詩能一一無累，而通體庸俗淺薄，無一善，亦安用有此詩哉，故不觀其高者大者遠者，動摘字句，刻畫評駁，將使從事風雅者，惟謹守老生常談，爲不刊之律，但求免于過，斯足矣，使人展卷，有何意味乎，而俗儒又恐其說之不足以勝也，于是遁于考訂證據之學，驕人以所不知，而矜其博，此乃學究所爲耳，千古作者，心胸豈容有此等銖兩瑣屑哉，司馬遷作史記，往往改竄六經文句，後世無有非之者，以其所就者大也，然余爲此言，非教人杜撰也，如杜此等句，本無可疵，今人惑于盲瞽之說，而以杜之所爲無害者，反嚴以繩人，于是詩亡，而詩才亦且亡矣，余故論而明之，詩之工拙，必不在是，可無惑也。

◎　作詩者，在抒寫性情，此語人能知之。人能言之，而未盡夫人能然之者矣。作詩有性情，必有面目，此不但未盡夫人能然之，幷未盡夫人能知之而言之者也。如杜甫之詩，隨舉其一篇與其一句，無處不可見其憂國愛君憫時傷亂，遭顛沛而不苟，處窮約而不濫。崎

嘔兵戈盜賊之地，而以山川景物友朋盃酒抒憤陶情，此杜甫之面目也。我一讀之，甫之面目，躍然于前，讀其詩一日，一日與之對，讀其詩終身，日日與之對也，故可慕可樂而可敬也。

◎ 舉韓愈之一篇一句，無處不可見其骨相稜嶒，俯視一切。進則不能容于朝，退又不肯獨善于野，疾惡甚嚴，愛才若渴，此韓愈之面目也。

◎ 舉蘇軾之一篇一句，無處不可見其凌空如天馬，游戲如飛仙，風流儒雅，無入不得，好善而樂與，嬉笑怒罵，四時之氣皆備，此蘇軾之面目也。

◎ 此外諸大家，雖所就各有差別，而面目無不于詩見之。其中有全見者，有半見者，如陶潛李白之詩，皆全見面目，王維五言，則面目見。七言則面目不見，此外面目可見不可見，分數多寡，各各不同，然未有全不可見者。讀古人詩，以此推之，無不得也。余嘗于近代一二聞人，展其詩卷，自始至終，亦未嘗不工，乃讀之數過，卒未能覯其面目何若，竊不敢謂作者如是也。

◎ 詩是心聲，不可違心而出，亦不能違心而出。功名之士，決不能為泉石淡泊之音，輕浮之子，必不能為敦厖大雅之響，故陶潛多素心之語，李白有遺世之句，杜甫興「廣廈萬間」之願，蘇軾師「四海弟昆」之言，凡如此類，皆應聲而出，其心如日月，其詩如日月之光，隨其光之所至，即日月見焉，故每詩以人見，人又以詩見，使其人其心不然，勉強造作，而為欺人欺世之語，能欺一人一時，決不能欺天下後世，究之，閱其全帙，其陋必呈，其人既陋，其氣

必薾，安能振其辭乎，故不取諸中心而浮慕著作，必無是理也。

◎ 詩道之不能長振也，由于古今人之詩評，雜而無章，紛而不一。六朝之詩，大約沿襲字句，無特立大家之才，其時評詩而著爲文者，如鍾嶸、如劉勰，其言不過吞吐抑揚，不能持論。然嶸之言曰：「邇來作者競須新事，牽攣補衲，蠹文已甚。」其言爲能中當時後世好新之弊。勰之言曰：「沈吟鋪辭，莫先于骨，故辭之待骨，如體之樹骸，斯言爲能探得本原。」此二語外，兩人亦無所能爲論也。他如湯惠休「初日芙蓉」，沈約「彈丸脫手」之言，差可引伸，然俱屬一斑之見，終非大家體段。其餘皆影響附和，沈淪習氣，不足道也。

◎ 唐、宋以來，諸評詩者，或槩論風氣，或指論一人，一篇一語，單辭複句，不可彈數。其間有合有離，有得有失。如皎然曰：「作者須知復變，若惟復不變，則陷于相似。置古集中，視之眩目，何異宋人以燕石爲璞，劉禹錫曰：「工生于才，達生于識，二者相爲用，而詩道備」，李德裕曰：「譬如日月，終古常見，而光景常新。」皮日休曰：「才猶天地之氣，分爲四時，景色各異，人之才變，豈異于是。」以上數則語，足以啓蒙砭俗，異于諸家悠悠之論，而合于詩人之旨爲得之。

原詩外篇　　　　　葉　燮　著

◎ 詩文集務多者，必不佳。古人不朽可傳之作，正不在多，蘇李數

篇，自可千古。後人漸以多爲貴，元白《長慶集》，實始濫觴，其中頹唐俚俗十居六七，若去其六七，所存二三，皆卓然名作也。宋人富於詩者，莫過於楊萬里、周必大，此兩人作，幾無一首一句可采，陸游集佳處固多，而率意無味者更倍，由此以觀，亦安用多也，王世貞亦務多者，覓其佳處，昔人云「排沙簡金，尚有寶可見」，至李維楨、文翔鳳諸集，動百卷外，益彼哉不足言矣。

◎ 作詩文有意逞博，便非佳處。猶主人勉強徧處請生客，客雖滿坐，主人無自在受用處，多讀古人書，多見古人，猶主人啓戶，客自到門，自然賓主水乳，不知誰主誰賓，此是眞讀書人，眞作手。若有意逞博，搦管時翻書抽帙，搜求新事新字句，以此炫長，此貧兒稱貸營生，終非己物，徒見蹎踖耳。

◎ 應酬詩有時亦不得不作，雖是客料生活，然須見是我去應酬他，不是人人可將去應酬他者，如此便於客中見主，不失自家體段，自然有性有情，非幕下客及捉刀人所得代爲也。每見時人一部集中，應酬居什九有餘，他作居什一不足，以題張集，以詩張題，而我喪我久矣。不知是其人之詩乎？抑他人之詩乎？若懲噎而廢食，盡去應酬詩不作，而卒不可去也。須知題是應酬，詩自我作，思過半矣。

◎ 遊覽詩切不可作應酬山水語。如一幅畫圖，名手各各自有筆法，不可錯雜。又名山五岳，亦各各自有性情氣象，不可移換。作詩者以此二種心法，默契神會，又須步步不可忘我是遊山人，然後山水之性情氣象，種種狀貌變態影響，皆從我目所見、耳所聽、足所履而出，是之謂遊覽。且天地之生是山水也，其幽遠奇險，天地亦不

能一一自剖其妙，自有此人之耳目手足一歷之，而山水之妙始洩，如此方無愧於遊覽，方無愧乎遊覽之詩。

◎　五古漢魏無轉韻者，至晉以後漸多。唐時五古長篇，大都轉韻矣。惟杜甫五古，終集無轉韻者，畢竟以不轉韻者爲得。韓愈亦然，如杜〈北征〉等篇，若一轉韻，首尾便覺索然無味。且轉韻便似另爲一首，而氣不屬矣。五言樂府，或數句一轉韻，或四句一轉韻，此又不可泥。樂府被管絃，自有音節於轉韻見宛轉相生層次之妙，若寫懷投贈之作，自宜一韻，方見首尾聯屬。宋人五古，不轉韻者多，爲得之。

◎　七古終篇一韻，唐初絕少，盛唐間有之，杜則十有二三，韓則十居八九。逮於宋，七古不轉韻者益多。初唐四句一轉韻，轉必蟬聯雙承而下，此猶是古樂府體。何景明稱其音節可歌，此言得之而實非，七古卽景卽物，正格也。，盛唐七古，始能變化錯綜，蓋七古直敍則無生動波瀾，如平蕪一望，縱橫則錯亂無條貫。如一屋散錢，有意作起伏炤應，仍失之板。無意信手出之，又苦無章法矣。此七古之難，難尤在轉韻也。若終篇一韻，全在筆力能舉之，藏直敍於縱橫中，旣不患錯亂，又不覺其平蕪，似較轉韻差易。韓之才無所不可，而爲此者，避虛而走實，任力而不任巧，實啓其易也。至如杜之〈哀王孫〉，終篇一韻，變化波瀾，層層掉換，竟似逐段換韻者，七古能事，至斯已極，非學者所易步趨耳。

◎　七言律詩是第一棘手難入法門。融各體之法，各種之意，括而包之於八句，是八句者詩家總持三昧之門也。乃初學者往往以之爲入

門，而不知其難。三家村中稱詩人，出其橐，必有律詩數十首，故近來詩之亡也，先亡乎律，律之亡也，在易視之而不知其難。難易不知，安知是與非乎，故於一部大集中，信手拈其七言八句一首觀之，便可以知其詩之存與亡矣。

◎ 五言律句，裝上兩字卽七言，七言律句，或截去頭上兩字，或抉去中間兩字卽五言。此近來詩人通行之妙法也，又七言一句，其辭意算來只得六字，六字不可以句也，不拘於上下中間嵌入一字，而句成矣，句成而詩成，居然膾炙人口矣，又凡詩中活套，如剩有、無那、試看、莫教、空使、還令等救急字眼，不可屈指數，無處不可扯來，安頭找腳，無怪乎七言律詩，漫天徧地也。夫剩有、無那等字眼，古人用之，未嘗不是玉尺金針，無如點金成鐵手用之，反不如牛溲馬勃之可奏效，噫！亦可歎已。

龍性堂詩話　　　　　葉矯然 著

◎ 作詩高手在鍊意，鍊格、鍊詞次之。詞、格之鍊，人恆知之，至鍊意則未必知也。故知鍊意者，可與言詩。

◎ 詩心與人品不同。人欲直而詩欲曲，人欲樸而詩欲巧，人欲真實而詩欲形似。蓋直則意盡，曲則耐思；樸則疑野，巧則多趣；真實則近凝滯，形似則工興比。要其旨統歸於溫厚和平，則人品詩心一揆也。

◎ 近人作詩，率多賦體，比者亦少，至興體則絕不一見。不知興體

之妙,在於觸物成聲,衝喉成韻,如花未發而香先動,月欲上而影初來,不可以意義求者,〈國風〉、古樂府多有之。

◎ 詩忌費解,然太便口則少沉着之味;詩忌牽合,然太鶻突則少超越之趣。此中淺深,不可以言喻,解人自會。

◎ 作詩有甫脫稿頗信爲然,而轉眼締觀,覺其不然。讀古人詩,有乍見爲佳,及展轉披玩,覺未愜人意;亦有乍見爲不佳,他日一再讀,翻覺大獲我心。此中境況淺深,非作者不能領會。

◎ 白樂天「一爲州司馬,三見歲重陽」,「四十著緋軍司馬,男兒官職未蹉跎」,武元衡亦云「惟有白鬚張司馬,不言名利尚相從」,此以「司」作仄聲也。又樂天「在郡六百日,入山十二回」,又「綠浪東西南北水,紅欄三百九十橋」,是以「十」字作平聲也。「翰」字本平,而杜老「扁舟不獨如張翰」,又作仄。楊巨源「請問漢家誰第一?麒麟閣上識酇侯」,乃以「酇」字作平。陸務觀名游,秦少游名觀,以皆平聲,而劉後村云:「晚節初寮集,中年務觀詩」,又「黃本何堪處秦觀,白麻近已拜申公」,又作仄聲。達磨之「磨」,今人都訛作平,而溫公云:「達磨自云傳佛心」,東坡亦云:「西來達磨尚求心。」劉更生之「更」本平聲,宋郊〈答葉清臣〉云:「莫驚書錄題臣向,便是當時劉更生」,又作仄;劉後村乃云:「未應天祿閣,便欠一更生」,又作平。坡公云:「仙心欲捉左元放,癡疾還同顧長康。」及作古詩,又云:「道逢眇道士,疑是左元放。我欲從之語,恐復化爲羊。」又作平聲。諸如此類甚多,姑舉所見者言之,以見當酌用也。

古歡堂雜著　　　　田　雯　著

◎　予謂聲律之熟，無如渾者，七言拗句如「嶺猿群宿夜山靜，沙鳥獨飛秋水來」，「孤舟移棹一江月，高閣捲簾千樹風」，「一聲溪鳥暗雲散，萬片野花流水香」，「劉伶臺下稻花晚，韓信廟前楓葉秋」，「兩巖花落夜風急，一徑葦荒秋雨多」，拗字聲律極自然可愛。又如「蘭葉露光秋月上，蘆花風起夜潮來」，「村徑遶山松葉暗，柴門臨水稻花香」，「花盛庾園攜酒客，草深顏巷讀書人」，「舟橫野渡寒風急，門掩荒山夜雪深」，「寒雲曉散千峯雪，暖雨晴開一徑花」，「牛羊晚食鋪平地，鵰鶚晴飛摩遠天」，「暖眠鸂鶒晴灘草，高挂獼猴暮澗松」，「對岸水花霜後淺，傍簷山果雨來低」，亦自挺拔，兼饒風致，似不可過詆丁卯也。

律詩定體　　　　王士禛　著

◎　五律，凡雙句二四應平仄者，第一字必用平，斷不可雜以仄聲，以平平止有二字相連，不可令單也，其二四應仄平者，第一字平仄皆可用，以「仄仄仄」三字相連，換以平韻無妨也，大約仄可以換平，平斷不可換仄，第三字同此，若單句第一字，可勿論。

◎　凡七言第一字，俱不論，第三字與五言第一字同例，凡雙句第三字應仄聲者，可換平聲，應平者不可換仄聲。

然鐙記聞

王漁洋口授
何世璂　述

◎　為詩且無計工拙，先辨雅俗。品之雅者，譬如女子，靚糚明服固雅，粗服亂頭亦雅。其俗者，假使用盡糚點，滿面脂粉，總是俗物。

◎　古詩要辨音節，音節須響，萬不可入律句，且不可說盡像書札語。

◎　韻有陰陽，陽起者陰接，陰起者陽接，不可純陰純陽，令字句不亮。（按：「陰陽」即「清濁」。）

◎　為詩各有體格，不可混一，如說田園之樂，自是陶、韋、摩詰，說山水之勝，自是二謝，若道一種艱苦流離之狀，自然老杜，不可云我學某一家，則無論那一等題，只用此一家風味也。

◎　為詩須有章法、句法、字法。章法有數首之章法，有一首之章法，總是起結血脈要通，否則痿痺不仁，且近攢湊也。句法杜老最妙，字法要鍊，然不可如王覺斯之鍊字，反覺俗氣可厭，如「氣蒸雲夢澤，波撼岳陽城」，「蒸」字、「撼」字，何等響，何等確，何等警拔也。

◎　律句只要辨一三五，俗云一三五不論，怪誕之極，決其終身必無通理，為詩結處總要健舉，如王維「回看射雕處，千里暮雲平」，何等氣概。

◎　為詩須要多讀書以養其氣，多歷名山大川以擴其眼界，宜多親名師益友以充其識見，璂問曰：「是則然矣，但寒士僻處窮巷，無書可讀而又無緣游歷名山大川，常憾不得好友之切磋，奈何？」曰：

「只是當境處莫要放過，時時著意，事事留心，則自然有進步處。」

師友詩傳錄　　王士禎_{張實居}答

◎　問作詩，學力與性情，必兼具而後愉快，愚意以爲學力深，始能
見性情，若不多讀書，多貫穿，而遽言性情，則開後學油腔滑調，
信口成章之惡習矣，近時風氣頹波，惟夫子一言，以爲砥柱。

◎　阮亭答：「司空表聖云，不著一字，盡得風流」，此性情之說也；
揚子雲云：「讀千賦則能賦」，此學問之說也。二者相輔而行，不
可偏廢，若無性情而侈言學問，則昔人有譏點鬼簿、獺祭魚者矣，
學力深，始能見性情，此一語是造微破的之論。

◎　歷友答：「嚴羽《滄浪》有云：「詩有別才，非關學也；詩有別
趣，非關理也。」此得於先天者，才性也；「讀書破萬卷，下筆如
有神」，「貫穿百萬衆，出入由咫尺」，此得於後天者，學力也。
非才無以廣學，非學無以運才，兩者均不可廢，有才而無學，是絕
代佳人唱〈蓮花落〉也，有學而無才，是長安乞兒著宮錦袍也。近
世風尚，每苦前人之拘與隘，而轉途於長慶、劍南，甚且改轍於宋、
元，是以愈趨而愈下也。有心者急欲挽之以開、寶，要不必藉口於
宗歷下，轉令攻之者樹幟紛紛耳。

◎　蕭亭答：「夫曰『詩有別才，非關學也；詩有別趣，非關理也。』
爲讀書者言之，非爲不讀書者言之也。」

◎　問七言（古詩）平韻仄韻句法同否？

◎ 歷友答：「七古平韻上句第五字，宜用仄字以抑之也，下句第五字宜用平字以揚之也。仄韻上句第五字宜用平字以揚之也，下句第五字宜用仄字以抑之也。七古大約以第五字爲關捩，猶五言大約以第三字爲關捩。彼俗所云一三五不論，不惟不可以言近體，而亦不可以言古體。」

◎ 蕭亭答：「詩須篇中鍊句，句中鍊字，此所謂句法也，以氣韻清高深渺者絕，以格力雅健雄豪者勝。故甯律不諧，而不得使句弱；甯用字不工，而不可使語俗。七言第五字要響，所謂響者，致力處也，愚竊以爲字字當活，活則字字皆響，又何分平仄哉。……故甯使音律不叶，不使詞意不工，此杜律之所以多拗體也。」

師友詩傳鐬錄　　　劉大勤問
王漁洋答

◎ 問：「《唐賢三昧集・序》：『羚羊掛角』云云，即音流絃外之旨否？間有議論痛快，或序事體爲詩者，與此相妨否？」答：「嚴儀卿所謂『如鏡中花，如水中月，如水中鹽味，如羚羊挂角，無跡可求』，皆以禪理喻詩。內典所云『不卽不離，不黏不脫』，曹洞宗所云『參活句』是也，熟看拙選《唐賢三昧集》，自知之矣，至於議論敍事，自別是一體，故僕嘗云：『五七言有二體，田園邱壑，當學陶、韋；鋪敍感慨，當學杜子美〈北征〉等篇也。』」

◎ 問：「律中起句，易涉於平，宜用何法？」答：「古人謂玄暉工於發端，如《宣城集》中『大江流日夜，客心悲未央。』是何等氣

魄，唐人起句，尤多警策，如王摩詰『風勁角弓鳴，將軍獵渭城』
之類，未易枚舉，杜子美尤多。」

◎ 問：「蕭亭先生曰：『所云以音節爲頓挫者，此爲第三第五等句
而言耳！蓋字有抑有揚，如平聲爲揚，入聲爲抑，去聲爲揚，上聲
爲抑。凡單句住脚字，必錯綜用之，方有音節。如以入聲爲韻，第
三句或用平聲，第五句或用上聲，第七句或用去聲，大約用平聲者
多，然亦可不泥，須相其音節變換用之，但不可於入聲韻單句中，
再用入聲字住脚耳，此說足盡音節頓挫之旨否？』」答：「此說是
也，然其義不盡於此，此亦其一端耳！且此語專爲七言古詩而發，
當取唐杜、岑、韓三家宋歐、蘇、黃、陸四家七古諸大篇，日吟諷
之，自得其解。」

◎ 問：「七言古用仄韻，用平韻，其法度不同，何如？」答：「七
言古凡一韻到底者，其法度悉同。惟仄韻詩，單句末一字可平仄間
用，平韻詩單句末一字忌用平聲，若換韻者，則當別論。」

◎ 問五言排律、七言排律，作法何如？答：「七言排律，卽唐人作
者亦少，近人惟見彭少宰羨門，曾賦至百韻。」

◎ 問竹枝詞何以別于絕句？答：「答竹枝詠風土，瑣細詼諧皆可入，
大抵以風趣爲主，與絕句迥別。」

漁洋詩話　　　　　王士禎 著

◎ 諸城劉翼明，字子羽，居琅邪臺下。老而工詩，余常愛其句云：

「桃花柳絮春開甕，細雨斜風客到門。」

◎　近日釋子詩，以滇南讀徹（蒼雪）爲第一，如「一夜花開湖上路，
半春家在雪中山」，如「亂流落葉聲兼下，聽徹寒扉不上關」，皆
警句，其弟子某亦有句云：「鳥啼殘雪樹，人語夕陽山。」

◎　一篇之妙，全在結句，如截奔馬，辭意俱盡；如「臨水送將歸」，
辭盡意不盡；若夫意盡辭不盡，剡谿歸櫂是也，辭意俱不盡，溫伯
雪子是也，一家之言，自有一家之風味，如樂之二十四調，各有韻
聲，乃是歸宿處，橅仿者，語雖似之，韻則亡矣！右論詩未到嚴滄
浪，頗亦足參微言。（溫伯雪子目擊而道存。見《莊子‧田子方篇》）

◎　蕭子顯云：「登高極目，臨水送歸，蚤雁初鶯。花開葉落，有來
斯應，每不能已。須其自來，不以力搆。」

◎　香鑪峰在東林寺東南，下卽白樂天草堂故阯。峰不甚高，而江文
通〈從冠軍建平王登香鑪峰〉詩云：「日落長沙渚，層陰萬里生。」
長沙去廬山二千餘里，香鑪何緣見之？孟浩然〈下贛石〉詩「暝帆
何處泊，遙指落星灣。」落星在南康府，去贛亦千餘里，順流乘風，
卽非一日可達，古人詩祇取興會超妙，不似後人章句但作記里鼓也。

◎　祖詠試〈終南望餘雪詩〉云：「終南陰嶺秀，積雪浮雲端。林表
明霽色，城中增暮寒。」四句卽納卷，或詰之，詠曰：「意盡。」
閻濟美試〈天津橋望洛城殘雪〉詩，只作得廿字云：「新霽洛城端，
千家積雪寒。未收清禁色，偏向上陽殘。」主司覽之，稱賞再三，
遂唱過，二事絕相類，題韻皆同。

◎　或問詩工於發端，如何？應之曰：「如謝宣城『大江流日夜，客

心悲未央。」杜工部『帶甲滿天地，胡爲君遠行？』王右丞『風勁角弓鳴，將軍獵渭城。』『萬壑樹參天，千山響杜鵑。』高常侍『將軍族貴兵且強，漢家已是渾邪王。』老杜『將軍魏武之子孫，於今爲庶爲清門。』是也。」

◎ 陳伯璣常語余：「『姑蘇城外寒山寺，夜半鐘聲到客船。』妙矣，然亦詩與地肖故爾。若云『南城門外報恩寺』，豈不可笑耶？」余曰：「固然，即如『滿天梅雨是蘇州』，『流將春夢過杭州』，『白日澹幽州』，『風聲壯岳州』，『黃雲畫角見幷州』，『淡烟喬木隔縣州』，皆詩地相肖，使云『白日澹蘇州』，『流將春夢過幽州』，不堪絕倒耶？」

◎ 益都孫文定公（廷銓），詠息夫人云：「無言空有恨，兒女粲成行。」諧語令人頤解，杜牧之「至竟息亡緣底事，可憐金谷墜樓人。」則正言以大義責之，王摩詰「看花滿眼淚，不共楚王言。」更不著判斷一語，此盛唐所以爲高。

漫堂說詩　　　　　宋　犖　著

◎ 題辭：詩學至今日，可云極盛，非盛也，直多耳。人往往易視此道，遂不覺率爾爲之，不特能爲唐詩者不易得，即求能爲宋詩之佳者，亦不多見，此無他，以無有大人先生如杜、韓一流人爲若輩一說之耳！即有說之者，若輩末由寓目，而其于古人詩中，又不復能自得師，遂不知詩道中有此一段學問耳。

◎ 七律難學：世之稱詩者，易言律，尤易言七言律。每見投贈行卷，七律居半，不知此體在諸體中最難工。《品彙》推尊盛唐，未嘗不當，至王、李七子而濫矣，鍾、譚起而闢之，然鍾、譚無詩也，自後雲間（陳李諸子）闢鍾、譚，虞山（錢牧齋）又闢雲間，出奴入主，迄無定評。平心而論，初唐如花始苞，英華未岊；盛唐王維、李頎、岑參諸公，聲調氣格，種種超越，允爲正宗，中晚之錢、劉、李（義山）、劉（滄），亦悠揚縝麗，渢渢乎雅人之致。義山造義幽邃，感人尤深，學者皆宜尋味。獨少陵包三唐，該正變，爲廣大教化主。生平瓣香，實在此公，惜未能闚其闉闍。東坡云：「天下幾人學杜甫，誰得其皮與其骨」，然不敢以難而謝之，學杜有得，即學蘇學陸無乎不可。

◎ 五言絕句，起自古樂府，至唐而盛。李白、崔國輔號爲擅場，王維、裴迪輞川倡和，開後來門徑不少。錢、劉、韋、柳，古淡清逸，多神來之句，所謂好詩必是拾得也。歷代佳什，往往而有，要之詞簡而味長，正難率意措手，六言作者寥寥，摩詰、文房，偶一爲之，不過詩人之餘技耳。

而菴詩話　　　徐　增　著

◎ 今之詩人，務求捷得，不從性情法律處下手，其所謂性情，非眞性情，其所謂法律，非眞法律。譬彼畫家，多蓄粉本，依樣葫蘆，以爲古人不是過，薄於自待而幷薄待古人耶！古人所作，皆由眞才

實學，其詩具在，斑斑可得而考也。識得古人，便可造得古人。

◎　作詩之道有三，曰寄趣、曰體裁、曰脫化，今人而欲詣古人之域，舍此三者，厥路無由。夫碧海鯨魚，自別於蘭苕翡翠，此古人之體裁也。唐人應制之作，皆合於西方聖教，此古人之寄趣也。少陵詩人宗匠，從熟精文選理中來，此古人之脫化也。

◎　學須師承：夫作詩必須師承，若無師承，必須妙悟。雖然，即有師承，亦須妙悟。蓋妙悟師承，不可偏舉者也。是故由師承得者，堂構宛然；由妙悟得者，性靈獨至。詩固非聊爾事也，騷人墨客從而小之則小；菩薩丈夫從而大之則大。故作詩而無關於內聖，勿作也；作詩而無關於外王，亦勿作也。有唐三百年間，詩人若王摩詰之字字精微，杜子美之言言忠孝，此其選也，雖然，吾猶有憾焉，以摩詰天子，不能統杜陵宰相，杜陵宰相，不能攝摩詰天子。豈妙悟師承，詣有偏至，又豈內聖外王，道難兼至歟。竊見今之詩家俎豆杜陵者比比，而皈依摩詰者甚鮮。蓋杜陵嚴於師承，尚有尺寸可循，摩詰純乎妙悟，絕無迹象可即。作詩者能於師承妙悟上究心，則詣唐人之域不難矣。

◎　詩本乎才，而尤貴乎全才，才全者能總一切法，能運千鈞筆故也。夫才有情有氣，有思有調，有力有畧，有量有律，有致有格。情者，才之醞釀，中有所屬；氣者，才之發越，外不能遏；思者，才之路徑，入於縹緲；調者，才之鼓吹，出以悠揚；力者，才之充拓，莫能搖撼；畧者，才之機權，運用由已；量者，才之容蓄，洩而不窮；律者，才之約束，守而不肆；致者，才之韻度，久而愈新；格者，

才之老成，驟而難至，具此十者，才可云全乎。然又必須時以振之，地以基之，友以澤之，學以足之。夫披鮮掞藻，春華裕如，是時以振之也；雄視闊步，門業清高，是地以基之也；辨體引義，以致千秋，是友以澤之也；金聲玉振，以集大成，是學以足之也。復得此四者，而才始無弊，可稱全才矣。

◎　詩乃清華之府，眾妙之門，非鄙穢人可得而學。洗去名利二字，則學可得其半矣。

◎　欲學詩，先學道，學道則性情正，性情正則原本得，而後加之以《三百篇》、漢、魏、六朝、三唐之學問，則與古人並世矣。

◎　詩乃人之行署，人高則詩亦高，人俗則詩亦俗。一字不可掩飾，見其詩如見其人。

◎　詩之等級不同，人到那一等地位，方看得那一等地位人詩出，學問見識如碁力酒量，不可勉強也。

◎　詩到極則，不過是抒寫自己胸襟，若晉之陶元亮，唐之王右丞，其人也。

◎　詩貴自然，雲因行而生變；水因動而生文，有不期然而然之妙，唐人能有之。

◎　余三十年論詩，祇識得一法字，近來方識得一脫字，詩蓋有法，離他不得，却又即他不得，離則傷體，即則傷氣，故作詩者先從法入，後從法出，能以無法為有法，斯之謂脫也。

秋星閣詩話　　　　李沂著 著

◎　小引：李唐之世，無所謂詩話也，而言詩者，必推李唐。詩話之興，大約在宋、元之世，而宋、元之詩，不及唐人遠甚。然則詩話誠不足以盡詩乎？夫唐人無詩話，所謂善《易》者不言《易》也。然余則謂唯善《易》者始可言《易》，苟以爲善者不言，而遂置不復道；其不善者聞之，必且搖唇鼓舌，作爲文章而無所顧忌，不幾爲斯道之蠹乎？昭陽李子艾山，固所稱善詩者也，所著《壺山詩集》久矣膾炙人口。從而學詩者，實繁有徒，應之不勝其應，因有《秋星閣詩話》六則之編。雖其所言祇爲初學而發，而實爲老於詩者之所不能外；且非獨詩家所不能外，即推而爲古文、爲詞賦，又豈能外於多讀多講多作多改之八言而別有所致力乎哉？艾山年已八十，精神充裕，步履矍鑠，不減強健少年，類有得於道者。君之先爲李伯陽，其五千言爲道家綱領。今艾山詩話則不滿二千言，殆如伯陽所云『爲道日損，損之又損』者乎？不然，何其能以少許勝人多多許也？心齋張潮譔。

◎　八字訣：學詩有八字訣，曰：「多讀、多講、多作、多改而已。」蓋作詩先問是非，後分工拙。初學須日課一首，或間日課一首。勤作則心專徑熟，漸開門路；否則勉強支吾，終篇爲幸，未可云是，遑論工拙乎？然非多讀古人之詩，即多作亦無用，譬無源之水，立見其涸矣。夫貴多讀者，非欲勦襲意調偷用字句也，唯取觸發我之

性靈耳！但古人之詩，思理精妙，法則嚴密，非淺衷俗學可得而窺。篇有無窮之格，句有無窮之調，字有無窮之義，審問明辨，而後旨趣可得。是故詩欲多講，苟草草讀過，漫同嚼蠟，雖盈腹笥何益？宜其握管運思，如墮煙霧也。若作而不改，尤爲不可。作詩安能落筆便好？能改則瑕可爲瑜，瓦礫可爲珠玉。子美云：『新詩改罷自長吟。』子美詩聖，猶以改而後工，下此可知矣！昔人謂：『作詩如食胡桃、宣栗，剝三層皮方有佳味。』作而不改，是食有刺栗與青皮胡桃也。又云：『一首五言律，如四十位賢人，不可著一屠沽兒。』言一字之疵，足爲通篇之累，而可不審乎？苟依此訣，不患詩不進矣。

◎　勸虛心：詩能自改，尙矣。但恐不能自知其病，必資師友之助。粧必待明鏡者，妍媸不能自見也。特患自滿，不屑就正於人；病不求醫，必成錮疾矣。當今不乏美才之士，皆以自滿之故，累千萬篇，自誇富有，而不足傳後。譬舂米既熟，乃可入腹，糠粃則愈多愈厭耳。彼盜虛聲者，務速務多，以欺瞽人，不足言也。苟有求工之心，則必曰親師友，虛懷請益，去其瑕疵，歸於純粹，可以成名而無難。曹子建與楊德祖書云：『世人著作，不能無病，僕常好人譏彈其文，有不善，應時改定。』夫以曹子建之才，猶欲就正於人，以自知其所不足。今人專自滿假，吾不知今人之才與子建何如也？夫心不虛，由不好學耳，未有好學而心不虛者。先兄平菴，識高學博，時人罕當其意。席間作詩，或爲之更一二字，即喜動顏色；江右魏叔子，當今文章鉅公，人或指其未安處，援筆立改，皆予所目擊者。蓋虛

受益，滿招損，心虛而後學進，學愈進，心愈虛；虛心者爲學之門，亦爲學之驗也。

◎ 　審趨向：人皆知當學唐詩，而乃有云不必學唐詩者；人皆知當學盛唐，而乃有云不必學盛唐者，此好立異之過也。唐以詩取士，萃數百年天下人之精神，揣摩研究，盛唐尤爲極盛，到今如日月中天，好異者舍之謬矣。溯而上之，當學漢、魏，但恐徒得漢、魏之糟粕耳？優孟衣冠，不足貴也。至於六朝，五言當學陶，七言當學鮑。初唐乍興，正始之音，然尙帶六朝餘習；盛唐始盡善，中、晚如強弩之末，氣骨日卑矣。近日士人喜學中、晚，一友素號能詩，不幸而嬰此疾。後見其詩，總不成章，寡識自誤也。取法乎上，僅得乎中；取法乎下，將何得乎？宋、元彌下矣，至有明始一振；國初諸賢，頓軼元、宋、中、晚唐而上之，厥後名流輩出，李獻吉則一代詩人之冠冕也。但學濟南，則鶩藻麗而害清真；學竟陵，則蹈空虛而傷氣格，不可不知耳！夫人自有性情，原不必摹倣前人。然善射者不能舍的，良匠不能舍規矩；師心自用，謂古不足法，非狂則愚也。孔子曰：『信而好古』，苟欲修身，必希賢聖，詩文何獨不然？況入手時歧路甚多，尤宜審擇。派苟不正，則如背康莊，由邪徑，費精神於無用之地，而終不足以成名，不亦重可惜乎？

◎ 　指陋習：陋習略舉有五：一曰不擇題；二曰限韻；三曰步韻；四曰濫用；五曰犯古人成語。夫欲作好詩，必先擇好題；今人作詩，喜用纖小之題，或用俗題，或用自撰不穩之題，觀其題劣，則詩不覽可知矣。若夫限韻，不過欲以險字窘人耳；不求詩工，祇誇韻險，

井蛙之見，非大方所取也。步韻尤今日通病，此例宋人作俑，前此未有也。觀唐人唱和之什，不必同韻、同體，況步韻乎？今一詩成，步者紛紛，一韻屢見，如蔗粗重嚼，有何滋味？牽扯湊合，梏人才情，導人苟簡，詿誤後學，莫此為甚。濫用者由欲廣聲氣，故索之即應，有以介壽索者，有以哀輓索者，有以歌頌索者，有以旌表索者，此等甚多；詩既不佳，徒勞神思，或預辦套語，臨時書付，詩名愈廣，詩品愈卑；更有逢人輒贈，用充禮物，詩之不幸，一至於此，大可傷也。偷句最為鈍賊，詞家深以為戒；連用三字，便覺索然，偶犯，速改可也。

◎ 戒輕梓：詩穩而後示人。然不穩而示人，猶可改也。今人詩尚未穩，輒付梓，付梓則播之通國，不可復改，深足惜也。原其付梓之意，本因好名。若詩果佳，斯得名矣；苟詩未穩，兼多謬戾，人將指摘非笑，何名之可得？雖謂之不好名可也。予每言今日好名者寡，正謂此耳。詩穩而後示人，此乃真好名者也；必欲求穩，則愈知詩之不可不改也。夫輕梓非獨其人之過，抑亦友之過也。吾未見以詩質之於友，而友肯直言其疵者；吾未見覽人之詩而不極口贊之者。彼見人之極贊之也，曰可梓矣，遂肆然而梓之。殊不悟邀譽者乃招毀之物；博名者即敗名之具也。是猶女子欲衒谷色，而誤以泥塗為粉黛，施諸顏面；人望見之，必掩口而走矣。

◎ 勉讀書：讀書非為詩也，而學詩不可不讀書。詩須識高，而非讀書則識不高；詩須力厚，而非讀書則力不厚；詩須學富，而非讀書則學不富。昔人謂子美詩無一字無來處，由讀書多也。故其詩曰：

『讀書破萬卷，下筆如有神。』此老自言其得力處。又嘗以教其子曰：『熟精《文選》理，休覓綵衣輕。』竊見人於應酬嬉遊宴會博奕及蓄種種玩好，莫不殫精竭力而爲之；至於讀書則否。縱多才多藝，叩以學術，無異面牆也。苟以應酬嬉遊宴會博奕及蓄種種玩好之精神用之於讀書，則識見日益高，力量日益厚，學問日益富；詩之神理，乃日益出，詩之精彩，乃日益煥，何患不能樹幟於詞壇，而蜚聲於後世乎？

詩義固說　　　　　龐　塏　著

◎　題目既定，句以成篇，字以成句，五字七字必令意全句中，不可增減，而後謂之完足。近見有句於此，亦可卜度其意之所在，而覺句中少數字而不顯切。又有三五字已盡本意，而強增一二字以趁韻腳，牽率矯強，百醜具見，何以爲詩？作者須於一句之中，首尾自相呼應，一篇之中，前後句相呼應，相生續以成章，然後無背於古而可以傳也。

◎　天地之道，一闢一翕；詩文之道，一開一合。章法次序已定開合，段落猶須勻稱，少則節促，多則脈緩，促與緩皆傷氣，不能盡淋漓激楚之致。觀古歌行妙處，一句趕一句，如高山轉石，欲住不能，以抵歸宿之處乃佳。其法亦無一定，惟斟酌得中爲主。其開處有事物與本意相通者，不妨層層開去，只要收處斷得住，一二句掉合本題，自然錯綜離奇，聳人耳目。

◎ 自有天地以來百千萬年矣，四時百物，方名人語，經沿襲之餘，皆故也。今人刻意求新於字句間，字句間安得有新哉？所謂新，在人心發動處及時中內，人心起滅不停，時景遷流不住，言當前之心，寫當前之景，則前後際自己不同，況人得而同之耶？不同於人則新也。若在字句上求新，一人出之以爲創，衆人用之則成套，何新之有哉？《三百篇》能言當下之心，寫當前之景，於無字中生字，無句中生句，所以千古長新也。韓退之云：「唯陳言之務去，戞戞乎其難哉！」退之之文，不過一洗六朝習句，直陳胸中耳，何字是古人不曾用過的？流傳至今，只覺其新，不覺其故，可以悟已。

◎ 古人論樂，以絲不如竹，竹不如肉，曰漸近自然。唯詩亦然。用字須活，選言須雅，詩成讀之，如天生現成有此一首詩供吾抄出者，則合乎自然矣，烏不佳！

◎ 梁武帝同王筠〈和太子懺悔詩〉押韻，晚唐效之。嚴滄浪以爲和韻始於元、白，非也。和韻最害詩，古人唱酬不次韻，後人乃以此鬭工，往復有八九和者，疊出既多，遂至率率鄙俚不成語。原欲見長，反以出醜，而不自知也。

◎ 近體詩，今人往往有出句無對句，或青黃紫綠，外雖分偶，而意實合掌。其病在詩非一氣串下，若一氣串下，則出之與對，淺深不同，安得合掌耶？

◎ 嚴滄浪以禪說詩，有未盡處，余舉而補之。禪者云：「從門入者，不是家珍，須自己胸中流出，然後照天照地。」詩用故事字眼，皆「從門入者」也。能抒寫性情，是「胸中流出」者也。

◎ 禪者云:「生路漸熟,熟路漸生。」勦拉字眼,塗抹煙雲,詩家熟路也。由志敷言,卽言見志,生路也。學者一意爲言志之詩,不屑爲修詞之詩,初時亦覺難入,追琢旣久,自覺有階可升,勦拉塗抹之途荒,而抒意言志之途熟,便可到家矣。

談龍錄　　　　　　　趙執信 著

◎ 阮翁律調,蓋有所受之,而終身不言所自。其以授人,又不肯盡也,有始從之學者,旣得名,轉以其說驕人,而不知己之有失調也。余旣竊得之,阮翁曰:「子毋妄語人」,余以爲不知是者,固未爲能詩。僅無失調而已,謂之能詩可乎,故輒以語人無隱,然罕見信者。

◎ 崑山吳修齡(喬)論詩甚精,所著《圍爐詩話》,余三客吳門,徧求之不可得,獨見其與友人書一篇,中有云:「詩之中,須有人在。」余服膺以爲名言。夫必使後世因其詩以知其人,而兼可以論其世,是又與於禮義之大者也,若言與心違,而又與其時與地不相蒙也,將安所得知之而論之。

◎ 凡一題數首者,皆須詞意相副,無有缺漏枝贅,其先後亦不可紊也,顧小謝每舉少陵〈過何將軍園林〉詩以示學者,余謂此詩家最淺近處,不見文選所錄魏晉人詩,分章者,尋其首尾,如貫珠然,近人試爲兩首,都無次第,不潛心也。

◎ 始學爲詩,期於達意,久而簡澹高遠,興寄微妙,乃可貴,尚所

謂言見於此而起意在彼，長言之不足而詠歌之者也。若相競以多，意已盡而猶刺刺不休，不憶祖詠之賦終南積雪乎？

◎ 次韻詩，以意赴韻，雖有精思，往往不能自由，或長篇中一二險字，勢難強押，不得不於數句前預爲之地，紆廻遷就，以致文義乖違，雖老手有時不免，阮翁絕意不爲，可法也。

◎ 元、白、皮、陸，並世頡頏，以筆墨相娛樂。後來效以唱酬，不必盡佳，要未可廢，至於追用前人某詩韻，極爲無謂，猶曰偶一爲之耳！遂有專力於此，且以自豪者。彼其思鈍才庸，不能自運，故假手舊韻，如陶家之倚模製，漁獵類書，便於牽合，或有蹉跌，則曰韻限之也，轉以欺人，嘻可鄙哉。

◎ 千頃之陂，不可清濁。天姿國色，麤服亂頭，亦好，皆非有意爲之也。儲水者期於江湖，而必使之濴洄澄澈，是終爲溪沼耳，自矜容色，而故毀其衣妝，有厭棄之者矣。免於此二者，其惟吳天章乎。

聲調譜　　　　　　趙執信 著

◎ 杜〈早梅〉七律起句「東閣官梅動詩興」句，注云：「起句卽拗，今俗云必拗第三句者」，非也，按此種句法，不過以第五第六兩字平仄互換，乃古人之正格，不得云拗，且又何處有俗云「必拗第三句」之說，此皆不可爲據。（《清詩話》頁322附註）

唐音審體　　　　　錢木菴 著

◎　律詩七言四韻論：七言律詩始於初唐咸亨、上元間，至開、寶而作者日出。少陵崛起，集漢、魏、六朝之大成，而融爲今體，實千古律詩之極則。同時諸家所作，旣不甚多，或對偶不能整齊，或平仄不相黏綴，上下百餘年，止少陵一人獨步而已。中唐律詩始盛，然元、白號稱大家，皆以長篇擅勝，其於七言八句，竟似無意求工，錢、劉諸公，以韻致自標，多作偏枯，格中二聯或二句直下，或四句直下，漸失莊重之體。義山繼起，入少陵之室，而運以穠麗，盡態極妍，故昔人謂七言律詩莫工于晚唐。然自此作者愈多，詩道日壞，大抵組織工巧，風韻流麗，滑熟輕艷，千手雷同，若以義求之，其中竟無所有。世遂有開口便是七言律詩，其人可知矣之誚。非七言律詩不可作，亦作者不能挺拔自異也。以命意爲主，命意不凡，雖氣格不高，亦所不廢。意無可採，雖工弗尙，所謂寧爲有瑕玉，勿爲無瑕石，蓋必深知戒此，而後可言詩，願與未來學者共勉之。

◎　律詩七言長韻論：七言長律詩，唐人作者不多，以句長則調弱，韻長則體散，故傑作尤難。

漢詩總說　　　　　費錫璜 著

◎　學詩須從第一義著腳，如立泰、華之巔，一切培塿，皆在目中。

何謂第一義？自具手眼，熟讀楚騷、漢詩；透過此關，然後浸淫於六朝、三唐，旁及宋、元近代。此據上流法，單從唐人入手，猶屬第二義，況入手於蘇、陸乎？齊、梁間人喜言音調，平仄互用，不可紊亂，訾前賢未睹此理；然以沈約、謝朓詩與〈十九首〉並讀，勿問其他，耑言音調，相去已遠。蓋元氣全則元音足，古詩惟〈十九首〉音調最圓，子建、嗣宗猶近之，宋、齊則遠矣；律詩惟沈、宋音調最圓，錢、劉猶近之，中唐則遠矣；詞家秦、柳最圓，南宋則遠矣。且《國風》惟《二南》最圓，十三國似微有不同，味之自見。

◎　四言長短有兮字歌，是漢人古體；五言是漢人近體。詩到約以五言，便整齊許多，此語可為知者道。

◎　詩至宋、齊，漸以句求；唐賢乃明下字之法。漢人高古天成，意旨方且難窺，何況字句？故一切圈點，概不敢用，亦不必用。詩主言情，文主言道。詩一言道，則落腐爛。然詩亦有言道者，陸機云：『我靜如鏡，民動如煙。』陶潛云：『此中有其意，欲辨已忘言。』杜甫云：『舜舉十六相，身尊道何高？』各有懷抱。至於宋人則益多，如：『月到天心處，風來水面時。』『一陽初動處，萬物未生時。』流入卑俗。惟漢人二韋詩及『瓜田不納履，李下不正冠』為典則也。

◎　三代而後，惟漢家風俗猶為近古。三代禮樂，庶幾未衰，吾於讀漢詩見之。如〈陌上桑〉、〈羽林郎〉、〈隴西行〉，始皆豔羨，終止於禮；〈豔歌行〉流宕他鄉，而卒守之以正；〈東門行〉盍無

斗儲，而夫婦相勉自愛不爲非。好色而不淫，怨而不怒，惟漢詩有焉。

◎　詩文家不可重複說。此最爲俗論。如『行行重行行』，下云『與君生別離』，又云『相去萬餘里，各在天一涯』，又云『道路阻且長』，又云『相去日以遠』，在今人必訝其重複。『昭昭素明月，光輝燭我床』，曰『昭昭』，又曰『素』，又曰『明』，又曰『光輝』。〈滿歌行〉亦重疊言之；他詩不可枚舉。漢人皆不以爲病。自疊床架屋之說興，詩文二道皆單薄寡味矣。

◎　前輩稱曹子建、謝朓、李白工於發端，然皆出於漢人。試舉數句，請學者觀之。『良時不再至，離別在須臾』，『攜手上河梁，遊子暮何之』，『黃鵠一遠別，千里顧徘徊』，『北方有佳人，遺世而獨立』，『雞鳴高樹巔，狗吠深宮中』，『天上何所有？歷歷種白榆』，『西北有高樓，上與浮雲齊』，『去者日以疏，來者日以親』，『紅塵蔽天地，白日何冥冥』，『上山採蘼蕪，下山逢故夫』，『來日大難，口燥脣乾』，『日出入安窮』，『大風起兮雲飛揚』，是豈六朝、唐人所及？太白輩將此等詩千迴百折讀之，然後工於發端耳。

◎　讀漢詩如登山造極，溯水得源，見眾山皆培塿，江河皆支派，一切唐、宋皆屬雲礽，覺語近而味薄，體卑而格俚。作如是觀者，方謂之善讀漢詩。

寒廳詩話　　　　顧嗣立 著

◎　作詩用故實，以不露痕迹爲高，昔人所謂使事如不使也。盛庶齋（如梓）謂杜詩「荒庭垂橘柚，古壁畫龍蛇。」皆寓禹事，于題禹廟最切；「青青竹筍迎船出，白白江魚入饌來。」皆養親事，于題中扶侍字最切。余謂劉賓客詩「樓中飲興同明月，江上詩情爲晚霞。」一用庾亮，一用謝朓，讀之使人不覺，亦是此法。阮亭先生云：「往年董御史玉虬（文驥）外遷隴右道，留別余輩詩云：『逐臣西北去，河水東南流。』初謂常語，後讀北史魏孝武帝西奔宇文泰，循河西行，流涕謂梁禦曰：『此水東流，而朕西上。』乃悟董語本此，深歎其用古之妙。」

◎　已蒼先生，嘗誦孟襄陽詩「不才明主棄，多病故人疏」云：「一生失意之詩，千古得意之句。」

◎　四明周屺公（斯盛）曰：「太白〈峨眉山月歌〉，四句中連用『峨眉』、『平羌』、『清溪』、『三峽』、『渝州』五地名，絕無痕迹，豈非仙才。」

◎　韓昌黎詩，句句有來歷，而能務去陳言者，全在于反用。如〈醉贈張秘書〉詩，本用嵇紹「鶴立鷄羣」語，偏云：「張籍學古淡，軒鶴避鷄羣。」〈縣齋有懷〉詩，本用向平婚嫁畢事，偏云：「如今便可爾，何用畢婚嫁。」〈送文暢〉詩，本用老杜「每愁夜中自足蝎」句，偏云：「照壁喜見蝎」，〈薦士〉詩，本用《漢書》「強

弩之末，不能入魯縞」語，偏云：「強箭射魯縞」，〈嶽廟〉詩，本用謝靈運「猿鳴誠知曙」句，偏云：「猿鳴鐘動不知曙」，此等不可枚舉，學詩者解得此秘，則臭腐化爲神奇矣。

◎　《藝苑雌黃》曰：「古詩押韻，或有語顛倒而理無害者，如退之以『參差』爲『差參』，以『玲瓏』爲『瓏玲』是也。」《漢皋詩話》云：「韓愈孟郊輩，故有『湖江』、『白紅』、『慨慷』之句，後人亦難仿效。」德清胡朏明（渭）曰：「《漢書・揚雄傳》：『甘泉賦和氏瓏玲』，與『清』、『傾』、『嶒』、『嬰』、『成』爲韻，《文選・左思雜詩》：『歲暮常慨慷』，與『霜』、『明』、『光』、『翔』、『堂』爲韻，是『玲瓏』、『慷慨』，前古已有顛倒押韻者，非剏自韓公也。

◎　詩家點染法，有以物色襯地名者，如鄭都官「雨昏青草湖邊過，花落黃陵廟裏啼」是也，有以地名襯物色者，如韋端己「落星樓上吹殘角，偃月營中挂夕暉」是也。

◎　章碣〈焚書坑〉詩：「竹帛煙銷帝業虛，關河空鎖祖龍居。坑灰未冷山東亂，劉項原來不讀書。」陳剛中〈博浪沙〉詩：「一擊車中膽氣豪，祖龍社稷已驚搖。如何十二金人外，猶有民間鐵未消。」同一意也，而不覺其蹈襲，可悟脫換之妙。

◎　古人有一字之師，昔人謂如光弼臨軍，旗幟不易，一號令之，而百倍精采，張橘軒詩「半篙流水夜來雨，一樹早梅何處春。」元遺山曰：「佳則佳矣，而有未安。既曰一樹，烏得爲何處？不如改「一樹」爲「幾點」，便覺飛動。又虞道園嘗以詩詣趙松雪，有「山連

閣道晨留輦，野散周廬夜屬橐」之句，趙曰：「美則美矣，若改『山』
為『天』，『野』為『星』，則尤美。又薩天錫詩「地溼厭聞天竺
雨，月明來聽景陽鐘。」道園見之曰：「詩信佳矣，但有一字不穩。
『聞』與『聽』字義同，盍改『聞』作『看』，唐人『林下老僧來
看雨』又有所出矣。」古人論詩，一字不苟如此。

◎　證山最喜王半山〈詠史〉絕句，以為多用翻案法，深得玉溪生（李
　　商隱）筆意。

◎　唐考功東江孫華〈門神〉詩云：「文武衣冠色正殷，居然鵠立似
　　朝班。將軍本自名當戶，丞相于今亦抱關。閫外未聞持玉鑰，檐頭
　　惟見倚銅鐶。迎新送故君休歎，免受推排旦莫間。」領聯膾炙人口，
　　由考功熟于史學，故對仗精切如此。

◎　阮亭先生絕句，有末句直用古人成句者，如〈題鄒衣白畫〉云：
　　「雲嵐半幅落人間，衣白山人去不還。卻憶題詩東澗老，夕陽粉本
　　出關山。」〈題小長蘆圖〉云：「一簑一笠日相隨，不似官人似釣
　　師。七字愛吟楊處士，亂堆漁舍晚晴時」，亦一體也。

西圃詩說　　　　　　田同之　著

◎　聲情並至之謂詩，而情至者每直道不出，故旁引曲喻，反覆流連，
　　而隱隱言外，令人尋味而得。此風人之旨，所以妙極千古也。

◎　嚴滄浪「羚羊挂角，無跡可尋」，司空表聖「不著一字，盡得風
　　流」之說，唯李太白「牛渚西江夜」、孟襄陽「挂席幾千里」二首

與沈雲卿〈龍池樂章〉、崔司勳〈黃鶴樓〉詩足以當之,所謂逸品
是也。

◎　情景妙合,風格自上,不爲古役,不墮蹊徑者,最也。隨質成分,
隨分成詣,門戶旣立,聲實可觀者,次也。或名爲閨繼,實則盜魁,
外堪皮相,中乃膚立,以此言家,久必敗矣!

◎　蘇、李之詩長於高妙,曹、劉之詩長於豪逸,陶、阮之詩長於沖
澹,謝、鮑之詩長於俊潔,徐、庾之詩長於藻麗,兼之者其惟杜乎?

◎　太白詩以氣爲主,以自然爲宗,以俊逸高暢爲貴。子美詩以意爲
主,以獨造爲宗,以奇拔沉雄爲貴。詠之使人飄揚欲仙者,太白也;
使人慨慷激烈、歔欷欲絕者,子美也。

◎　不微不婉,徑情直發,不可爲詩。一覽而盡,言外無餘,不可爲
詩。美謂之美,刺謂之刺,拘執繩墨,不可爲詩。意盡於此,不通
於彼,膠柱則合,觸類則滯,不可爲詩。知此四者,始可與言詩矣。

◎　古人詩意在言外,故從容不迫,蘊蓄有味,所謂溫厚和平也。若
劍拔弩張,無所不至,祇自形其橫俗之態耳,何詩之有?

◎　山川草木,花鳥禽魚,不遇詩人,則其情形不出,聲臭不聞。詩
人之筆,蓋有甚於畫工者。卽如雪之豔,非左司不能道;柳花之香,
非太白不能道;竹之香,非少陵不能道。詩人肺腑,自別具一種慧
靈,故能超出象外,不必處處有來歷,而實處處非穿鑿者。固由筆
妙,亦由悟高,彼鈍根人,烏足以知此!

◎　詩非無爲而作,情因景生,景隨情變,感觸之下,卽淡語亦自有
致。彼無情之言,縱懸幡擊鼓,亦安能助其威靈哉!況掇拾事物以

湊好句者，則又卑卑不足道矣！

◎　詩中平澹處，當自絢爛中來。今人以枵腹作俗淺語，而自以為平澹，且以歇後語為言外意者，寧不令識者代其入地！

◎　詩有句含蓄者，如老杜句「勳業頻看鏡，行藏獨倚樓。」鄭雲叟句「相看臨遠水，獨自上孤舟」是也。有意含蓄者，如杜牧之〈宮詞〉云：「銀燭秋光冷畫屏，輕羅小扇撲流螢。天階夜色涼如水，坐看牽牛織女星。」有句意俱含蓄者，如老杜〈九日〉云：「明年此會知誰健？醉把茱萸仔細看。」王龍標〈宮怨〉詩云：「玉顏不及寒鴉色，猶帶昭陽日影來。」是也。

◎　唐人句如「一千里色中秋月，十萬軍聲半夜潮。」「蝴蝶夢中家萬里，杜鵑枝上月三更。」「深秋簾幕千家雨，落日樓臺一笛風。」人爭傳之。然一覽便盡，初看整秀，熟視無神氣，以其字露也。若杜陵句，雖間有拙累處，而更千百世亦無有能勝之者，要無露句耳。

◎　今人初學拈韻，便神屬九霄，志凌千載，自吟自賞，不覺更有旁人者，固自狂妄，究屬無知耳。

◎　錢牧齋〈題石厓秋柳小景〉云：「刻露巉巖石骨愁，兩株風柳曳殘秋。分明一段荒寒景，今日鍾山古石頭。」大抵寓意弘光南渡事，次句直是畫出馬、阮，妙不容說。漁洋公和句云：「宮柳煙含六代愁，絲絲畏見冶城秋。無情畫裡風搖落，一夜西風滿石頭。」情景無限，神韻悠然，自堪並垂不朽。然別以詩派，則牧翁宋調，漁洋唐響矣。

絸齋詩談　　　　　張謙宜 著

◎　序：楊招遠「非質之於古人，學問不正；非參之於今人，識見不開。」

◎　詩品貴清，運眾妙而行於虛者也。……清在神不在相，清在骨不在膚，非流俗所知也。

◎　無興致不必做詩，沒意思不必做詩，無實意實事不必強拉入詩。如未老而言老，不愁而言愁，無病而言病，皆是大忌。

◎　詩貴蘊藉，正欲使味無窮耳。二字之義亦當知。古人衣中着綿謂之蘊，言其中有物也。圭有繅以承之，形如木板，以五綵絲纏之，言其外加飾也。人以蘊藉稱，謂其儒雅風流也。

◎　詩尙平淡，平淡正其絢爛處。如丹砂白玉，本色自不可掩。

◎　詩要溫雅，却不可一晌偏墮窠臼，連筋骨都浸得酥軟，便不是眞溫雅矣。

◎　詩要脫俗，須於學問之外，仍留天趣爲佳。

◎　含蓄二字，詩文第一妙處。如少陵〈前後出塞〉、〈三吏〉、〈三別〉，不直刺主者，便是含蓄。

◎　飄逸者，如鶴之飛，如雲之行，如蓬葉之隨風，皆有大力斡轉于中。若徒於字句摹擬，其似是而非處，多生弊病。

◎　古人胸中道理雪亮，更無障蔽滯礙處，不沾沾俗情，所謂曠達。

◎　流動者，生機不息，自然運動。大而天地，小如文章，未有不流

動而能久者。流動之根，却在心神祕妙中轉掉，非人力所及也。

◎　所謂沖淡，此性情心術上事，不洗自淨，不學而能。若勉強作沖淡語，似亦是僞，何況不似。

◎　古人詠一物，必不肯板直鋪敍，故用跌宕斷續，生出波瀾。

◎　做詩無別法，但令虛實顧盼，首尾蟠結，中間行吾意處不漏不浮而已。

◎　五言排律，當以少陵爲法，有層次，有轉接，有渡脈，有盤旋，有閃落收繳，又妙在一氣。

◎　七言排律，〈杜陵集〉止有三首，其難可知。一是句長髓不滿，一是調緩骨易酥。

◎　絕句一句一轉，却是四句只成一事，著重尤在第三句一轉，方好收合。雖只四句，與律法無異，意不透不妙，意已竭亦不妙。上二句太平，振不起下二句。下二句勢高，恐接不入上二句。用力要勻，如善射者之撒放，左右手齊分，始平耳。法莫備於唐人，中晚尤妙。但不當學少陵絕句，彼是變格，太白則聖手矣。

◎　後生學詩，急宜講者，氣骨耳。譬之人，氣秉自先天，骨成於壯歲，勿容強也。而學者有移氣移體之說，則涵養宜豫也。今進農夫於前，脫其蓑笠，攝以衣冠，則卑弱不能稱；進書生於前，加之袞冕紳珮，必忸怩汗出，而不免失措，其氣骨不足以充之也。古之人，如杜子美之雄渾博大，其在山林與朝廷無以異，其在樂土與兵戈險厄無以異，所不同者山川風土之變，而不改者忠厚直諒之志。志定，則氣浩然，則骨挺然，孟子所謂「至大至剛塞乎天地」者，實有其

物。而光怪熊熊，自然溢發，少陵獨步千古，豈騷人香草，高士清操而已哉！其時，元次山高古渾穆，有三代之遺風；韋蘇州沖融樸茂，得陳子昂之精神。此二子者，並駕互參，非太白、浩然拘於清態逸韻者所能頡頏也。

◎ 造意是詩骨，故居第一。然意有雅俗、直婉、淺深、順逆、續斷之不同，何可不審？且如遊山看花，本是雅事，故作清態向人，便是俗；贈答衣冠，本是俗事，其中若有道義交情，真摯不可沒處，亦何傷雅。又如刺則宜直，諷則宜婉，然終不如婉之妙。譬如清溪垂釣，雖淺亦足得魚；大海採珠，非深不能獲寶。續斷之妙，如晴絲裊樹，落花點水，正於零零碎碎中有全體一氣之妙。

◎ 鍊字之法，莫妙於換了再看。熟字不穩換生字，生字不穩，亦不妨換熟字。雅俗虛實，嘵啞明晦，死生寬緊之類，莫不互更迭改，務求快心。久久習慣，久久淹博，自然矢不虛發矣。

◎ 積健為雄。健有兩路：實字嵌得穩，則腠理健；虛字下得穩，則筋脈健。腠理健，則無邪氣盜入之病；筋脈健，則無支離漫散之病。

說詩晬語　　　　沈德潛 著

◎ 詩以聲為用者也，其微妙在抑揚抗墜之間。讀者靜氣按節，密詠恬吟，覺前人聲中難寫響外別傳之妙，一齊俱出。朱子云：「諷咏以昌之，涵濡以體之，真得讀詩趣味。」

◎ 有第一等襟抱，第一等學識，斯有第一等真詩，如太空之中，不

着一點；如星宿之海，萬源湧出；如土膏既厚，春雷一動，萬物發生。古來可語此者，屈大夫以下數人而已。

◎　以詩入詩，最是凡境，經史諸子，一經徵引，都入詠歌，方別於潢潦無源之學（曹子建善用史，謝康樂善用經，杜少陵經史並用），但實事貴用之使活，熟語貴用之使新，語如己出，無斧鑿痕，斯不受古人束縛。

◎　詩貴性情，亦須論法，亂雜而無章，非詩也。然所謂法者，行所不得不行，止所不得不止，而起伏照應，承接轉換，自神明變化於其中；若泥定此處應如何，彼處應如何（如磧沙僧解《三體唐詩》之類），不以意運法，轉以意從法，則死法矣。試看天地間水流雲在，月到風來，何處著得死法。

◎　曾子固下筆時，目中不知劉向，何論韓愈？子固之文，未必高於中壘昌黎也，然立志不苟如此，作詩須得此意。

◎　賈生〈惜誓篇〉曰：「黃鵠一舉兮，見山川之紆曲；再舉兮覩天地之方員。」作文作詩，必置身高處，放開眼界，源流升降之故，瞭然於中，自無隨波逐浪之弊。

◎　詩不學古，謂之野體，然泥古而不能通變，猶學書者但講臨摹，分寸不失，而己之神理不存也。作者積久用力，不求助長，充養既久，變化自生，可以換却凡骨矣。

◎　人有不平於心，必以清比己，以濁比人。而〈谷風〉三章，轉以涇自比，以渭比新昏，何其怨而不怒也，杜子美「在山泉水清，出山泉水濁。」亦然。

◎ 〈陟岵〉，孝子之思親也，三段中但念父母兄之思己，而不言己之思父母與兄。蓋一說出，情便淺也，情到極深，每說不出。

◎ 〈文王〉七章，語意相承而下，陳思〈贈白馬王〉詩，顏延之〈秋胡行〉，祖其遺法。

◎ 古人祝君如〈卷阿〉之詩，稱道願望至矣，而頌美中時寓責難，得人臣事君之義，魏人公讌，唐人應制，滿簡浮華耳！

◎ 美盛德之形容，故曰《頌》，其詞渾渾爾，穆穆爾，不同雅音之切響也。記曰：「清廟之瑟，朱弦而疏越，一唱而三歎，有遺音者矣，故可以感格鬼神。」

◎ 〈離騷〉者，詩之苗裔也，第詩分正變，而離騷所際獨變，故有侘傺噫鬱之音，無和平廣大之響，讀其詞，審其音，如赤子婉戀於父母側而不忍去，要其顯忠斥佞，愛君憂國，足以持人道之窮矣，尊之為經，烏得為過。

◎ 《詩》三百篇，可以被諸管弦，皆古樂章也。漢時詩樂始分，乃立樂府，〈安世房中歌〉，系唐山夫人所製，而清調、平調、瑟調，皆其遺音，此《南》與《風》之變也，朝會道路所用，謂之〈鼓吹曲〉，軍中馬上所用，謂之〈橫吹曲〉，此《雅》之變也，武帝以李延年為協律都尉，與司馬相如諸人略定律呂，作十九章之歌，以正月上辛用事，此《頌》之變也，漢以後，因之而節奏漸失。

◎ 樂府之妙，全在繁音促節，其來于于，其去徐徐，往往於迴翔屈折處感人，是即依永和聲之遺意也。齊、梁以來，多以對偶行之，而又限以八句，豈復有詠歌嗟歎之意耶？

◎　陳思極工起調，如「驚風飄白日，忽然歸西山。」如「明月照高樓，流光正徘徊。」如「高臺多悲風，朝日照北林。」皆高唱也，後謝玄暉「大江流日夜，客心悲未央。」極蒼蒼莽莽之致。

◎　文以養氣爲歸，詩亦如之，七言古或雜以兩言、三言、四言、五六言，皆七言之短句也。或雜以八九言、十餘言，皆伸以長句，而故欲振蕩其勢，廻旋其姿也，其間忽疾忽徐，忽翕忽張，忽淳灝，忽轉掣，乍陰乍陽，屢遷光景，莫不有浩氣鼓盪其機，如吹萬之不窮，如江河之滔滀而奔放，斯長篇之能事極矣，四語一轉，蟬聯而下，特初唐人一法，所謂「王楊盧駱當時體」也。

◎　轉韻初無定式，或二語一轉，或四語一轉，或連轉幾韻，或一韻疊下幾語，大約前則舒徐，後則一滾而出，欲急其節拍以爲亂也。此亦天機自到，人工不能勉強。

◎　少陵有倒插法，如〈送重表姪王砅評事〉篇中，上云「天下亂」云云，次云「最少年」云云，初不說出某人，而下倒補云「秦王時在座，眞氣驚戶牖。」此其法也，〈麗人行〉篇中，「賜名大國虢與秦、慎莫近前丞相嗔。」亦是此法，又有反接法，〈述懷篇〉云「自寄一封書，今已十月後。」若云「不見消息來」，平平語耳，此云「反畏消息來，寸心亦何有。」斗覺驚心動魄矣，又有透過一層法，如〈無家別〉篇中云：「縣吏知我至，召令習鼓鞞。」無家客而遣之從征，極不堪事也。然明說不堪，其味便淺。此云「家鄉旣蕩盡，遠近理亦齊。」轉作曠達，彌見沉痛矣。又有突接法，如〈醉歌行〉突接「春光澹沲秦東亭。」〈簡薛華醉歌〉突接「氣酣

日落西風來。」上寫情欲盡未盡，忽入寫景，激壯蒼涼，神色俱王，皆此老獨開生面處。

◎ 歌行轉韻者，可以雜入律句，借轉韻以運動之，純綿裏針，軟中自有力也，一韻到底者，必須鏗金鏘石，一片宮商，稍混律句，便成弱調也，不轉韻者，李杜十之一二（李如〈粉圖山水歌〉，杜如〈哀王孫〉、〈瘦馬行〉之類），韓昌黎十之八九，後歐、蘇諸公，皆以韓爲宗。

◎ 起手貴突兀，王右丞「風勁角弓鳴」，杜工部「莽莽萬重山」，「帶甲滿天地」，岑嘉州「送客飛鳥外」等篇，直疑高山墜石，不知其來，令人驚絕。

◎ 中聯以虛實對、流水對爲上，卽徵實一聯，亦宜各換意境，略無變換，古人所輕，卽如「蟬噪林逾靜，鳥鳴山更幽」，何嘗不是佳句，然王元美以其寫景一例少之，至「圓荷浮小葉，細麥落輕花。」宋人已議之矣。

◎ 三四貴勻稱，承上斗峭而來，宜緩脉赴之；五六必聳然挺拔，別開一境；上既和平，至此必須振起也。崔司勳〈贈張都督〉詩：「出塞清沙漠，還家拜羽林。」和平矣，下接云：「風霜臣節苦，歲月主恩深。」杜工部〈送人從軍〉詩，「今君度沙磧，累月斷人烟。」和平矣，下接云：「好武甯論命，封侯不計年。」〈泊岳陽城下〉詩，「岸風翻夕浪，舟雪灑寒燈。」和平矣，下接云：「留滯才難盡，艱危氣益增。」如此拓開，方振得起，溫飛卿〈商山早行〉：「於雞聲茅店月，人跡板橋霜下。」接「槲葉落山路，枳花明驛墙。」

周處士樸賦〈董嶺水〉，於「禹力不到處，河聲流向西」下，接「過衙山色遠，近水月光低。」便覺直塌下去。

◎　中二聯不宜純乎寫景，如「明月松間照，清泉石上流。竹喧歸浣女，蓬動下漁舟。」景象雖工，詎為模楷，至宋陸放翁，八句皆寫景矣。

◎　收束或放開一步，或宕出遠神，或本位收住，張燕公「不作邊城將，誰知恩遇深。」就夜飲收住也，王右丞「君問窮通理，漁歌入浦深。」從解帶彈琴宕出遠神也，杜工部「何當擊凡鳥，毛血灑平蕪。」就畫鷹說到真鷹，放開一步也，就上文體勢行之。

◎　唐玄宗「劍閣橫雲峻」一篇，王右丞「風勁角弓鳴」一篇，神完氣足，章法句法字法，俱臻絕頂，此律詩正體，而太白「五月天山雪，無花只有寒。笛中聞折柳，春色未曾看。」一氣直下，不就覊縛，右丞「萬壑樹參天，千山響杜鵑。山中一夜雨，樹杪百重泉。」分頂上二語而一氣赴之，尤為龍跳虎臥之筆，此皆天然入妙，未易追摹。

◎　七言律平叙易于徑遂，雕鏤失之佻巧，比五言為尤難。貴屬對穩，貴遣事切，貴捶字老，貴結響高。而總歸於血脉動盪，首尾渾成。後人祇於全篇中爭一聯警拔，取青妃白，有句無章，所以去古日遠。

◎　溫李擅長，固在屬對精工。然或工而無意，譬之剪綵為花，全無生韻，弗尚也。義山「此日六軍同駐馬，當時七夕笑牽牛。」飛卿「回日樓台非甲帳，去時冠劍是丁年。」對句用逆挽法，詩中得此一聯，便化板滯為跳脫。

◎ 長律所尙，在氣局嚴整，屬對工切，段落分明，而其要在開闔相生，不露鋪叙，轉折過接之迹，使語排而忘其爲排，斯能事矣，唐初應制贈送諸篇，王、楊、盧、駱、陳、杜、沈、宋，燕、許、曲江，並皆佳妙，少陵出而瑰奇鴻麗，一變故方，後此無能爲役。元白滔滔百韻，俱能工穩，但流易有餘，鎔裁未足，每爲淺率家效顰。溫李以下，又無論已。七言長律，少陵開出，然〈清明〉等篇，已不能佳，何況學步餘子？

◎ 五言絕句，右丞之自然，太白之高妙，蘇州之古澹，並入化機，而三家中，太白近樂府，右丞、蘇州近古詩，又各擅勝塲也，他如崔顥〈長干曲〉，金昌緒〈春怨〉，王建〈新嫁娘〉，張祜〈宮詞〉等篇，雖非專家，亦稱絕調。

◎ 七言絕句，以語近情遙，含吐不露爲主，只眼前景口頭語，而有弦外音，味外味，使人神遠，太白有焉。

◎ 王龍標絕句，深情幽怨，意旨微茫。「昨夜風開露井桃」一章，只說他人之承寵，而己之失寵，悠然可思，此求響於弦指外也，「玉顏不及寒鴉色」兩言，亦復優柔婉約。

◎ 李滄溟推王昌齡「秦時明月」爲壓卷，王鳳洲推王翰「蒲萄美酒」爲壓卷，本朝王阮亭則云必求壓卷，王維之「渭城」，李白之「白帝」，王昌齡之「奉帚平明」，王之渙之「黃河遠上」，其庶幾乎，而終唐之世，亦無出四章之右者矣，滄溟、鳳洲主氣，阮亭主神，各自有見，愚謂李益之「回樂峰前」，柳宗元之「破額山前」，劉禹錫之「山圍故國」，杜牧「烟籠寒水」，鄭谷之「揚子江頭」，

氣象稍殊，亦堪接武。

◎　詩有當時盛稱而品不貴者，王維之「白眼看他世上人」，張謂之「世人結交須黃金」，曹松之「一將功成萬骨枯」，章碣之「劉項原來不讀書」，此粗派也；朱慶餘之「鸚鵡前頭不敢言」，此纖小派也，張祜之「淡掃蛾眉朝至尊」，李商隱之「薛王沉醉壽王醒」，此輕薄派也，又有過作苦語而失者，元稹之「垂死病中驚起坐，暗風吹雨入船窗」，情非不摯，成蹙蹴聲矣，李白「楊花落盡子規啼」，正不須如此說。

◎　寫竹者必有成竹在胸，謂意在筆先，然後著墨也。慘澹經營，詩道所貴。倘意旨間架，茫然無措，臨文敷衍，支支節節而成之，豈所語於得心應手之技乎。

◎　古人不廢鍊字法，然以意勝而不以字勝，故能平字見奇，常字見險，陳字見新，朴字見色，近人挾以鬥勝者，難字而已。

◎　點染風花，何妨少爲失實。若小小送別，而動欲沾巾；聊作旅人，而便云萬里；登陟培塿，比擬華嵩；偶遇庸人，頌言良哲；以至本居泉石，更懷遯世之思，業處歡娛，忽作窮途之哭。準之立言，皆爲失體，記曰：「志之所至，詩亦至焉。」本乎志以成詩，惡有數者之患。

◎　用意過深，使氣過厲，抒藻過穠，亦是詩家一病。故曰穆如清風。

◎　意主渾融，惟恐其露；意主跼厲，惟恐其藏；究之恐露者，味而彌旨，恐藏者盡而無餘。

◎　蓋詩當求新於理，不當求新於徑，譬之日月，終古常見，而光景

常新，未嘗有兩日月也。

◎ 援引典故，詩家所尙，然亦有羌無故實而自高，臚陳卷軸而轉卑者，假如作田家詩，只宜稱情而言，乞靈古人，便乖本色。

◎ 樂府中不宜雜古詩體，恐散朴也；作古詩，正須得樂府意。古詩中不宜雜律詩體，恐凝滯也；作律詩正須得古風格。與寫篆八分，不得入楷法，寫楷書宜入篆八分法，同意。

◎ 太冲詠史，不必專詠一人，專詠一事，己有懷抱，借古人事以抒寫之，斯爲千秋絕唱，後人粘着一事，明白斷案，此史論，非詩格也，至胡曾絕句百篇，尤爲墮入惡道。

◎ 懷古必切時地，老杜〈公安縣懷古〉中云，「灑落君臣契，飛騰戰伐名。」簡而能該，真史筆也，劉滄〈咸陽〉、〈鄴都〉、〈長洲〉諸詠，設色寫景，可互相統易，是以酬應爲懷古矣，許渾稍可觀，然落句往往入套。

◎ 詠物，小小體也，而老杜〈詠房兵曹胡馬〉則云「所向無空闊，真堪託死生。」德性之調良，俱爲傳出，鄭都官〈詠鷓鴣〉，則云「雨昏青草湖邊過，花落黃陵廟裡啼。」此又以神韻勝也。彼胸無寄託，筆無遠情，如謝宗可、瞿佑之流，直猜謎語耳。

◎ 唐以前未見題畫詩，開此體者，老杜也。其法全在不粘畫上發論，如題畫馬畫鷹，必說到真馬真鷹，復從真馬真鷹開出議論，後人可以爲式。

◎ 又如題畫山水，有地名可按者，必寫出登臨憑弔之意。題畫人物，有事實可拈者，必發出知人論世之意。本老杜法推廣之，才是作手。

◎ 一首有一首章法，一題數首，又合數首爲章法。有起有結，有倫序，有照應，若闕一不得，增一不得，乃見體裁。陳思贈白馬王，謝家兄弟酬答，子美〈遊何將軍園〉之類是也，又有隨所興觸，一章一意，分觀錯雜，總述纍纍。射洪〈感遇〉，太白〈古風〉，子美〈秦州雜詩〉之類，是也，後人一題至十數章，甚或二三十章。然意旨辭采，彼此互犯，雖搆多篇，索其指歸，一章可盡，不如割愛之爲愈已。

◎ 對仗固須工整，而亦有一聯中本句自爲對偶者，五言如王摩詰「赭圻將赤岸，擊汰復揚舲。」七言如杜必簡「伐鼓撞鐘驚海上，新妝袨服照江東。」杜子美「桃花細逐楊花落，黃鳥時兼白鳥飛」之類，方板中求活時或用之。

◎ 律詩起句，可不用韻。故宋人以來，有入別韻者，然必於通韻中借入。如多韻詩起句入東，支韻詩起句入微，豪韻詩起句入蕭、肴是也，若庚、青韻詩，起句入眞、文、寒、刪；先韻詩起句入覃、鹽、咸，亂雜不可爲訓。

◎ 寫景寫情，不宜相礙，前說晴，後說雨，則相礙矣。亦不可犯複，前說沅、澧，後說衡、湘，則犯複矣。卽字面亦須避忌字同義異者，或偶見之，若字義俱同，必從更易，如「暮雲空磧時驅馬」，「玉靶角弓珠勒馬」，終是右丞之累，杜詩云：「新詩改罷自長吟」，改則弊病去，長吟則神味出。

◎ 詩中高格，入詞便苦其腐，詞中麗句，入詩便苦其纖，各有規格在也，然腐之爲病，塡詞者每知之，纖之爲病，作詩者未盡知之。

◎　古人同作一詩，不必同韻，卽同韻亦在一韻中，不必句句次韻也，自元、白創始，而皮、陸倡和，又加甚焉。以韻爲主，而以意相從，中有欲言，不能通達矣，近代專以此見長，名曰和韻，實則趁韻，宜血脉橫亘，句聯意斷也，有志之士，當不囿於俗。

◎　人謂詩主性情，不主議論，似也，而亦不盡然，試思二《雅》中，何處無議論？杜老古詩中，〈奉先〉，〈詠懷〉，〈北征〉，〈八哀〉諸作，近體中〈蜀相〉、〈詠懷〉、〈諸葛〉諸作，純乎議論，但議論須帶情韻以行，勿近傖父面目耳，戎昱〈和蕃〉云：「社稷依明主，安危託婦人。」亦議論之佳者。

◎　錢、郞贈送之作，當時引以爲重，應酬詩，前人亦不盡廢也，然必所贈之人何人，所往之地何地，一一按切，而復以己之情性流露於中，自然可詠可歌，非幕下張君房輩所能代作。

◎　詩貴寄意，有言在此而意在彼者，李太白〈子夜吳歌〉，本閨情語，而忽冀罷征，〈經下邳圯橋〉本懷子房，而意實自寓；〈遠別離〉本詠英皇，而藉以咎肅宗之不振，李輔國之擅權；杜少陵〈玉華宮〉云：「不知何王殿，遺構絕壁下。」傷唐亂也；〈九成宮〉云：「巡非瑤水遠，跡是雕墻後。」垂夏殷鑒也，他若風貴妃之釀亂，則憶王母於宮中；刺花敬定之僭竊，則想新曲於天上。凡斯託旨，往往有之。但不如《三百篇》有小序可稽，在讀者以意逆之耳。

◎　唐時五言以試士，七言以應制，限以聲律，而又得失諛美之念，先存於中，揣摩主司之好尙，迎合君上之意旨，宜其言之難工也。錢起〈湘靈鼓瑟〉、王維〈奉和聖製雨中春望〉外，傑作寥寥，略

觀可矣。

◎ 王右軍作字，不肯雷同，《黃庭經》，〈樂毅論〉，〈東方畫像贊〉，無一相肖處，筆有化工也，杜詩復然，一千四百餘篇中，求其詞意犯複，了不可得，所以推詩中之聖。

◎ 姜白石詩說，謂一篇之妙，全在結句，如截奔馬，辭意俱盡，如臨水送將歸，辭盡意不盡；又有意盡辭不盡，剡溪歸櫂是也；辭意俱不盡，溫伯雪子是也。微妙語言，諸家未到。

◎ 美人佳人，初無定稱，簡兮以西周盛王為美人；離騷以君為美人；漢武以賢士為佳人；光武稱陸閎為佳人。而蘇蕙稱竇滔云：「非我佳人，莫之能解。」又婦人以男子為佳人矣。

◎ 〈九歌〉「思夫君兮太息」，指雲中君也；「思夫君兮未來」，指湘夫人也，孟浩然「衡門猶未掩，佇立望夫君。」指王白雲也（夫讀同扶音，猶之子之稱，非婦人目其所天之謂）。

◎ 漕者，以水通輸之謂，讀去聲，昌黎「通波非難圖，尺水乃可漕。善善不汲汲，後時徒悔懊。」可證也。惟「泉水章思須與漕」，〈載馳〉章言至於漕，屬衛邑者，當平聲讀。又雍字如時雍、辟雍、肅雍，作和字訓者，俱平聲；雍州之雍屬地名者，從去聲。

◎ 人以忙遽為倉皇，然古人多作倉黃，少陵「誓欲隨君去，形勢所倉黃。」「蒼黃已就長途往，邂逅無端出餞遲。」柳州「蒼黃見驅逐，誰識死與生？」又云「數州之犬，蒼黃吠噬。」無作倉皇者，倉皇二字，應是後人誤用，因倉卒皇遽而連及之也，歐公《伶官傳》則云「倉皇東出」，已屬宋人文集矣。

◎ 今人負恩爲辜負，按辜，辠也，絕非此意，少陵「孤負滄洲願」，昌黎「孤負平生志」，義山「映書孤志業」之類，無用辜者。又李陵〈答蘇武書〉，有「孤負陵心」，陵雖孤恩之句，更在唐人以前。

◎ 中興之中，讀去聲，元凱《左傳・叙》云：「祈天永命，紹開中興。」陸德明音「丁仲反」，若當興而興，故謂之中，不必恰在中間也，杜詩「今朝漢社稷，新數中興年。」「萬里傷心嚴譴日，百年垂死中興時。」餘不可悉數，中酒之中，讀平聲，《漢書・樊噲傳》：「項羽旣饗軍士中酒。」師古註：「飲酒之中，不醒不醉，故謂之中也。」太白「醉月頻中聖，迷花不事君。」東坡「君獨未知其趣爾，臣今聊復一中之。」亦不可悉數，後人中興平讀，中酒仄讀，每每兩失。

◎ 張平子〈歸田賦〉云：「仲春令月，時和氣清，原隰鬱茂，百草滋榮，明指二月。」謝詩「首夏猶清和。」言時序四月，猶餘二月景象。故下云「芳草亦未歇」也，自後人誤讀謝詩，有「四月清和雨乍晴」句，相沿到今，賢者不免矣，試思猶字，竟作何解？

◎ 少陵〈觀公孫大孃弟子舞劍器行・序〉云：「觀公孫氏舞劍器渾脫（音駝），瀏漓頓挫，獨出冠時。」按《樂府雜錄》謂〈劍器〉健舞曲名，《唐書》中宗引近臣宴集，宗晉卿舞〈渾脫〉，則知〈劍器〉、〈渾脫〉皆舞名，後人誤以〈劍器〉爲舞劍，而以〈渾脫〉二字與瀏漓頓挫並讀，未免使人笑粲。

◎ 《後漢・逸民傳・序》引揚雄「鴻飛冥冥，弋人何篡焉！」註「篡取也」，陳射洪云「弋人何篡，鴻飛高雲。」用揚語也，惟張曲江

詩「今我遊冥冥，弋者何所慕。」改篡爲慕矣，然昌黎在曲江後，贈人詩云：「肯效屠門嚼，久嫌弋者篡。」前賢讀書，不肯一誤再誤如此。

◎ 詩人每用爛熳字，玩詩意乃淋漓酣足之狀。然考《說文》、《玉篇》等書，從无熳字，而王文考〈魯靈光殿賦〉，有「流離爛漫」句，韓昌黎〈南山詩〉有「爛漫堆衆皺」句，皆爛旁從火，漫旁從水，改漫爲熳，不知起於何時，爲烏成馬，習焉不覺，殊可怪也。杜詩「衆雛爛熳睡」，俱從火傍，乃後代鑴本所訛，不可引以爲據。

蘭叢詩話　　　方世舉 著

◎ 詩屢變而至唐，變止矣，格局備，音節諧，界畫定，時俗準。今日學詩，惟有學唐。唐詩亦有變，今日學唐，惟當學杜；元微之斷之於前，王半山言之於後，不易之論矣。然其規模鴻遠，如周公之建置六官，體國經野；又如大禹之會同四海，則壞成賦，後學能驟窺耶？登高自卑，宜先求其次者，以爲日漸之德。五古五律先求王、孟、韋、柳，七古歌行先求元、白、張、王，庶有次第。王荊公以爲先從李義山入，似只謂七律，然亦初學所不易求。其文太繁縟，反恐五色亂目，五聲亂聰也。

◎ 七古音節，李承六朝，杜遡漢，韓旁取〈柏梁〉、《黃庭》。譬之曲子，李南曲，杜、韓北曲。元、白又轉而爲南曲，日趨於熟，亦宜略變。然歌行終以此爲圓美，吹竹彈絲，嬌喉婉轉，畢竟勝雷

大使舞。

◎　換韻，老杜甚少，往往一韻到底。太白則多，句數必勻，勻則不緩不迫，讀之流利。元、白歌行，或一韻即換，未免氣促，今讀熟不覺耳。吾輩終當佈置均平。

◎　通韻亦不可依。今韻注者，如一東通二冬，只冬之半耳，鍾字以下則不通。《廣韻》依古另爲三鍾，後每部一一分署；今上下平各十五部，乃後人所並耳。作古詩當以《廣韻》爲主。

◎　通只五古耳，七古不通。昔在京言之，館閣諸君問所依據，余舉杜以例其餘。遍尋杜集，果然惟〈憶昔〉七古二首中通一二字，或偶誤耳。七古之通自東坡始，人利其寬而託鉅公以自便耳。

◎　五排六韻八韻，試帖功令耳。廣而數十韻百韻，老杜作而元、白述。然老杜以五古之法行之，有峰巒，有波磔，如長江萬里，鼓行中流，未幾而九子出矣，又未幾而五老來矣。元、白但平流徐進，案之不過拓開八句之起結項腹以爲功，寸有所長，尺有所短耳。其長處鋪陳足，而氣亦足以副之，初學爲宜。李義山五排在集中爲第一，是乃學杜，雖峰巒波磔亦少，而非百韻長篇，其亦可也。

◎　七排似起自老杜，此體尤難，過勁蕩又不是律，過軟款又不是排，與五排不同，句長氣難貫也。

◎　王新城教人少作長篇，恐其傷氣，是也。然杜、韓二家獨好長篇，學者誠熟誦上口，如懸河瀉水，久之理足乎中而氣昌於外，亦莫能自禁。余與望溪兄五古所謂「大兒李杜韓，小兒王孟柳」，言氣勢者也。

七律八句，五六最難，此腹耳。腹怕枵，一枵則《孟》之陳仲子，《莊》之子桑戶，有匍匐耳，尚何助於四體之手舞足蹈哉！何以充之？要跳出局外，以求理足，又斂入局中，以使氣昌，是在熟誦工夫。

◎ 第七句又難，此尾耳。尾要掉，不掉則如棄甲曳兵而走，安能使落句善刀而藏，爲之四顧，爲之躊躇滿志哉！何以掉之？要思鷹鸇轉尾，翔而後集。八句是集，七句要翔。

◎ 宜田冊子中，又有其別後自記者云：「詩有不必言悲而自悲者，如『天清木葉聞』，『秋碪醒更聞』之類，覺填注之爲贅。有不必言景而景自呈者，如『江山有巴蜀』，『花下復清晨』之類，覺刻畫之爲勞。」

一瓢詩話　　　　　薛　雪　著

◎ 學詩須有才思，有學力，尤要有志氣，方能卓然自立，與古人抗衡。若一步一趨，描寫古人，已屬寄人籬下。何況學漢魏，則拾漢魏之唾餘；學唐宋，則啜唐宋之殘膏。非無才思學力，直自無志氣耳！吾師橫山先生云：「剽竊古人，似則優孟衣冠，不似則畫虎不成。與其假人餘焰，妄僭霸王。孰若甘作偏裨，自領一隊。不然，豈獨風雅掃地，其志術亦可窺矣。」

◎ 作詩必先有詩之基，胸襟是也。有胸襟然後能載其性情智慧，隨遇發生，隨生卽盛，千古詩人推杜浣花，其詩隨所遇之人、之境、之事、之物，無處不發其思君王，憂禍亂，悲時日，念友朋，弔古

人，懷遠道，凡歡愉憂愁離合今昔之感，一一觸類而起，因遇得題，因題達情，因情敷句，皆由有胸襟以爲基，如時雨一過，夭矯百物，隨地而興，生意各別，無不具足。

◎　柳公權云：「心正則筆正」，要知心正則無不正，學詩者尤爲喫緊，蓋詩以道性情，感發所至，心若不正，豈可含毫覓句，或問曰：「諺云『歪詩，何謂也？』」余曰：「詩者，心之言，志之聲也。心不正，則言不正；志不正，則聲不正；心志不正，則詩亦不正。名之曰『歪』，不亦宜乎。」

◎　讀書先要具眼，然後作得好詩。切不可誤認老成爲率俗，纖弱爲工緻，悠揚宛轉爲淺薄，忠厚懇惻爲鬷鄙，奇怪險僻爲博雅，佶屈荒誕爲高古，纔是學者。

◎　人知作詩避俗句，去俗字，不知去俗意尤爲要緊。

◎　格律聲調，字法句法，固不可不講，而詩卻在字句之外。故《三百篇》及漢、魏古詩，後章與前章略換幾句幾字，又是一種詠歎丰神，令人吟繹不厭，後世徒于字句求之，非不工也，特無詩耳。

◎　曾受韜鈐之法于蹇翁，揣摩久之，雖變化無窮，不出奇正二字。從受詩古文辭之學于橫山，亦不越正變二字。譬夫兩軍相當，鼓之則進，麾之則卻，壯者不得獨前，怯者不得獨後，兵之正也。出其不意，攻其無備，水以木罌而渡，沙可唱籌而量，兵之奇也，溫柔敦厚，纏綿悱惻，詩之正也。慷慨激昂，裁雲鏤月，詩之變也。用兵而無奇正，何異驅羊；作詩而昧正變，眞同夢囈。然兵須訓練于平時，詩要冥搜于象外。

◎ 用前人字句，不可幷意用之，語陳而意新，語同而意異，則前人之字句，卽吾之字句也。若蹈前人之意，雖字句稍異，仍是前人之作，嚼飯餵人，有何趣味。

◎ 昌黎先生云「陳言務去」，可知不去陳言，終無新意，能以陳言而發新意，纔是大雄。古今來能有幾人，若以餖飣爲有出，拾綴爲摹神，已落前人圈闠，豈能自見性情。

◎ 詩文無定價，一則眼力不齊，嗜好各別，一則阿私所好，愛而忘醜，或心知，或親串，必將其聲價逢人說項，極口揄揚，美則牽合歸之。疵則宛轉掩之，談詩論文，開口便以其人爲標準，他人縱有傑作，必索一瘢以詆之，後生立脚不定，無不被其所惑，吾輩定須豎起脊梁，撐開慧眼，舉世譽之而不加勸，舉世非之而不加沮，則魔羣妖黨，無所施其伎倆矣。

◎ 擬古二字，誤盡蒼生。聲調字句，若不一一擬之，何爲擬古？聲調字句，若必一一擬之，則仍是古人之詩，非我之古詩也。輕言擬古，試一思之。

◎ 古人作詩，到平澹處，令人吟繹不盡。是陶鎔氣質，消盡渣滓，純是清眞蘊藉，造峯極頂事也，今人作平澹詩，乃才短思澀，格卑調啞，無以見長，借之藏拙。如三家村裏兒郎，見衣冠人物，其所欲言，格格不吐，與深沈寡默者，截然兩途。故軒轅彌明云：「時于蚯蚓竅，常作蒼蠅聲。」若果才力雄厚，筆氣老勁，正不妨如快劍斫陣，駿馬下阪，又不妨如囘風舞絮，落花繁絲。何必喬妝貞靜，縞素迎人，及至春心一般蕩漾，識者見之，畢竟作惡數日。

◎　橫山先生說詩，推杜浣花、韓昌黎、蘇眉山爲三家鼎立。余謂杜浣花一舉一動，無不是忠君愛國憫時傷亂之心，雖友朋盃酒閒，未嘗一刻忘之，顚沛不苟，窮約不濫，以稷卨自期，公豈妄矜哉！韓昌黎學力正大，俯視羣蒙，匡君之心，一飯不忘，救時之念，一刻不懈。惟是疾惡太嚴，進不獲用，而愛才若渴，退不獨善，嘗謂直接孔孟薪傳，信不誣也。蘇眉山天才俊逸，瀟灑風流，嬉笑怒罵，皆成文章，又因其學力宏贍，無入不得，幸有權臣與之齟齬，成就眉山到老，其長詩差可追隨二公，餘則不在語言文字間，與之銖寸較量也。

◎　好浮名不如好實學，豈有實學而名不遠者乎？師今人不如師古人，豈有古人而今人能勝之者乎？古人學問深，品量高，心術正，其著作能振一時，垂萬世。今人萬萬不及古人者，卽據一端可見矣。古人愛才如命，其人稍有一長，卽推崇贊歎，不避寒暑。今人則惟恐一人出我之上，媢嫉擠排，不遺餘力，雖有著作，視此心術，天將厭之，尚希垂後乎？余非望人開倡譽之端，實見中懷狹隘者，終爲品量之累。

◎　有意逞博，翻書抽帙，活剝生吞，搜新炫奇，猶夫生客滿座，高貴接席，爲主人者，虛躬浹洽，有何受用處，不若知己數人，賓主相忘，談經論史，其樂何如邪？又如借本經營，原非己物，終歲紜紜，徒見踙踖，不若四弓之田，一畝之宮，採山釣水，嘯歌閑閑，卽腰金衣紫，亦不肯與之相易也。

◎　轉韻最難，音節之間，有一定當轉入某韻而不可强者。若五古，

漢魏無轉韻之體，至唐漸多，而杜浣花韓昌黎竟亦不然，究屬老手。樂府宜被管絃，或數句或四句一轉，始覺宛轉有致。若七古則一韻為難，苟非筆力扛鼎，無不失之板腐，要其波瀾層疊，變幻縱橫，通篇一韻，儼若迭換，亦惟杜韓二公能之。

◎　將現成救急字眼，湊上幾字，遂成一句，通首拖泥帶水，黏成八句，謂之律詩，近來漫天塞地，皆是此輩。

◎　作詩與著書一理，有其德而無其位，有其道而無其權，著之可也，接前人未了之緒，開後人未啓之端，著之可也，苟不如是，雖汗牛充棟，何益哉？故秦焚之後，至于今日，可焚者又十之八九矣，詩亦然。

◎　風雅頌賦比興，詩之經緯也。有此經緯乃有體裁，為有體裁，則有正變。達事情，通諷諭，謂之風，純乎美者，謂之正風，兼美刺謂之變風。述先德，通下情，謂之雅，專于美者，謂之正雅，兼美刺謂之變雅。用之宗廟，享于神明，美盛德，告成功，謂之頌。當作者謂之正，不當作者，比于風雅，亦謂之變。如後世有法律曰詩，放情曰歌，流走曰行，兼曰歌行，述事本末曰引，悲鳴如蛩曰吟，通俗曰謠，委曲曰曲，觀此體裁，則知所宗矣。

◎　人之才情，各有所近，或正或變，或正變相半，只要合法，隨意所欲，自成一家。如作書不論晉唐宋元，只要筆筆妥當，便是能書，余故曰不妨如快劍砍陣，駿馬下阪，又不妨如回風舞絮，落花縈絲。

◎　排律止可六韻至十二韻足矣，多至幾十韻以及百韻，卽是長詩也，不可為訓。

◎ 詩有從題中寫出；有從題外寫入；有從虛處實寫，實處虛寫；有從此寫彼，有從彼寫此；有從題前搖曳而來，題後迤邐而去。風雲變幻，不一其態，要將通身解數，踢弄此題，方得如是。

◎ 詩之用，片言可以明百義；詩之體，坐馳可以役萬象。所以杜浣花集古今大成于開寶間，上薄風騷，下凌屈宋，無有議者。

◎ 著作以人品爲先，文章次之，安可將不以人廢言爲藉口，昔人云：「阮步兵〈詠懷〉，寄愁天上，埋憂地下，其胸次非復人間機軸，而爲諸臣作勸進表，又不足多矣，陶徵士〈飲酒〉，前無古人，後無來者，眞有『絳雲在霄，舒卷自如』之致，雖有〈閑情〉一賦，何妨托興。」

◎ 平生最愛隨筆納忠，觸景垂戒之作，如「昨日到城郭，歸來淚滿巾。徧身綺羅者，不是養蠶人。」「鋤禾日當午，汗滴禾下土。誰知盤中餐，粒粒皆辛苦。」「子規啼徹四更時，起視蠶稠怕葉稀。不信樓頭楊柳月，玉人歌舞未曾歸。」「地溼莎青雨後天，桃花紅近竹林邊。游人本是農桑客，記得春深欲種田。」「一曲清歌一束綾，美人猶自意嫌輕。不知織女寒窗下，多少工夫織得成。」「一株楊柳一株花，云是官家賣酒家。惟有吾鄉風土異，春深無處不桑麻。」「采采西風雪滿籃，禦寒功已倍春蠶。世間多少閑花草，無補生民亦自慚。」之類，不論唐、宋、元、明，中華異域，男子婦人所作，凡似此等，見必手錄，信口閑哦，未嘗忘之。

◎ 李西涯謂作詩不用閑言助字，自然意象具足，此爲最難。要知五言尚多，七言頗不易，一落村學究對法，便不成詩。陳聲伯舉「西

風酒旗市，細雨菊花天。」為深秋景物，宛然在目，初不假語助而得。又引自作「野航秋水岸，林屋夕陽山。」「酒盆匡樹影，茶鼎潤松聲」為比，則覺筆力萎弱，且有穉氣，余有〈春日重過玉柱山房〉詩云：「一林蒸朮火，數里焙茶香。」較更蒼潤，而不假閑言助字者。

◎ 口熟手溜，用慣不覺，亦詩人之病，而前人往往有之，若李長吉之「死」，鄭守愚之「僧」，溫飛卿之「平橋」，韋端己之「夕陽」，不一而足，薩天錫之「芙蓉」，李滄溟之「風塵」，則又為後生也。

◎ 狀難寫之景如在目前，含不盡之意，見于言外。作者得于心，覽者會其意，此是詩家半夜傳衣語，不必舉某人某句為證。

◎ 詠史以不著議論為工；詠物以託物寄興為上，一經刻畫遂落蹊徑。

◎ 咠快人詩必瀟灑；敦厚人詩必莊重；倜儻人詩必飄逸；疏爽人詩必流麗；寒澀人詩必枯瘠；豐腴人詩必華贍；拂鬱人詩必悽怨；磊落人詩必悲壯；，豪邁人詩必不羈；清修人詩必峻潔；謹勑人詩必嚴整；猥鄙人詩必委靡。此天之所賦，氣之所稟，非學之所至也。

◎ 崔禮山「自是不歸歸便得，五湖烟景有誰爭？」與「相逢盡道休官去，林下何曾見一人。」同一妙理。

◎ 杜少陵詩，止可讀，不可解，何也？公詩如溟渤，無流不納，如日月，無幽不燭，如大圓鏡，無物不現，如何可解？小而言之，如《陰符》、《道德》，兵家讀之為兵，道家讀之為道，治天下國家者讀之為政，無往不可。所以解之者不下數百餘家，總無全璧。楊誠齋云：「可以意解，而不可以辭解，必不得已而解之，可以一句

一首解，而不可以全帙解。」余謂讀之旣熟，思之旣久，神將通之，不落言詮，自明妙理，何必斷斷然論今道古邪？

貞一齋詩說　　　　李重華 著

◎　五言排律，至杜集觀止，若多至百韻，杜老止存一首，末亦未免鋪綴完局，緣險韻留剩後幅故也。白香山窺破此法，將險韻參錯前後，略無痕跡，遂得綽有餘裕，故百韻敍事，當以香山爲法，但此亦不必多作，恐涉誇多鬭靡之習。

◎　七言排律，唐人斷不多作，杜集止三四首，緣七字詩得四韻，于律法更無遺憾，增至幾十韻，勢須流走和軟，方成片段，似此最易流入唱本腔調，縱復精工，有乖風雅。杜老云：「何劉沈謝力未工，才兼鮑照愁絕倒。」足知七字長篇，專尚沈雄排宕，所以古人見長，都在古調，若律體非不能工，不屑爲耳！

◎　古人于古近諸體，各有所長，如太白七律至少，昌谷七律全無，其餘名集缺一二體者，不可勝數，此皆遺其所短，用其所長，得失舉在寸心中也。然有專攻律體，竟不見古詩者，如許渾、方干一流，此則不應慕效，蓋止見古體，仍然無愧高手，若止存律調，卽古詩從未窺見，其爲薄殖無疑矣。

◎　七律章法，大歷諸公最純熟，然無能出杜老範圍，相其用筆，大槪三四須跟一二，五六須起七八，更有上半引入下半，頓然翻轉，有中四句次第相承，而首尾緊相照應，有上六句寫本題，而末後颺

開作結，其法變化不拘，若止覓得中四好對聯，另行裝卻頭脚，斷無其事。

◎ 拗體律詩，亦有古近之別，如杜老「玉山草堂」一派，黃山谷純用此體，竟是古體音節，但式樣仍是律耳，如義山「二月一日」等類，許丁卯最善此種，每首有一定章法，每句有一定字法，乃拗體中另自成律，不許凌亂下筆，余謂學詩，與學書同揆，到得眞、行、草法規矩，一一精能，爾後任意下筆，縱使欹斜牽掣，粗服亂頭，各有神妙，若臨習尚未成家，妄意造爲拙筆，未有不見笑大方。

◎ 詠物詩有兩法，一是將自身放頓在裏面；一是將自身站立在旁邊。

◎ 詠物一體，就題言之，則賦也；就所以作詩言之，卽興也、比也。

◎ 酬贈往復詩，須辨別儕類，至親不得用文飾語，尊者不得用評論語，亦不得輕易用誇獎語，反此者失之。

◎ 詩有情有景，且以律詩淺言之，四句兩聯，必須情景互換，方不複沓。更要識景中情，情中景，二者循環相生，卽變化不窮。

◎ 詩至淳古境地，必自讀破萬卷後含蘊出來，若襲取之，終成淺薄家數。多讀書非爲搬弄家私，震川謂善讀書者，養氣卽在其內，故胷多卷軸，蘊成眞氣，偶有所作，自然臭味不同。

◎ 律詩止論平仄，終身不得入門。旣講律調，同一仄聲，須細分上去入，應用上聲者，不得誤用去入，反此，亦然。就平聲中，又須審量陰陽、清濁，仄聲亦復如是。至古體雖不限定平仄，逐句各有自然之音，成熟後自知。古近二體，初學者欲悟澈音節，他無巧妙，只須將古人名作，分別兩般吟法，吟古詩如唱北曲，吟律詩如唱崑

曲，蓋古體須頓挫瀏灕，近體須鏗鏘宛轉，二者絕不相蒙，始能各盡其妙。余嘗論欲識詩篇工拙，先聽吟詠合離，此最是捷徑法，今無論古近，俱付一樣口角吟之，神理全失，何由闖入門庭。

◎ 音節一道，難以言傳，有略可淺為指示者，亦得因類悟入，如杜律「羣山萬壑赴荊門。」使用「千山萬壑」，便不入調，此輕重、清濁法也。又如龍標絕句「不斬樓蘭更不還。」俗本作「終不還」，便屬鈍句，此平仄一定法也，又如杜五言「曲留明怨惜，夢盡失懽娛。」「怨惜」換作「怨恨」，不穩叶，此仄聲中分辨法也。

◎ 少時見趙秋谷先生為述吳修齡語云：「意思猶五穀也，文則炊而為飯，詩則釀而為酒。飯不變米形，酒形質變盡。喫飯而飽，可以養生，可以盡年；飲酒而醉，憂者以樂，喜者以悲。有不知其所以然者，斯言可謂善喻。余謂以酒喻詩，善矣，第今人釀酒，最要分別醇醨，與其魯酒千鍾，不若雲安一盞，先生拊掌大笑。

蓮坡詩話　　　　　查為仁 著

◎ 吳梅村祭酒〈病中〉詩云：「忍死偷生廿載餘，而今罪孽怎消除。受恩欠債須填補，縱比鴻毛也不如。」其言亦哀矣。

◎ 虞山徐芬若（蘭）號芝仙，詩格雄健，極為漁洋所稱賞。〈出居庸關〉詩云：「將軍此去必封侯，士卒何心肯逗留。馬後桃花馬前雪，出關爭得不回頭。」

◎ 家伯初白老人嘗教余詩律，謂「詩之厚，在意不在辭；詩之雄，

在氣不在直；詩之靈，在空不在巧；詩之淡，在脫不在易。須辨毫
髮於疑似之間。……老人有句云：「座中放論歸長悔，醉裏題詩醒
自嫌。」「人來絕域原拚命，事到傷心每怕眞。」又有〈花朝晴示
僧道楷〉詩云：「初日烘雲碎作霞，討春人競出江涯。老來不喜閑
桃李，別約山僧看菜花。」此與宋魏野所作「城裏爭看城外花，獨
來城裏訪僧家。殷勤覓得新鑽火，爲我旋烹岳麓茶。」意相似。

◎　越僧索畫於沈石田，寄詩云：「寄將一幅剡溪藤，江面青山畫幾
層。筆到斷崖泉落處，石邊添個看雲僧。」石田欣然，畫其詩意答
之。崑山顧俠君（嗣立）〈題鐵夫上人憩杖雲根圖〉云：「櫻鞵箬
笠水邊行，魚鳥知君拄杖聲。莫占前山一片石，添余同坐看雲生。」
不減前詩風致。

◎　雪嶠大師云：「三間茅屋傍溪住，兩扇竹窗關月眠。」「林下自
聞秋葉雨，燈前亦有草蟲飛。」皆瀟灑有致。

◎　張少廷尉（璨）任長蘆運使時，余至其小齋，見廷尉手書單幅黏
壁間云「書畫琴棊詩酒花，當年件件不離他。而今七事都更變，柴
米油鹽醬醋茶。」嘗爲余言古人歌謠出於天然，故妙。

◎　蓮坡詩話跋：詩話有兩種，一論作詩之法，引經據典，求是去非，
開後學方便之門，如《一瓢詩話》是也。一述作詩之人，彼短此長，
花紅玉白，爲近來之談藪，如《蓮坡詩話》是也。夫人幸生隆盛之
朝，得與當代名流聯吟結社，因而摘其篇章，詳其姓氏，彙爲一篇，
俾後之覽者，如親見吾謦欬於先生長者之前，而吾之篇章姓氏，亦
藉此以傳，豈非人生一大快事哉！壬寅秋日吳江沈楙悳識。

劍谿說詩　　　　　　喬　億　著

◎　節序同，景物同，而時有盛衰，境有苦樂，人心故自不同。以不同接所同，斯同亦不同，而詩文之用無窮焉。

◎　景有神遇，有目接。神遇者，虛擬以成辭，屈、宋已下皆然，所謂五城十二樓，縹緲俱在空際也。目接則語貴徵實，如靖節田園，謝公山水，皆可以識曲聽真也。

◎　淵明人品不以詩文重，實以詩文顯。試觀兩漢逸民，若二龔、薛方、逢萌、臺佟、矯慎、法真諸人，志潔行芳，類不出淵明下，而後世名在隱見間。淵明則婦孺亦解道其姓字，由愛其文詞，用為故實，散見於詩歌曲調之中者眾也。漢末如黃憲、徐穉、申屠蟠、郭泰、管寧、龐德公、司馬徽、與晉陶潛皆第一流人，而陶更有詩文供後人玩賞。

◎　論詩當論題。魏、晉以前，先有詩，後有題，為情造文也；宋、齊以後，先有題，後有詩，為文造情也。詩之真偽，並見於此。

◎　唐人製題簡淨，老杜一字二字拈出，更古。〈天末懷李白〉當屬「天末」名篇，旁注「懷李白」，猶夫「不見李生久」以「不見」名篇，旁注「近無李白消息」也。而諸刻本五字悉居中，直傳寫之訛，校閱未加察詳耳。

◎　唐人間作長題，細玩其詩，如題安放，極見章法。

◎　題詳盡，則詩味淺薄無餘蘊。

◎　唱和須擇人，作詩須擇題。……唱和太頻，令人思敏而格退。

◎　次韻始於元、白，盛於皮、陸，再盛於坡、谷，後來記醜而博者，專用此擅場。

◎　初、盛唐人多酬應之篇，格韻旣高，情景兼勝，詞采又精，焉得不妙？近人詩本無格韻，又乏情景，雖徵事選詞，美可溢目，而細味之如嚼蠟耳。所自作如是，何況酬應？

劍谿說詩又編　　　　喬　億　著

◎　古人於妻喪哀誄之文，凡服勤茹苦明大義則書之，無道舅姑稱善者；或有仁孝實蹟，祇著明本事顚末，不贊一語，而賢自見。柳子厚爲亡妻墓誌，語涉溢美，自是少年之作，永、柳以後，必不然也。老泉〈祭亡妻文〉，但言教子學問要以文稱，及箴己過，憂己泯沒。其逮事舅姑，不逮事舅姑，終篇無一語及之，正《春秋》常事不書之義耳！夫文主理，詩主情，固自各別，而此則皆同，所爭在識也。識有不自問學來哉！

◎　古今悼亡之作，惟韋公應物十數篇，瀚緩悽楚，真切動人，不必語語沉痛，而幽憂鬱墶之氣，直灌輸其中，誠絕調也。潘安仁氣自蒼渾，是漢京餘烈，而此題精蘊，實自韋發之。江文通詞繁而意寡，中乏警策，且莫辨爲誰何，豈伉儷之詞哉？沈休文短製，亦文通之亞。至如元微之、李義山數篇，雖格韻不高，而情思淒然可誦。金源僅秦略（簡夫）七律一首，風格清老，遺山稱之，非過也。元傅

若金〈汝礪〉五言數章，亦鐵中之錚錚者。獨怪梅聖俞名高而詩不稱，如「見盡人間婦，無如美且賢。」成何語也？有明諸名家無詩。國初翁山、阮亭兩先生，并多是作，當合諸前輩有是詩者，別爲論次云。

詩學纂聞　　　　　　汪師韓 著

◎　鍾嶸《詩品·序》論賦比興之義曰：「文已盡而意有餘，興也；因物喻志，比也；直書其事，賦也。」論興字別爲一解，然似以去聲之興字，解爲平聲之興字矣。

◎　律詩不出韻，古詩可用通韻，一定之理也。……杜詩七古如〈王宰話山水圖歌〉中段用「東」韻而中有「雲氣隨飛龍」句，……又〈如培王侍御登東山最高頂〉中用「腫」韻，而云「四坐賓客色不動」，乃「董」韻；……若夫〈悲陳陶〉用「紙」韻，而末云「日夜更望官軍至」，乃「寘」韻；〈寄狄明府〉用「薺」韻，而中云「太后當朝多巧計」，乃「霽」韻，是又上去兩聲通轉矣。

◎　七言轉韻首句：七言古詩轉韻，漢張平子〈思元賦系詞〉，其肇端矣。轉韻之首句，古無不用韻者。惟江總持詩，有「雲聚懷清四望臺」（〈宛轉臺〉），「來時向月別姮娥」（〈新入姬人應令〉）二句無韻，此在唐以前者，唐七古以少陵爲宗，少陵集中惟「先生有道出羲皇」（〈醉時歌〉），「或從十五北防河」（〈兵車行〉），「君不見東吳顧文學」（〈醉歌行〉），「先帝侍女八千人」（〈舞

劍器行〉），「杖兮杖兮爾之生也甚正直」（桃竹杖行），「憶昔
霓旌下南苑」（〈哀江頭〉），此六處轉句無韻。其他名人集中，
偶一有之，如太白之「匈奴以殺戮為耕作」（〈戰城南〉），喬知
之之「南山冪冪兔絲花」（〈古意和李侍郎〉），東坡之「不羨白
衣作三公」（〈賀朱壽昌蜀中得母〉），虞伯生之「丹邱越人不到
蜀」（〈題墨竹〉），「圖中風景偶相似」（〈柯博士畫〉）等是
也。然一篇中，只偶一句耳！今人有至連轉皆出韻者，竟與四言五
言一例，音節乖舛甚矣。

◎　唐律第一句，多用通韻字，蓋此句原不在四韻之數，謂之「孤雁
入羣」，然不可通者，亦不用也。進退格乃是兩韻相間而成，亦必
韻本相通，非可任意也。

◎　時俗語入詩：唐人每以唐時語入詩，亦猶先儒注經有文莫、相人、
耦曉、知一孔之類也，如「遮莫」（猶言儘教），「頻煩」（猶言
鄭重），「得得」（猶言特特），「至竟」（猶言到底），「不當
作」（猶云先道個不該也，孟襄陽詩「更道明朝不當作」），「生」
（可憐生、太瘦生、太忙生之類），「聖得知」（見韓詩然不得其
解），「不分生憎」（杜詩「不分桃花紅勝錦，生憎柳絮白於綿」），
「赤憎」（猶云生憎。杜詩「赤憎輕薄遮入懷」），「隔是」（猶
言已是也，元微之詩「隔是身如夢」，「隔」又作「格」，白詩「如
今格是頭成雪」，顧況詩「市頭格是無人別」，至如「阿堵」（猶
言這個），「寧馨」（猶言恁地，寧字平仄兩讀），則舊有此語，
而唐始入詩也。「相於」（曹子建詩），「朅來」（楚詞），「訐

許」（庾信詩「訝許能含笑」，杜詩用之），則舊詩有之，而唐人襲用也。他若「潦倒」（猶言「蘊藉」，杜詩「多才依舊能潦倒」，按北齊崔倰子瞻性簡傲，自天保以後重吏事，謂「容止醞藉」者爲「潦倒」，而瞻終不改焉，杜正用此。至樂府詩「形容眞潦倒」，則不如是解），「愁絕倒」（絕倒笑也，而愁亦可言，杜詩「才兼鮑照愁絕倒」，又〈別蘇徯〉詩「絕倒爲驚呼」），豈亦當時語耶，又俗以一日爲一天，杜詩有之，其〈三川觀水漲〉詩云：「北上惟土山，連天走窮谷。」連天，正謂連日也。

◎　對舉字：凡形容字有兩字各義者，人多混而不分。卽如「崢潺」，山水之聲也；「爛漫」，水火之象也（「漫」作「熳」非，六書無此字。「爛」字卻可作「瀾」，〈洞簫賦〉「惝恍瀾漫」是也）；「契闊」，離合之情也；「憂虞」，悲喜之別也；「曷來」，去來之異也（後人詩直作忽來、適來用），「朴儜」，文質之極也。正如「軒輊」、「依違」、「然疑」、「淹速」，以對舉見意。

◎　平仄互用字：字有平仄異義而入詩不異者，《池北偶談》嘗論之，而有所未盡，今推廣之。如「離別」之「離」（去聲），「急難」之「難」（平聲，杜詩「何時救急難」，高適詩「賢兄救急難」，「中酒」之「中」，「中興」之「中」（平仄互用），「上應」之「應」（平聲，杜詩「郎官列宿應」，「判捨」之「判」平聲，杜詩「相留可判年」，又有「縱飲久判人共棄」，「先判一飲醉如泥」，仍作平聲，「望」（平聲），「忘」（去聲），「那」（平聲，「那能」、「那得」之類），但（平聲，杜詩「窮愁但有骨」，陸天隨

詩「但和大小包」)，「祇」（多祇同音，見《論語》疏本無仄音），
「只」（平聲，杜審言詩「只應伴月歸」，「相」（入聲，杜詩「恰
似春風相欺得」，白詩「如何不相離」），「重」（再也，去聲），
「予」（我也，上聲），「十」（平聲音「旬」，見白詩），「琵」
（入聲，白詩），「司勳」、「司馬」之「司」）入聲，白詩），
「請」（平聲，白詩「請錢不早朝」），「扇」（平聲），「膏」
（去聲，白詩「仁風扇道路，陰雨膏閭閻」），「蒲」（入聲，白
詩「燕姬酌蒲桃」），「量」（平聲，白詩「三年隨例未量移」，
「些」（平、去二聲，楚辭），「底」（《顏氏家訓》云「何物爲
底物」，平仄兩用），「分」（去聲，劉夢得詩「停杯處分不須吹」），
「挑」（上聲，王建詩「每日臨行空挑戰」，羅虯詩「不應琴裏挑
文君」），「長」（去聲，段成式詩「牸牛獨駕長擔車」），「纏」
（去聲，獨孤及詩「徒言漢水纏容舠」），「親」（去聲，盧綸詩
「人主人臣是親家」），「廝」（唐人作平聲，五代作入聲，陶穀
詩「尖擔帽子卑凡廝」，「粗」（上聲，蘇詩古律俱有，左元傲之
「傲」（平聲，蘇詩），司馬相如之「如」（上聲，蘇詩），「連」
（上聲，陸放翁詩「杙盤堆連展」），「蝗」（去聲，放翁詩「燒
灰除菜蝗」），「檠」（平仄兩用），其他雙聲疊韻之字，如張王、
蒼茫、莽蒼，俱應平而仄；漫汗、么麼、嫖姚，俱應仄而平，雜見
唐宋人詩。至若「打頭風」、「屋打頭」之「打」（音頂），不必
作「頂」字也；爭如、爭得、爭奈、之「爭」（音從上聲），不必
作「怎」字也，此又習焉不察者也。

◎ 可憐有二義：鮑明遠〈東飛伯勞歌〉云：「三春已暮花從風，空留可憐誰與同。」按「憐」字有二解，《莊子・庚桑楚篇》「汝欲反汝性情而無由入，可憐哉」，宋玉〈九辯〉曰：「惆悵兮而私自憐」，王逸注曰：「竊內念已自閔傷也」，《五行志》：「成帝時歌謠曰：『故爲人所羨，今爲人所憐』」，……陶詩「榮華誠足貴，亦復可憐傷」，此「可憐」者，皆謂「可閔」也，《戰國策》「趙太后曰：『丈夫亦愛憐其少子乎？』」《列子》曰「生相憐，死相捐」，魯連子引古諺曰：「心誠憐白髮」，元此「憐」字與明遠詩所云「可憐者」，謂「可愛」也。凡唐詩「可憐宵」，「可憐生」，多作「可愛」意，杜詩「君家白盌勝霜雪，急送茅齋也可憐。」

野鴻詩的　　　　黃子雲 著

◎ 不眞、不新、不朴、不雅、不渾，不可與言詩。

◎ 學古人詩，不在乎字句，而在乎臭味。字句，魄也，可記誦而得，臭味，魂也，不可以言宣。當于吟咏時，先揣知作者當日所處境遇，然後以我之心，求無象於窅冥惚怳之間，或得或喪，若存若亡，始也茫焉無所遇，終焉元珠垂曜，灼然畢現我目中矣。現而獲之，後雖縱筆揮灑，卻語語有古人面目。

◎ 命題何者爲最難？一曰樂府，蓋古人作之者多也，詞意要必由中而發，不拾先進唾餘，寄託有在，方見我之志慮，方成吾之文章。且聲調又與古風異，一曰記事，太詳則語冗而勢渙，故香山失之淺；

太簡則意闇而氣餒，故昌谷失之促；二者均有過不及之弊，非有才氣溢涌手眼兼到者不能。一曰咏物，不達物之理，卽狀物之情，物理易明，物情難肖。有唐咏物諸什，少陵外無一可者，唯玉溪差得二三，然少全作。大抵才識淺者，不能刻入正面，取其省力易爲，或比擬，或夾寫，如是而已。雖雕文鏤采，曼聲逸韻，惡能切其綮而嚌其胾哉？第正面易於窒礙，窒礙復近乎猜謎，則非空靈不可也，空靈而後物情得。由此推之，卉木也，飛走也，煙雲也，山川也，狀之無難事矣。

◎　杜之五律五、七言古，三唐諸家亦各有一二篇可企及，七律則上下千百年無倫比。其意之精密，法之變化，句之沈雄，字之整練，氣之浩汗，神之搖曳，非一時筆舌所能罄，願學者先掃去胸中穢惡字調，培養元氣，徐看用力爲何如耳？

◎　六朝中有不可學者四：不細意貼題，而摸稜成章者，一也；行文渙溢，而漫無結束者，二也；不本性靈，專以典故填砌，而辭旨不能融暢者，三也；對偶如夾道排衙，無本末輕重之別，可存可削者，四也。

◎　客曰「詩之最難者，何體？」曰「七律」。曰「今之名家各體少，而七律多，反去易而就難者，何也？」曰「未知甘苦耳！知其甘苦，則不輕作矣。」曰「如子之言，知甘苦矣，試吟一律可乎？」余遂出〈采石磯題太白樓〉詩「文章睥睨世無敵，湖海飄零氣不俘。六代騷場餘此席，一江春色獨登樓。爲君天特開青嶂，題壁人今亦白頭。猶有浣花祠屋在，懷鉛直欲錦城游。」客茫然而退。

◎ 一曰「詩言志」，又曰「詩以導情性」，則情志者，詩之根柢也，景物者詩之枝葉也，根柢，本也，枝葉，末也，《三百篇》下迄漢魏、晉，言情之作居多，雖有鳥獸草木，藉以興比，非僅描摹物象而已。迨元嘉時，鮑、謝二公爲之倡，風氣一變，嗣後倣效者情景參半，歷梁、陳而專尙月露風雲，及唐初沈、宋諸君子出，相與振興元古，崇尙淸眞，風氣復一變，沿至中晚，又轉而爲梁、陳矣，宋以後無譏焉。

◎ 身置題內而意達於外，雖縱橫馳騖，不離箇中；身遠題外，縱意入於內，雖彌縫補漏，不免捉襟。

◎ 凡題贈、送別、賀慶、哀輓之題，無一非詩，人皆目爲酬應，不過捃摭套語以塞責，試問有唐各家集中，此等題十有七八，而偏有拔萃絕羣之什者，何也？其法要如昌黎作文，尋題之間隙而入於中，自有至理存焉。近來求詩者，雅好鋪張，意必欲首先門閥，次述文章操行，末乃歸之於頌禱，則喜矣，詩家藉博名譽，爲之曲意。而周、孔之風氣遂敗壞而不可收拾。若然，將題贈、送別、賀慶、哀輓之題，各擬一篇，不唯可以流轉寰區，一生亦用之不竭矣。

◎ 詩猶一太極也，陰陽萬物，于此而生生，變化無窮焉。故一題有一義，一章有一格，一句有一法，雖一而至什，什而至千百，毋沿襲，毋雷同，如天之生人，億萬耳目口鼻，方寸間自無有毫髮之相似者，究其故，一本之太極也。太極誠也，眞實無僞也。詩不外乎情事景物，情事景物，要不離乎眞實無僞，一日有一日之情，有一日之景，作詩者若能隨境興懷，因題著句，則固景無不眞，情無不

誠矣，不真不誠，下筆安能變易而不窮，是故康樂無聊，慣裁理語，
青蓮窘步，便說神仙，近代牧齋莫年蕭瑟，行文未半，輒談三乘矣。

◎　纖巧乃詩餘小說之漸，少年不覺，同聲附和，自謂得計，淪溺頹
波，莫有一人援而出之，哀哉。

◎　抱朴子曰，古詩刺過失，故有益而貴；今詩純虛譽，故有損而賤。
賤者賤其悅世；貴者貴其傳世也。

◎　韻有通轉，何也，音相同者謂之通，音不同者謂之轉，如一「東」
通「冬」轉「江」是也。

◎　和韻人皆為難，我獨為易，就韻構思，先有倚藉，小弄新巧，即
可壓衆，然究不能成大器，聊一為之可也。嚴滄浪云：「和韻最害
人詩，信然，此風盛于元白皮陸，本題諸賢，乃以此而鬭工，抑又
何與？」

◎　初學時無論古今體詩，一題在手，先安排法局，然後下筆，及工
夫粹精，隨事隨物，流出胸臆，自成確當不可易之格，自有獨造未
經道之語。

◎　後之不如少陵七律者，病有多端，起無氣，句有調，字不堅牢，
意不排盪，對偶不靈活，情景不真新，當句自解，歸結無致，句中
不見作者氣象，使事不免筆端拘滯，此數條所當猛省。

◎　記誦實胸中，何患氣機艱澀，登臨徧宇內，自然心目開張。

◎　閭古古〈題漢高廟〉頸聯云：「中興十世生文叔，後起三分託武
侯。」十四字如鐵鑄，託字有春秋書法。

秋窗隨筆　　　　馬　位　著

◎　韓翃「星河秋一鴈，砧杵夜千家。」崔峒「清磬度山翠，閒雲來竹房。」常建「松際露明月，清光猶爲君。」楊敬之「碧山相倚暮，歸鴈一行斜。」此等句無點煙火氣，非學力能到，宿慧人遇境卽便道出，唐山人（球）「漸寒沙上路，欲暖水邊村。」亦蘊藉有致。

◎　和仲〈梅花〉詩「夜寒那得穿花蝶，知是風流楚客魂。」余以爲梅時未有蝶，曾戲詠云：「莊周無冷夢，不解到羅浮。」後偶看梅，見雙白蝶翩翩然尋香於疎枝冷蕊間，始知蘇詩之工也，古人用事，不可輕議，書此以誌吾過。

◎　太白「白髮三千丈」，下卽接云「緣愁似箇長。」並非實詠，嚴有翼云：「其句可謂豪矣，奈無此理。」詩正不得如此講也。

◎　《竹坡詩話》載柳子厚〈別弟宗一〉詩云：「零落殘紅倍黯然，雙垂別淚越江邊。一身去國六千里，萬死投荒十二年。桂嶺瘴來雲似墨，洞庭春盡水如天。欲知此後相思夢，長在荊門郢樹煙。」煙字只當用邊字，蓋前有江邊故耳！不然，當改云「欲知此後相思處，望斷荊門郢樹煙。」如此卻似穩當。予謂非是，旣云夢中，則夢境迷離，何所不可到，甚言相思之情耳，一改邊字，膚淺無味，若易以「處」字「望斷」字又太直，不成詩矣，詩以言情，豈得沾沾以字句求之。

甌北詩話　　　　趙　翼　著

◎　杜詩五律，究以「江山有巴蜀，棟宇自齊梁」一聯為最。東西數千里，上下數百年，盡納入兩個虛字中，此何等神力！其次則「星臨萬戶動，月傍九霄多。」亦有氣勢。至岳陽樓之「吳楚東南坼，乾坤日夜浮。」古今無不推為絕唱。

◎　大凡才人好名，必創前古所未有，而後可以傳世。古來但有和詩，無和韻。唐人有和韻，尚無次韻；次韻實自元、白始。依次押韻，前後不差，此古所未有也。而且長篇累幅，多至百韻，少亦數十韻，爭能鬥巧，層出不窮，此又古所未有也。他人和韻，不過一二首，元、白則多至十六卷，凡一千餘篇，此又古所未有也。以此另成一格，推倒一世，自不能不傳。

◎　遺山複句最多。如〈懷州城晚望少室〉云：「十年舊隱拋何處，一片傷心畫不成。」〈重九後一日作〉云：「重陽擬作登高賦，一片傷心畫不成。」〈題家山歸夢圖〉云：「卷中正有家山在，一片傷心畫不成。」〈雪香亭雜詠〉十五首內有云：「賦家正有蕪城筆，一段傷心畫不成。」〈玄都觀桃花〉云：「人世難逢開口笑，老夫聊發少年狂。」〈同嚴公子東園賞梅〉云：「佳節屢從愁裡過，老夫聊發少年狂。」〈此日不足惜〉篇：「就令一朝便得八州督，爭似高吟大醉窮朝晡。」〈送李參軍〉詩內，又有云：「就令一朝便得八州督，爭似彩衣起舞春斕斑。」〈桐州與仁卿飲〉一聯：「風

流豈落正始後，詩卷長留天地間。」〈題梁都運所得故家無盡藏詩卷〉亦有此聯。〈田不伐望月婆羅門引〉云：「兩都秋色皆喬木，三月阿房已焦土。」〈存沒〉一首又云：「兩都秋色皆喬木，一伐名家不數人。」〈答樂舜之〉云：「兩都喬木皆秋色，耆舊風流有幾人。」〈東山四首〉有「天公老筆無今古，枉著千金買范寬。」〈胡壽之待月軒〉詩又有「天公老筆無今古，枉卻坡詩說右丞。」〈錢過庭煙溪獨釣圖〉：「綠蓑衣底玄真子，不解吟詩亦可人。」〈息軒秋江捕魚圖〉又有「綠蓑衣底玄真子，可是詩翁畫不成。」〈臺山雜詠〉內有云：「惡惡不可惡惡可，未要〈雲門〉望太平。」〈贈劉君用可庵二首〉內一首云：「惡惡不可惡惡可，笑殺田家老瓦盆。」次首云：「惡惡不可惡惡可，大步寬行老死休。」〈寄希顏〉末句「共舉一杯持兩螯」，〈送曹壽之平水〉亦用此句作結。此複句之最多者也。

◎　拗體七律，如「鄭縣亭子澗之濱」、「獨立縹緲之飛樓」之類；〈杜少陵集〉最多，乃專用古體，不諧平仄。中唐以後，則李商隱、趙嘏輩，創為一種以第三第五字平仄互易，如「溪雲初起日沉閣，山雨欲來風滿樓。」「殘星幾點雁橫塞，長笛一聲人倚樓」之類，別有擊撞波折之致。至元遺山，又創一種拗在第五六字，如「來時珥筆誇健訟，去日攀車餘淚痕。」「太行秀發眉宇見，老阮亡來樽俎閒」，「雞豚鄉社相勞苦，花木禪房時往還。」「肺腸未潰猶可活，灰土已寒寧復燃。」「市聲浩浩如欲沸，世路悠悠殊未涯」……之類，集中不可枚舉，然後人習用者少。

◎ 七律不用虛字，全用實字，唐時賈至等〈早朝大明宮〉諸作，已開其端。少陵「五更鼓角」、「三峽星河」、「錦江春色」、「玉壘浮雲」數聯，杜樊川「深秋簾幕千家雨，落日樓臺一笛風。」趙渭南「殘星幾點雁橫塞，長笛一聲人倚樓。」陸放翁「樓船夜雪瓜洲渡，鐵馬秋風大散關。」皆是也。然不過寫景。梅村則並以之敘事，而詞句外自有餘味，此則獨擅長處。如〈贈袁韞玉〉云：「西州士女〈章臺柳〉，南國江山〈玉樹花〉。」十四字中，無限感慨，固為絕作。他如〈揚州感事〉云：「將軍甲第橐弓臥，丞相中原拜表行。」〈弔衛紫岫殉難〉云：「埋骨九原江上月，思家百口隴頭雲。」〈即事〉云：「樂浪有吏崔亭伯，遼海無家管幼安。」〈贈遼左故人〉云：「桑麻亭障行人斷，松杏山河戰骨空。」〈贈淮撫沈清遠〉云：「去國丁年遼海月，還家甲第浙江潮。」〈雜感〉云：「金城將吏耕黃犢，玉壘山川祭碧雞」，「雞豚絕壁人煙少，珠玉空江鬼哭高。」〈贈陳定生〉云：「茶有一經真處士，橘無千絹舊清卿。」〈送永城吳令〉云：「山縣尹來三月雨，人家兵後十年耕。」〈送安慶朱司李〉云：「百里殘黎半商賈，十年同榜盡公卿。」〈送李書雲典試蜀中〉云：「兵火才人羈旅合，山川奇字亂離搜。」〈送顧蒨來典試粵東〉云：「使者干旄開五管，諸生禮樂化三苗。」〈送曹秋岳廣東〉云：「海外文章龍變化，日南風俗鳥鞱輈。」〈寄房師周芮公〉云：「廣武登臨狂阮籍，承明寂寞老揚雄。」此數十聯，皆不著議論，而意在言外，令人低徊不盡。其他如〈宴孫孝若山樓〉云：「明月笙歌紅燭院，春山書畫綠楊船。」〈西泠閨詠〉云：「紫

府蕭閒詩博士，青山遺逸女尚書。」〈無題〉云：「千絲碧藕玲瓏
腕，一捲芭蕉宛轉心。」〈投督府馬公〉云：「江山傳箭旌旗色，
賓客圍棋劍履聲。」〈長安雜詠〉云：「奉轡射生新宿衛，帶刀行
炙舊名王。」〈滇池鐃吹〉云：「朱鳶縣小輸賨布，白象營高掛柘
弓。」「魚龍異樂軍中舞，風月蠻姬馬上簫。」〈送曹秋岳官廣東
左轄〉云：「五管清秋開使節，百蠻風靜據胡床。」〈送林衡者歸
閩〉云：「征途鵑鴂愁中雨，故國桄榔夢裡天。」〈送隴右道吳贊
皇〉云：「城高赤阪魚鹽塞，日落黃河鳥鼠秋。」〈送同官出牧〉
云：「壯士驪山秋送戍，豪家渭曲夜探丸。」〈送楊猶龍按察山西〉
云：「紫貂被酒雲中火，鐵笛迎秋塞上歌。」〈送朱邃初憲副固原〉
云：「荒祠黑水龍湫暗，絕阪丹崖鳥道盤。」〈聞台州警〉云：「雁
積稻粱池萬頃，猿知擊刺劍千年。」此數十聯，雖無言外意味，而
雄麗華贍，自是佳句。〈贈馮子淵總戎〉云：「十二銀箏歌芍藥，
三千練甲醉葡萄。」〈俠少〉云：「柳市博徒珠勒馬，柏堂箏妓石
華裙。」〈訪吳永調〉云：「南州師友江天笛，北固知交午夜砧。」
〈觀蜀鵑啼劇〉云：「親朋形影燈前月，家國音書笛裡風。」〈雲
間公宴〉云：「三江風月樽前醉，一郡荊榛笛裡聲。」此則雜湊成
句耳。其病又在專用實字，不用虛字，故掉運不靈，斡旋不轉，徒
覺堆垜，益成呆笨。如〈贈陳之遴謫戍遼左〉云：「曾募流移耕塞
下，豈遷豪傑實關中。」何嘗不典切生動耶？

◎ 詩寫性情，原不專恃數典，然古事已成典故，則一典已自有一意，
作詩者借彼之意，寫我之情，自然倍覺深厚，此後代詩人不得不用

書卷也。吳梅村好用書卷，而引用不當，往往意為詞累。初白好議論，而專用白描，則宜短節促調，以遒緊見工，乃古詩動千百言，而無典故驅駕，便似單薄。故梅村詩嫌其使典過繁，翻致膩滯，一遇白描處，即爽心豁目，情餘於文。初白詩又嫌其白描太多，稍覺寒儉，一遇使典處，即清切深穩，詞意兼工。

◎　荊公專好與人立異，其性然也。王介與荊公素好，因荊公屢召不起，後以翰林學士一召即赴，介寄以詩云：「草廬三顧動幽蟄，蕙帳一空生曉寒。」蓋諷之也。公答以詩，即云：「丈夫出處非無意，猿鶴從來不自知。」〈登北高峰塔〉云：「飛來峰上千尋塔，聞說雞鳴見日升。不畏浮雲遮望眼，自緣身在最高層。」又〈詠石榴花〉云：「濃綠萬枝紅一點，動人春色不須多。」晏元獻有題上竿伎詩：「百尺竿頭嫋嫋身，足騰跟掛駭旁人。漢陰有叟君知否？抱甕區區亦未貧。」公與文潞公同過其題，潞公為低徊，公又題一絕云：「賜也能言未識真，誤將心許漢陰人。桔橰俯仰何妨事，抱甕區區老此身。」可見其處處別出意見，不與人同也（以上見《石林詩話》）。晚歸金陵，題謝公墩云：「我名公字偶相同，我屋公墩在眼中。公去我來墩屬我，不應墩姓尚隨公。」或謂公好與人爭，在朝則爭新法，在野則與謝爭墩。又詠詩云：「穰侯老擅關中事，長恐諸侯客子來。我亦暮年專一壑，每逢車馬便驚猜。」則不惟出而專朝廷，雖邱壑亦欲專之矣（以上見瞿祐《歸田詩話》）。今即其生平得意句論之，公嘗以老杜「鉤簾宿鷺起，丸藥流鶯囀」為高妙，遂仿之，作「青山捫虱坐，黃鳥挾書眠。」自以為不減杜。試思少陵此二句，

本已晦澀難解，不可以出自少陵，遂不敢議。乃荊公更從而效之，幾似「山」能「捫蝨」，「鳥」能「挾書」，成何語耶！詠明妃句「漢恩自淺胡自深，人生樂在相知心。」則更悖理之甚。推此類也，不見用於本朝，便可遠投外國；曾自命爲大臣者，而出此語乎！晚年又專求屬對之工，如「含風鴨綠粼粼起，弄日鵝黃嫋嫋垂。」「鴨綠」作水波，尚有「漢水鴨頭綠」之句可引。「鵝黃」則新酒亦可說，豈能專喻新柳耶？況柳已嫋嫋垂，則色已濃綠，豈尚鵝黃耶？又詩云：「名譽子真矜谷口，事功新息困壺頭。」又改云：「未愛京師傳谷口，但知鄉里勝壺頭。」此不過以「谷口」、「壺頭」裁對成聯耳。「歲晚蒼官（松也）才自保，日高青女（霜也）尚橫陳。」亦不過以「蒼官」、「青女」作對。此皆字面上求工，而氣已懨懨不振。惟《芥隱筆談》記：荊公在歐陽公席上分韻，送裴如晦知吳江，蘇老泉得「而」字，已押「俟我著乎而」，荊公又押云：「彩鯨抗波濤，風作鱗之而。」又云：「春風垂虹亭，一杯湖上持。傲兀何賓客，兩忘我與而。」此較有筆力，然亦可見爭難鬥險，務欲勝人處。《陳後山詩話》云：「詩欲其好，則不能好矣。王介甫以工，蘇子瞻以新，黃魯直以奇，皆有意見好，非如杜子美奇、常、工、易，新、陳，自然無一不好也。」戴植《鼠璞》云：「王介甫但知巧語之爲詩，不知拙語亦詩也；山谷但知奇語之爲詩，不知常語亦詩也。」

◎　李太白「峨嵋山月半輪秋，影入平羌江水流。夜發清溪向三峽，思君不見下渝州。」四句中用五地名，毫不見堆垛之跡。此則浩氣

噴薄，如神龍行空，不可捉摸，非後人所能模彷也。駱賓王「林疑
中散地，人似上皇時。芳杜湘君曲，幽蘭楚客詞。」二聯中用四典，
亦不見其重疊，此又剪裁之妙。

葚原詩說　　　　冒春榮 著

◎　今人詩集，不特詩不如古人，開卷一覽詩題，則去古人遠矣。學
詩須先學製題。

◎　起聯有對起，有散起。唐人散者居多，惟杜甫好用對起。其對起
法，有一意相承者，又有兩意分對者，大抵熟於詩律，故拈著便對。
若起聯是兩意，則次聯必分應之，或中二聯各應一句，或中二聯止
應一句，至末聯再應一句，或前三聯各開說，用末聯總收。近體詩
莫多於老杜，故法莫備於老杜。

◎　起聯須突兀，須峭拔，方得題勢，入手平衍，則通身無氣力矣。
有開門見山道破題意者，有從題前落想入者，亦有倒提逆入者，俱
以得勢爲佳。

◎　有平起，有仄起，有引句卽用韻起。仄起者，其聲峭急；平起者，
其聲和緩；仄起而用韻者，其響更切；平起而用韻者，其聲稍浮。
下筆自得消息。

◎　中二聯或寫景，或敍事，或述意，三者以虛實分之。景爲實，事
意爲虛，有前實後虛、前虛後實法。凡作詩不寫景而專敍事與述意，
是有賦而無比興，卽乏生動之致，意味亦不淵永，結構雖工，未足

貴也。善詩者常欲得生動之致,淵永之味,則中二聯多寓事意於景。然景有大小、遠近、全略之分,若無分別,亦難稱作手。如:「雲霞出海曙,梅柳渡江春。淑氣催黃鳥,晴光轉綠蘋。」(杜審言)一大景,一小景也。「浮雲連海岱,平野入青徐。孤嶂秦碑在,荒城魯殿餘。」(杜甫)一遠景,一近景也。「退朝花底散,歸院柳邊迷。樓雪融城溼,宮雲去殿低。」(杜甫)一半景,一全景也。至「蟬噪林逾靜,鳥鳴山更幽。」(王籍)王元美以寫景一例少之。

◎ 寫景寫情,不宜相礙,前說晴,後說雨,則相礙矣。亦不可犯複,前說沅、澧,後說衡、湘,則犯複矣。字面亦須避忌,字同音異者,或偶見之,若字義俱同,必從更易。

◎ 有兩句中字法參差相對者,謂之犄角對。如「衆水會涪萬,瞿唐爭一門」(杜甫),「衆水」與「一門」對,「涪萬」與「瞿唐」對。「舳艫爭利涉,來往任風潮」(孟浩然),「舳艫」與「風潮」對,「利涉」與「來往」對是也。

◎ 有本句中自相對偶者,謂之四柱對。如「赭圻將赤岸,擊汰復揚舲」王維,「四年三月半,新筍晚花時」(元稹),「遠山芳草外,流水落花中」(司空曙)是也。

◎ 三四句法貴勻稱,承上陡峭而來,直緩脈赴之;五六必聳然挺拔,別開一境,上既和平,至此必須振起也。

◎ 對句宜工,亦不宜太切,如清風、明月,綠水、青山,黃鶯、紫燕,桃紅、柳綠,便是蒙館對法。

◎ 對法不可合掌,如一動必一靜,一高必一下,一縱必一橫,一多

必一少，此類可以遞推。如耿湋「冒寒人語少，乘月燭來稀」，「稀」、「少」合掌。李宗嗣「普天皆滅焰，匝地盡藏烟」，「皆」、「盡」合掌。賈島「流星透疏木，走月逆行雲」，「流」、「走」合掌。曹松「汲水疑山動，揚帆覺岸行」，「行」、「動」合掌。顧在鎔「犬爲孤村吠，猿因冷木號」，「號」、「吠」並聲。崔顥「川從陝路去，河繞華陰流」，「川」、「河」並水。此皆詩之病也。

◎　近體以起承轉合爲首尾腰腹，此脈絡相承之次第也。首動則尾隨，首擊則尾應。腹承首後，腰居尾前，不過因首尾以爲轉動而已。是故一詩之氣力在首尾，而尾之氣力視首更倍，如龍行空，如舟破浪，常以尾爲力焉。唐人佳句，二聯爲多，起次之，結句又次之，可見結之難工也。其法有於結句見詩意者，有點明題字者，有放開一步，或宕出遠神、或就本位收住者，有寓意者，有補繳者。張說「不作邊城將，誰知恩遇深」，就題上「夜飲」作收也。王維「君問窮通理，漁歌入浦深」，從上句「解帶」、「彈琴」宕出遠神也。杜甫「何當擊凡鳥，毛血洒平蕪」，就畫鷹說到真鷹，放開一步法也。凡結句皆就上文體勢成之，舉一可以反三。

◎　結句須含蓄爲佳，如登山詩「更登奇盡處，天際一仙家」，此句意俱未盡也；別友詩「前程吟此景，爲子上高樓」，此乃句盡意未盡也。春閨詩「欲寄回文字，相思織不成」，此則意句俱盡矣。

◎　王元美謂「章法之妙，有不見句法者；句法之妙，有不見字法者。」此最上法門，卽工巧之至而入自然者也。學者工夫未到，豈能頓詣此境？故作詩必先謀章法、句法、字法，久之從容於法度之中，使

人不易得其法。若不講此，非邪魔卽外道矣。

◎　一首有一首章法，一題數首又合數首爲章法，有起結，有次序，有照應，闕一不得，增一不得，乃見體裁。陳思〈贈白馬王〉，謝家兄弟酬答，杜少陵〈遊何將軍山林〉之類是也。今人一題數首至二三十首，意思詞采，彼此互見，雖搆多篇，索其指歸，一首可了，不如割愛爲愈。

◎　詩句中有眼，須鍊一實字，句便雅健。如「行雲星隱見，叠浪月光芒」（杜甫），「古砌碑橫草，陰廊畫雜苔」（司空曙），「旅愁春入越，鄉夢夜歸秦」（杜甫），「星河秋一雁，砧杵夜千家」（韓翃），「夜潮人到郭，昏霧鳥啼山」（張祜），「殘暑蟬催盡，新秋雁帶來」（白居易）。又須用一響字，如「白沙留月色，綠竹助秋聲」（李白），「孤燈然客夢，寒杵搗鄉愁」（岑參），「荷香銷晚夏，菊氣入新秋」（駱賓王）。又有故用一拗字者，如「掬水月在手，弄花香滿衣」（于良史），「渡口月初上，人家漁未歸」（劉長卿），「殘影郡樓月，一聲關樹鷄」（劉滄）。此皆第三字致力也。

◎　用字宜雅不宜俗，宜穩不宜險，宜秀不宜笨。一字之工，未足庇其全首；一字之病，便足累其通篇，下筆時最當斟酌。蓋近體與古詩不同，旣以五言八句爲限，其體則方，其調則圓。

◎　詩腸須曲，詩思須癡，詩趣須靈。意本如此而說反如彼，或從題之左右前後曲折以取之，此之謂曲腸。狂欲上天，怨思填海，極世間癡絕之事，不妨形之於言，此之謂癡思。以無爲有，以虛爲實，

以假為真，靈心妙舌，每出人意想之外，此之謂靈趣。

◎　用字最宜斟酌，俚字不可用，文字又不可用。用俚字是劉昭禹〈郡閣閒談〉所謂「四十個賢人，著一屠沽兒不得」也。用文字則又學究矣。至語助入詩，自是宋人陋習。若潛玩唐人詩，則無此失。詩中以虛字為筋節脈絡，承接呼應之間，有當用處，有不當用處。不當用而用則句不健，當用而不用則意不醒，此中最宜消息。

◎　虛字呼應，是詩中之綫索也。綫索在詩外者勝，在詩內者劣。今人多用虛字，綫索畢露，使人一覽略無餘味，皆由不知古人詩法故耳。或問綫索在詩外詩內之說，曰：「此卽書法可喻。書有真、有行、有草，行草牽繫聯帶，此綫索之可見者也；真書運筆全在空中，故不可見，然其精神顧盼，意態飛動處，亦實具牽繫聯帶之妙。此惟善書者知之。故詩外之綫索，亦惟善詩者得之。」

◎　詩家寫有景之景不難，所難在寫無景之景，此惟老杜能之。如「河漢不改色，關山空自寒」，寫初月易落之景；「日長惟鳥雀，春遠獨柴荊」，寫花事既罷之景，偏從無月無花處著筆。

◎　寫景之句，以工緻為妙品，真境為神品，淡遠為逸品。如「芳草平仲綠，清夜子規啼」（沈佺期），「明月松間照，清泉石上流」（王維），「雨中山果落，燈下草蟲鳴」（同上），「綠樹村邊合，青山郭外斜」（孟浩然），「松生青石上，泉落白雲間」（賈島），「泉聲入秋寺，月色徧寒山」（于武陵），皆逸品也。如「日落江湖白，潮來天地青」（王維），「四更山吐月，殘夜水明樓」（杜甫），「野徑雲俱黑，江船火獨明」（同上），「雞聲茅店月，人

跡板橋霜」（溫庭筠），皆神品也。若唐句可稱妙品者，則不可勝
舉矣。

◎　學詩者每作一題，必先立意。不能命意者，沾沾於字句，方以避
熟趨生爲工。若知命意，迥不猶人，則神骨自超，風度自異。僅在
字句求新者，猶村漢著新衣，徒增醜態而已。

◎　作懷古詩，必切時地。杜甫〈公安縣懷古〉中聯云：「洒落君臣
契，飛騰戰伐名。」簡而能該，真史筆也。詠物必從大處著筆，勿
落纖巧。杜甫詠〈房兵曹胡馬〉云：「所向無空闊，真堪託死生。」
馬之德性調良，俱以十字傳出。

◎　五律起句多用仄韻，亦有起句即用平韻者。宋人又入別韻，謂之
「孤雁入羣格」。然亦必於通韻中借入，如冬韻詩起句入東，支韻
詩起句入微，豪韻詩起句入蕭、肴是也。雜亂則不可爲訓。至李笠
翁於結句又創「孤雁出羣」，近人五律亦用之，尤謬之甚者也。（《五
言律說》）

◎　世稱杜子美爲詩聖，按其正集詩凡一千四百二十四首，別本附錄
四十八首，其中七律僅一百五十首。每稱唐人七律之多，無如子美，
而七律於諸體，纔十之一。子美既聖矣，猶嚴於法，則其難能也可
知。

◎　七律難於五律，七言句若可截去二字作五言，便不成詩。須字字
去不得，方是好詩。所以句要藏字，字要藏意，如連珠不斷方妙。

◎　七律平敍易於徑遂，雕鏤失之佻巧，比五言爲難。屬對宜穩，遣
事宜切，鍊字宜老，音調宜高，而總歸於血脈動盪，首尾渾成。今

人祇於一詩中爭一聯出色，取青配白，有好句無章法，所以去古日遠也。

◎ 七律不難中二聯，難在發端及結句耳。發端與結句，唐人無不妙者，然亦無轉入他調及收頓不住之病。篇法有起有束，有收有斂，有喚有應，大抵一開則一合，一揚則一抑，一象則一意，無偏用者。句法有倒插，有折腰，有交互，有掉字，有倒紋，有混裝對，非老杜不能也。倒插句法，如「織女機絲虛夜月，石鯨鱗甲動秋風」，順講則「夜月虛織女機絲，秋風動石鯨鱗甲」，與「畫省香爐違伏枕，山樓粉堞隱悲笳」皆是。折腰句法，如「漁人網集澄潭下，估客船隨返照來」，「集」字、「隨」字，句中之腰也。交互句法，如「花徑不曾緣客掃，蓬門今始爲君開」，謂花徑不曾因客而掃，今爲君掃，蓬門不曾爲客而開，今爲君開，上下兩意，交互成對。掉字句法，如「桃花細逐楊花落，黃鳥時兼白鳥飛」，及李商隱「座中醉客延醒客，江上晴雲雜雨雲」之類。倒紋句法，如「侵陵雪色還萱草，漏洩春光有柳條」，「有」已有「還」，「還」有「有」，一字兩相關帶，故是倒紋。混裝對句法，如「澗道餘寒歷冰雪，石門斜日到林丘」，謂歷澗道冰雪，尚有餘寒，到石門林丘，已見斜日，故爲混裝對。

◎ 唐以前未見題畫詩，開此體者老杜也。其體全在不粘畫上發論，如題畫馬、畫鷹，必說到真馬、真鷹，復從真馬、真鷹開出議論，後人可以爲式。又如題畫山水有地名可按者，必寫出登臨憑弔之意；題畫人物有事實可拈者，必發出知人論世之意。本杜法推廣之，纔

是作手。

◎　詩欲高華，然不得以浮冒爲高華。詩欲沉鬱，然不得以晦澀爲沉鬱。詩欲雄壯，然不得以粗豪爲雄壯。詩欲沖淡，然不得以寡薄爲沖淡。詩欲奇矯，然不得以詭僻爲奇矯。詩欲典則，然不得以庸腐爲典則。詩欲蒼勁，然不得以老硬爲蒼勁。詩欲秀潤，然不得以嫩弱爲秀潤。詩欲飄逸，然不得以佻達爲飄逸。詩欲質厚，然不得以板滯爲質厚。詩欲精采，然不得以雕繪爲精采。詩欲清真，然不得以鄙俚爲清真。詩家雅俗之辨，盡於此矣。（《七言律說》）

◎　排律所尙，在氣局嚴整，屬對工巧，段落分明，而其要在開合相生，不露鋪敍、轉折、過接之迹，使語排而忘其爲排，斯能事矣。其源自顏、謝諸人，梁、陳以還，儷句尤多。唐初始定此體，應制、贈送諸篇，王、楊、盧、駱、陳、杜、沈、宋、蘇頲、二張，並皆佳妙。少陵出，而瑰奇鴻麗，一變故方，後此無能爲役。元、白滔滔百韻，俱能工穩，但流易有餘，鎔裁未足，每爲淺率家效響。溫、李以下，又無論已。七言長律，少陵開出，然〈清明〉等篇，已不克佳。至如太白〈別山僧〉、高達夫〈宿田家〉諸作，終類古體，非排律也。

◎　絕句固難，五言尤難，離首卽尾，離尾卽首，而腰腹亦自不可少，妙在愈小而愈大，愈促而愈緩。吾嘗讀〈維摩經〉得此法：「一丈室中，置恆河沙諸天寶座，丈室不增，諸天不減。」又「一刹那定位六十小刼」。須如是觀乃得。

◎　五言絕有兩種：有意盡而言止者，有言止而意不盡者。言止意不

盡，深得味外之味，此從五言律而來，故爲正格。意盡言止，則突然而起，斬然而住，中間更無委曲，此實樂府之遺音，故爲變調。意盡言止，如「打起黃鶯兒，莫教枝上啼。啼時驚妾夢，不得到遼西。」（金昌緒）「那年離別日，只道往桐廬。桐廬人不見，今得廣州書。」（劉采春）「嫁得瞿唐賈，朝朝誤妾期。早知潮有信，嫁與弄潮兒。」（李益）此樂府之遺音也。言止意不盡，如「玉籠薰繡裳，著罷眠洞房。不能春風裏，吹却蘭麝香。」（崔國輔）「十年勞遠別，一笑喜相逢。又上青山去，青山千萬重。」（陳羽）「流水何太急，深宮盡日閒。殷勤謝紅葉，好去到人間。」（韓氏）此五絕之正格也。正格最難，唐人亦不多得。

◎　嚴滄浪謂「七律難於五律，五絕難於七絕」。近體四種，判若白黑，卽唐人復起，不易其言。蓋七絕本七律而來，第主風神，不主氣格，故曰易。五言則字句愈促，含蘊愈深，故曰難。然七絕主風神是矣，或風神太露，意中言外無復餘地，則又失盛唐家法。然此體中晚人多有妙者，直是風神太露，得在此，失亦在此。至如五絕，人多以小詩目之，故不求至工。然作者於此，務從小中見大，納須彌於芥子，現國土于毫端，以少許勝人多許。謂「五絕難於七絕」，夫豈欺我哉！

◎　絕句之法，要婉曲迴環，句絕而意不絕，多以第三句爲主，而第四句發之。有實接，有虛接，承接之間，開與合相關，反與正相依，順與逆相應，一呼一吸，宮商自諧。

◎　絕句字句雖少，含蘊倍深。其體或對起，或對收，或兩對，或兩

不對，格句既殊，法度亦變。對起者，其意必盡後二句。對收者，其意必作流水呼應，不然則是不完之律。亦有不作流水者，必前二句已盡題意，此特涵泳以足之。兩對者，後二句亦有流水，或前暗對而押韻，使人不覺。亦有板對四句者，此多是漫興寫景而已。兩不對者，大抵以一句爲主，餘三句盡顧此句，或在第一，或在第二，或在第三四。亦有以兩句爲主者，又有兩呼兩應者，或分應，或各應，或錯綜應。又有前後兩截者，有一意直敍者，有前二句開說、後二句縮合者，有以倒敍爲章法者，有以錯敍爲章法者。惟此體最多變局，在人善用之。

◎ 明李滄溟（攀龍 1514－1570，字於鱗，山東歷城人）論七言絕句，推王昌齡「秦時明月」爲第一，王鳳洲推王翰「蒲萄美酒」爲第一。國朝王漁洋則推王維之「渭城」，李白之「白帝」，王昌齡之「奉帚平明」，王之渙之「黃河遠上」。蓋滄溟、鳳洲主氣，漁洋主神，各自有見。歸愚沈氏謂「李益之『回樂峰前』，柳宗元之『破額山前』，劉禹錫之『山圍故國』，杜牧之『烟籠寒水』，鄭谷之『揚子江頭』諸作，亦堪接武」。歸愚謂「王昌齡『昨夜風開露井桃』一首，只說他人之承寵，而己之失寵，悠然可思，此求響於絃指外也」。又如韋蘇州詩：「南望青山滿禁闈，曉陪駕鷺正差池。共愛朝來何處雪，蓬萊宮裏拂松枝。」老杜〈答嚴公送酒〉詩：「山瓶乳酒下青雲，氣味濃香幸見分。鳴鞭走送憐漁火，洗盞開嘗對馬軍。」此絕句之變體也。

◎ 七言絕句，以體近情遙，含吐不露爲主。只眼前景，口頭話，而

有絃外音，味外味，神氣超遠。太白有焉。

◎　意貴深，語貴淺。意不深則薄，語不淺則晦。寧失之薄，不失之晦。今人之所謂深者，非深也，晦也。此不知匠意之過也。

◎　國朝聖祖御製《全唐詩》凡二千二百六十餘人，得詩四萬八千九百三十餘首，分爲九百卷。於康熙四十六年四月，通政使司臣曹寅監刻。

靜居緒言　　　　闕　名　著

有靈運然後有山水，山水之蘊不窮，靈運之詩彌旨。山水之奇，不能自發，而靈運發之。僕嘗一遊吳、越之山水矣，每當卽景延覽之際，憶「昏旦變氣候，山水含清暉。清暉能娛人，游子憺忘歸」之詩，擊杖而歌，低徊無已。及其風泉奔會，林籟相發，與夫嵐靄烟霏，舉目無狀，迺知「異音同至聽」，「空翠難強名」諸語之妙有化工。故謂山水之奇蘊，無時不有，而游非其人，不知也。

◎　遜志先生論詩有云：「舉世皆宗李杜詩，不知李杜更宗誰？能探《風雅》無窮意，始是乾坤絕妙辭。」又「前宋文章配兩周，盛時詩律亦無儔。今人未識崑崙派，却笑黃河是濁流」。又「天曆諸公著作新，力排舊習祖唐人，粗豪未脫風沙氣，難抵熙豐作後塵」。

◎　「意在筆先」，此喫緊語。往往詩有一二累字，改之則句乏老致，存之則不無瑕疵。昔人所謂易字難于代句，蓋患在不先陶鑄于胸中，至有躊躇于筆下。東坡有云：「沙在米或當棄，在飯或當揀，在口

則不能去，必欲棄則飯俱矣。」好詩如天地自然之氣以成之物，探索而不即得者，猶玉之在璞，金之在冶，非錐鑿爐橐之工不獲也。

消寒詩話　　　　秦朝釪 著

◎　論語〈歲寒章〉緊接〈縕袍不恥章〉，甚有意思，人必有縕袍不恥心胸作根基，而后可爲歲寒松柏。范文正公身爲將相，俸入所給，三族俱沾。愛士如施，意豁如也。而妻子僅免飢寒，自奉亦無長物。柳公綽三爲大鎮，衣不薰香，廄無良馬，有志之士，未有不清嚴簡素，若和身倒入繁華靡麗中，那得更有工夫憂國憂民，其柔筋脆骨，決不能任天下事。

石洲詩話　　　　翁方綱 著

◎　昔人稱李嘉佑詩「水田飛白鷺，夏木囀黃鸝。」右丞加「漠漠」、「陰陰」字，精彩數倍。此說阮亭先生以爲夢囈。蓋李嘉佑中唐時人，右丞何由預知，而加以「漠漠」、「陰陰」耶？此大可笑者也。然右丞此句，精神全在「漠漠」、「陰陰」字上，不得以前說之謬而概斥之。（卷一 1368）

◎　〈竹枝〉泛詠風土，〈柳枝〉則詠柳，其大較也。然白公〈楊柳枝詞〉：「葉含濃露如啼眼，枝嫋輕風似舞腰。小樹不禁攀折苦，

乞君留取兩三條。」于咏柳之中，寓取風情，此當爲楊柳枝本色。
薛能乃欲搜難抉新，至謂劉、白「宮商不高」，亦妄矣。（卷二）

◎ 晚唐人七律，只于聲調求變，而又實無可變，故不得不轉出三、
五拗用之調。此亦是熟極求生之理，但苦其詞太淺俚耳。然大約出
句拗第幾字，則對句亦拗第幾字，阮亭先生已言之。至方幹「每見
北辰思故園。」則單句三、五自拗。此又一格，蓋必在結句而後可
耳。（卷二）

◎ 〈東坡集〉中〈陽關詞三首〉：一〈贈張繼愿〉，一〈答李公擇〉，
一〈中秋月〉。……三詩不必一時之作，特以其調皆〈陽關〉之聲
耳。〈陽關〉之聲，今無可考。第就此三詩繹之，與右丞〈渭城〉
之作，若合符節。今錄於此以記之：

渭城朝雨浥輕塵，客舍青青柳色新。
勸君更盡一杯酒，西出陽關無故人。（王維〈渭城曲〉）

受降城下紫髯郎，戲馬臺前古戰場。
恨君不取契丹首，金甲牙旗歸故鄉。（〈贈張繼愿〉）

濟南春好雪初晴，行到龍山馬足輕。
使君莫忘霅溪女，時作陽關腸斷聲。（〈答李公擇〉）

暮雲收盡溢清寒，銀漢無聲轉玉盤
此生此夜不長好，明月明年何處看？（〈中秋月〉）

其法以首句平起，次句仄起，三句又平起，四句又仄起，而第三句

與四句之第五字，各以平仄互換。又第二句之第五字，第三句之第
七字，皆用上聲，譬如填詞一般。漁洋先生謂「絕句乃唐樂府」，
信不誣也。

◎　情景脫化，亦俱從字句鍛鍊中出，古人到後來，只更無鍛鍊之迹
耳。而〈宋詩鈔〉則惟取其蒼直之氣，其於詞場祖述之源流，槪不
之講，後人何自而含英咀華？勢必日襲成調，陳陳相因耳。此乃所
謂腐也。何足以服嘉、隆諸公哉？

拜經樓詩話　　　　吳　騫　輯

◎　昔人多爲口語，凡七字中兩協韻，此體殆始於漢，盛於東京，沿
及兩晉六朝，至隋唐以後不多見，聊書所記憶者。焦頭爛額爲上客
（前漢·霍光傳），關中大豪戴子高（後漢·戴良傳），五經紛綸
井大春（後漢·井丹傳），殿中無雙丁孝公（後漢·丁鴻傳），關
東觥觥郭子橫（後漢·郭憲傳），解經不窮戴侍中（後漢·戴憑傳），
萬事不理問伯始，天下中庸有胡公（後漢·胡廣傳），關西夫子楊
伯起（後漢·楊廣傳），問字不休賈長頭（後漢·賈逵傳），道德
彬彬馮仲文（後漢·馮豹傳），五經無雙許叔重（後漢·許慎傳），
甑中生塵范史雲，釜中生魚范萊蕪（後漢·范丹傳），仕宦不止車
生耳（漢諺），重親致歡曹景桓（曹全碑），一馬兩車茨子河（東
觀漢記·茨充傳），說經鏗鏗楊子行，論難僠僠祁聖元（東觀漢記·
楊政傳），德行恂恂召伯春（東觀漢記·召馴傳），五經復興魯叔

陵（東觀漢記・魯丕傳），五經縱橫周宣光（東觀漢記・周舉傳），關東說詩陳君期（東觀漢記・陳囂傳），不畏彊禦陳仲舉，九卿直言有陳蕃，天下模楷李元禮，天下好交荀伯條，天下冰楞丁秀陵，天下忠平魏少英，天下稽古劉伯祖，天下良輔杜周甫，天下英靈趙仲經（袁山松・後漢書），厥德神明郭喬卿（華陽國志），仕進不止執虎子（魏略・蘇則傳），州中曄曄賈叔業，辨論洶洶敬文通（魏畧・賈洪傳），德行堂堂邢子昂（魏志・邢顒傳），以官易富鄧元茂（魏書・鄧颺傳），京都三明各有名（晉・中興傳），草木萌芽殺長沙（晉・長沙王乂傳），嶷然稀言江應元（晉・江統傳），盛德絕倫郗嘉賓，江東獨步王文度（晉・王坦之傳。《世說》作「揚州獨步王文度，後來出人郗嘉賓」），洛中雅雅有三嘏（晉・劉惔傳），涼州鴟苕寇賊消（晉・張軌傳），鳳凰鳳凰止阿房（苻堅載紀），阿堅牽連三十年（同上），戎馬悠悠會隴頭（姚興戴紀），皇亡皇亡敗趙昌（劉曜載紀），人中爽爽何子朗（梁書・何思澄傳），登車不落爲著作，體中何如作祕書（南史），學行可師賀德基，文質彬彬賀德仁（舊唐書・賀德基傳），逢儒則肉師必覆（唐書・黃巢傳），以時及澤爲上策（齊民要術），此體雖半出俗諺，葢亦體源于《三百篇》「君子陽陽左執簧」等句法，袁崧又謂之七字謠。（卷四）

◎ 宋藝祖以顯德七年受周禪，時恭帝方八歲，至德祐元年失國，少帝僅四歲，周有太后在上，而宋亦有太后在上，元人詩云，「傾國無勞動地師，秋風只待雁來時。旁人笑指降王道，好似周家八歲兒」，

載《百家詩選》。

◎　馮定遠云，多讀書則胸次自高，出語多與古人相應一也，博識多智，文章有根據，二也，所見旣多，自知得失，下筆知取舍，三也，斯言實得學人三昧。

◎　七言長律詩，唐人作者不多，以句長則調弱，韻長則體散，故傑作尤難。

雨村詩話　　　　李調元 撰

◎　天然之音，止有五字。今笛中之五六工尺上，配合宮商角徵羽之五音，猶琴之五絃。加文絃、武絃而成七，所謂變宮、變徵而成七調也。故南北正調，原止有五，唐律之五言是也。若七字則爲變調，而名變宮、變徵矣。

◎　「西蜀櫻桃也自紅」，「也自紅」三字，感慨悲涼，令人低徊不已。總之胸中先有無限感慨，然後遇題而發，故有此三字吐出。杜老最工此法。

◎　詩以人品爲第一，蔡京書法，荊公文章，直不可寓目，所謂惡其人者，惡及儲胥也。……余在端州，嘗有示門生詩云：「我本西川一腐寒，讀書酷愛品行端。荊公文章蔡京帖，高閣從來不一看。」謂此也。

讀雪山房唐詩序例　　管世銘 著

◎　一人作一面目，王、李、高、岑、太白所能也。一篇出一面目，王、李、高、岑、太白所不能也。杜工部七言古詩，隨物賦形，因題立制，如怒猊抉石，如香象渡河，如秋隼搏空，如春鯨跋浪，如洞庭張樂，魚龍出聽，如昆陽濟師，瓴甓皆震，如太原公子，褐裘高步而來，如許下狂生，蹀躞摻撾而至。千態萬狀，不可殫名，悲喜無端，俯仰自失，觀止之嘆，意在斯乎？

◎　五言用虛字易弱，獨工部「江山有巴蜀，棟宇自齊梁」，「古牆猶竹色，虛閣自松聲」，轉從虛字出力。七言用疊字近湊，獨工部「無邊落木蕭蕭下，不盡長江滾滾來」，「江天漠漠鳥雙去，風雨時時龍一吟」，轉就疊字生色。

◎　五言律詩，有性靈人可以頓悟，七言則非積學攻苦，不能至也。論者謂「如挽百石之弓，非腕中有神力者，止到八九分地位」，斯言最善名狀。

◎　七言律詩，至杜工部而曲盡其變。蓋昔人多以自在流行出之，作者獨加以沉鬱頓挫。其氣盛，其言昌，格法、句法、字法、章法，無美不備，無奇不臻，橫絕古今，莫能兩大。

◎　善學少陵七言律者，終唐之世，惟李義山一人。胎息在神骨之間，不在形貌。……其〈哭劉蕡〉、〈重有感〉、〈曲江〉等詩，不減老杜憂時之作。

◎　凡律詩最重起結，七言尤然。起句之工于發端，如賈曾「銅龍曉闢問安迴，金輅春遊博望開」，岑參「相國臨戎別帝京，擁麾持節遠橫行」，王維「無才不敢累明時，思向東溪守故籬」，杜甫「花近高樓傷客心，萬方多難此登臨」，「羣山萬壑赴荊門，生長明妃尚有村」，劉長卿「送君厄酒不成歡，幼女辭家事伯鸞」，韓翃「江城五馬楚雲邊，不羨雍容畫省年」，劉禹錫「王濬樓船下益州，金陵王氣黯然收」，「將星夜落使星來，三省清臣集外臺」，柳宗元「十年憔悴到秦京，誰料翻爲嶺外行」，張籍「聖朝特重大司空，人詠元和第一功」，楊巨源「晴明紫閣最高峯，仙袂開簾范彥龍」，李商隱「玉帳牙旗得上游，安危須共主君憂」，「清時無事奏明光，不遣當關報早霜」，「七國三邊未到憂，十三身襲富平侯」，溫飛卿「十年分散劍關秋，萬事皆隨錦水流」，羅隱「爪牙柱石兩俱銷，一點渝塵九土搖。」落句以語盡意不盡爲貴，如王維「飽食不須愁內熱，大官還有蔗漿寒」，李白「此處別離同落葉，明朝分散敬亭秋」，「總爲浮雲能蔽日，長安不見使人愁」，杜甫「王師未報收東郡，城闕秋深畫角哀」，「同學少年多不賤，五陵裘馬自輕肥」，「一臥滄江驚歲晚，幾回青瑣點朝班」，「庾信平生最蕭瑟，暮年詩賦動江關」，「最是楚宮俱泯滅，舟人指點到今疑」，「三年奔走空皮骨，信有人間行路難」，劉禹錫「若問舊人劉子政，如今白首在南徐」，柳宗元「今朝不用臨河別，垂淚千行便濯纓」，張籍「賓筵戲樂年年別，已得三迴對御看」，白居易「共看明月應垂淚，一夜鄉心五處同」，「曾經爛漫三年著，欲棄空箱似少恩」，楊巨

源「滿筵舊府笙歌在，惟有羊曇最淚流」。……皆足爲一代楷式。

◎　頷頸兩聯，如二句一意，無異車前騶仗，有何生氣？唐賢之可法者，如王維「愁看北渚三湘遠，惡說南風五兩輕」，岑參「愁窺白髮羞微祿，悔別青山憶舊谿」，杜甫「豈有文章驚海內，漫勞車馬駐江干」，「憶昨賜霑門下省，退朝擎出大明宮」，「萬里秋風吹錦水，誰家別淚濕羅衣」，「路經灩澦雙蓬鬢，天入滄浪一釣舟」，「時危兵甲黃塵裏，日短江湖白髮前」，「萬里悲秋常作客，百年多病獨登臺」，錢起「且貪原獸輕黃屋，寧畏漁人犯白龍」，韓翊「落日澄江鳥榜外，秋風疏柳白門前」。……皆神韻天成，變化不測。宋、元以來，此法不講，故日近凡庸。

履園譚詩　　　　　錢　泳　輯

◎　七古以氣格爲主，非有天姿之高妙，筆力之雄健，音節之鏗鏘，未易言也。尤須沈鬱頓挫以出之，細讀杜、韓詩便見。若無天姿、筆力、音節三者，而強爲七古，是猶秦庭之舉鼎，而絕其臏矣。余每勸子弟勿輕易動筆作七古，正爲此。

◎　古人之詩，有一首而傳，有一句而傳，毋論其人之死生，惟取其可傳者而選之可也。不可以修史之例而律之也。然而亦有以人存詩，以詩存人者。以詩存人，此選詩也，以人存詩，非選詩也。

◎　昔人論五言律詩，如四十賢人，其中著一屠沽兒不得，而四十人中，又須人人知己，心心相印，方臻絕詣。

◎ 唐竇臮論書入微，不聞其書法過于歐、虞；司空圖論詩入微，不聞其詩學過于李、杜，乃知善醫者不識藥，善將者不言兵也。

◎ 閨秀宋蘅皋名之淑，李輪霞室也，輪霞久客未歸，宋寄以〈秋夕感懷〉云：「銀鴨燒殘啓碧窗，閒庭風起露華涼。梧桐影裡秋如水，蟋蟀聲中夜漸長。千里關山添別夢，十年覊旅憶他鄉。低頭怕見團欒月，只恐天涯也斷腸。」嗚呼，安得有顧夫人之賢者，爲厚贈之，團聚其天倫樂事也。

◎ 詠物詩最難工，太切題則黏皮帶骨；不切題，則捕風捉影，須在不卽不離之間。汪春亭〈詠燈花〉云：「影搖素壁夢初回，一朵花從靜夜開。想到春光終易謝，攪殘心事欲成灰。青生孤館愁同結，紅到三更喜亂猜。頗覺窗前風露冷，斯時那有蝶飛來？」吳野渡〈詠紅蓼花〉云：「如此紅顏爭奈秋，年年風雨歷滄洲。一生辛苦誰相問，只共蘆花到白頭。」吳信辰〈詠虞美人花〉云：「怨粉愁香繞砌多，大風一起奈卿何。」高桐邸〈詠牽牛花〉云：「莫向西風怨零落，穿針人在小紅樓。」皆妙。

◎ 摘句：《隋書》載煬帝以薛道衡「空梁落燕泥」句，至於殺身，此古人忌才過甚也，卽如謝靈運之「池塘生春草，園柳變鳴禽」，庾信之「琴從綠珠借，酒就文君取」，亦平常語耳！近日詩家愈出愈奇，命意鮮新，立辭典雅，皆古人之所未有。如翁朗夫之「煙波雙鬢老，風雨一身秋」，彭念堂之「日還停水上，山已墮雲中」，方南塘之「月出江花落，詩成海月圓」，楊谷簾之「柳搖春雨暗，江漲水雲流」，張瑤英女史之「短垣延月早，病葉得秋先」，范履

淵之「櫓聲搖夜月，帆影落晴波」，商響意之「蜂巢當午鬧，蚓壤趁涼歌」，俞楚江之「紅憐花別樣，綠愛柳當初」，劉企山之「缺月依橋斷，孤雲背郭流」，趙仁叔之「蝶來風有致，人去月無聊」，童二樹之「晴流鳴斷壑，山影臥空田」，黃星巖之「竹銳穿泥壁，蠅酣落酒樽」，許子遜之「鐘聲涼引月，江氣夕沈山」，李維饒之「峽雨無朝暮，春風有別離」，吳杜村之「落葉疑疏雨，秋雲學遠山」，儲玉琴之「伴佛燈雙穗，窺人月半環」，汪澤舟之「木落山無障，江流月有聲」，吳師石之「斷崖殘雪補，清磬夕陽浮」，周東標之「疏雨下黃葉，秋風翦綠葵」，湯述庭之「行共孤雲懶，歸輸獨鳥閑」，趙味辛之「水清魚入定，山古樹無花」，吳象超之「白雲留晚磬，黃葉捲歸樵」，秦大樽之「風梳平野樹，雲湧一樓山」，儲長源之「雪晴春有態，山活翠難名」，莊印三之「寒烏依夕照，落葉碎秋聲」，張仲子之「門臨流水岸，犬吠隔花人」，沈奕風之「夜雨洗村徑，曉風開稻花」，何秋山之「白頭增舊感，黃葉落新愁」，石竹船之「帆隨春樹遠，水帶夕陽流」，繆牧人之「江連三楚白，山接九華青」，李少白之「一鳥翻雲外，千峯落馬前」，夏涑江之「病因看月減，情到惜花深」，于秋渚之「綠餘三逕草，紅露半牆花」，龔素山之「夜從花影轉，秋帶樹聲聽」，孫漣水之「江光搖佛面，石色上僧衣」，使阿嫫見之，則又當何如嫉妒也。

◎　本朝七律，金聲玉振，不特勝於有明一代，直可超出宋、元，而亦有高出唐人者，可謂極一時之盛，國初諸公無論矣，就余所見聞者，如王少林〈大梁懷古〉云：「三花樹色開神嶽，萬里河聲下孟

門」，黃浩浩〈秋柳〉云：「小驛孤城風一笛，斷橋流水路三叉」，何南園〈感懷〉云：「身非無用貧偏暇，事到難圖念轉平」，黃野鴻〈清明〉云：「村角鳥呼紅杏雨，陌頭人拜白楊烟」，浦翔春〈野望〉云：「舊塔未傾流水抱，孤峯欲倒亂雲扶」，魯星村〈郊外〉云：「春田牛背鳩爭落，野店墻頭花亂開」，汪澤周〈賜書樓眺雨〉云：「亭遠忽從烟際出，樓高先覺雨聲來」，史位存〈汴梁道中〉云：「雲垂平野星初上，馬走春沙夜有聲」，〈有感〉云：「撲蝶會過春似夢，湔裳人去水如烟」，潘汝庭〈春日〉云：「草不世情隨意綠，花知客意入簾紅」，石遠梅〈山海關〉云：「萬頃日華浮海動，九邊風色捲沙來」，湯述庭〈閒居即事〉云：「得句偶逢花照眼，舉杯喜見月當頭」，郭頻迦〈即事〉云：「月與梧桐尋舊約，秋將蟋蟀作先聲」，〈春感〉云：「三月落花如夢短，一湖新漲比愁多」，高爽泉〈春草〉云：「新愁舊恨縈三月，細雨斜陽送六朝」，林遠峯〈靈隱寺〉云：「靈泉百道飛涼雨，古磴千盤入亂雲」，皆妙，又如曹棟亭之「三秋月色臨邊早，萬馬風聲出塞多」，張崑南之「松間細路通僧寺，花裡微風颺酒旗」，朱子穎之「一水漲喧人語外，萬山青到馬蹄前」，石曉堂之「窺魚淺渚翹雙鷺，待渡斜陽立一僧」，邱學敏之「山連齊魯青難了，樹入淮徐綠漸多」，李嘯村之「春服未成翻愛冷，家書空寄不嫌遲」，惠椿亭之「宿酒大都隨夢醒，殘燈多半爲詩留」，劉春池之「道在己時惟自適，事求人處總難憑」，凌香坪之「春風久負青山約，舊雨難尋白鷺盟」，吳尊萊之「莫雲抱郭靈紅樹，寒雨連江凍白鷗」，儲長源之「春衣乍

暖飛蝴蝶，綠酒初香薦蛤蜊」，劉元贊之「三春鄉思先花發，萬里
征人後鴈歸」，「秋水懷人楓葉落，蓬窗臥病雨聲多」，莊印三之
「青溪渡口餘三戶，黃葉聲中有六朝」，倪稼咸之「衰柳共憐殘鬢
短，閒雲應笑客程忙」，吳退庵之「樹碧兩行臨曲水，天青一角見
高山」，方升矣之「小艇仍維前度樹，斜陽已挂右邊樓」，湯衍之
之「社雨不知春事判，東風已覺落花多」，毛洋溟之「夜永驂鸞歸
碧落，風清有鶴響空山」，林漢閣之「窺客挑燈來點鼠，移秋入戶
有寒蛩」，王饒九之「兩岸白蘋秋水渡，一林紅葉夕陽邨」，吳梅
原之「愁消白下鵝兒酒，人在青山燕子磯」，黃贛山之「人間萬事
成秋草，我輩前身是落花」，仲松嵐之「吳楚帆檣隨樹沒，金焦山
色上衣來」，鄭芸書之「絕壑凍雲棲古塔，枯僧破衲補斜陽」，宗
蕙亭之「酒不能攻愁有陣，曲為自度唱無腔」，魏野塘之「有客抱
琴停午至，呼僮沽酒趁花開」，顧蘭厓之「蒼苔滿逕客稀過，涼雨
到門僧未知」，冒甚原之「廢苑春來花自發，空庭月落鳥相呼」，
汪可堂之「三逕春歸花似雪，一齋人靜日如年」，汪周士之「逕仄
秋花迎客座，夜深涼月戀人衣」，石晚晴之「瘦馬踏乾黃葉路，寒
鍾敲碎白雲峯」，吳玉田之「山色和烟沈遠浦，潮聲挾雨吼滄江」，
顧蘭暉之「萬種羈愁當夜集，一年鄉夢入秋多」，曹劍涵之「別浦
帆歸千樹碧，隔籬人語一燈紅」，王籽園之「報喜燈花紅一夜，相
思春水綠三年」，阮梅叔之「腳底白雲雙屐滑，擔頭紅葉一肩春」，
吳雲坡之「煙迷古塞晴疑雨，雲擁深山晝亦昏」，朱天飲之「娛人
可愛當窗樹，留客遙看雨後山」，常蹇齋之「秋從夜雨窗前聽，月

在美人樓上圓」，吳蒼崖之「清夜思公惟有淚，白頭知己更無人」，
徐春圃之「煉句每存千載想，看花不放一春過」，徐德泉之「家無
儲蓄期鄰富，邑有流亡望歲豐」，黃少淵之「芳草池塘尋舊夢，落
花庭院算殘棊」，如此類者甚多，摘之不盡，又趙甌北先生集中有
擬老杜〈諸將〉之作，張船山太守集中有〈寶雞縣題壁〉詩，長歌
當哭，俱不可不讀也。

老生常談　　　　延君壽 編

◎　作詩當陳言之務去。所謂陳言，有一題即有一種口頭套話。如送
　　人，則有「驪歌」、「驛柳」、「惜別」、「分手」、「把杯」、
　　「灑淚」等字。其他類此。此種字未嘗不許用，我有真氣以帥之，
　　則俗字化雅，粗字化細。言短音長，隨形賦物，學古人纔能操戈入
　　室。

◎　從小先讀古體詩，發筆時當從五律入手。此體為試帖之源，且可
　　上開古體，下啓七言。亦有先從歌行入者，余友雋三是也。若先從
　　七律，一落俗格油腔，便不可醫治。

◎　見人家好詩，自家不能，先有愧色，然後發憤去做，與天下人論
　　詩到了頭，尚恐不能一與之較伯仲。若先夜郎自大，既不得與海內
　　人接交，又不曾見得海內人著作，意謂左近惟我算可以去得的，一
　　自滿便不能長進。

◎　昌黎五古，語語生造，字字奇傑，最能醫庸熟之病。如〈薦士〉、

〈調張籍〉等篇，皆宜熟讀以壯其膽識，寄其豪氣。「橫空盤硬語」云云，此公自狀其詩耳。「杳然粹而清，可以鎮浮躁」，卻到東野分際。〈調張籍〉開口便是「李杜文章在」，緣心中意中傾到已久，不覺衝口而出。通首極光怪奇離之能，氣橫筆銳，無堅不破；末於張籍只用一筆帶過，更不須多贅。至〈贈張祕書〉「險語破鬼膽」云云，亦非公不能當此語。〈送無本〉云：「狂詞肆滂葩，低昂見舒慘。姦窮怪變得，往往造平澹。」此詩文歸宿之要旨也。不然，狂肆不已，卒入鬼道。

◎　嘗論東坡七律，固是學問大，然終是天才迥不猶人，所以變化開合，神出鬼沒，若行乎其所無事。如〈和晁同年九日見寄〉後半首云：「古來重九皆如此，別後西湖付與誰？遣子窮愁天有意，吳中山水要清詩。」又有一意翻為一聯，用筆用氣直貫至尾，魄力雄健者。〈送傅倅〉云：「兩見黃花掃落英，南山山寺徧題名。宗成不獨依岑范，魯衞終當似弟兄。去歲雲濤浮汴泗，與君泥土滿衣纓。如今別酒休辭醉，試聽雙洪落後聲。」又〈雪夜獨宿柏山庵〉云：「晚雨纖纖變玉霙，小庵高臥有餘清。夢驚忽有穿窗片，夜靜惟聞瀉竹聲。稍厭冬溫聊得健，未濡秋旱若為耕？天公用意真難會，又作春風爛漫晴。」純以質勁之氣，作閃爍之筆，遂能於尋常蹊徑中，得此出沒變化之妙。王荊公〈詠雪〉一首云：「奔走風雲四面來，坐看山壟玉崔嵬。平治險穢非無德，潤澤枯焦是有才。勢合便疑包地盡，功成終欲放春回。寒鄉不念豐年瑞，只憶青天萬里開。」則又是一種筆墨，從艱險中入去，卻從明顯處出來，學者知此可參其

變。

◎　工部云：「但覺高歌有鬼神，焉知餓死塡溝壑？」太白云：「吟詩作賦北窗裏，萬言不直一杯水。」遺山師其意則云：「長衫只辦包瘦骨，故紙何緣變奇貨。」此謂善學古人。若工部之「轟胡歸來血洗箭」，李空同便云：「逐北歸來血洗刀」，是謂襲古，非師古。

◎　七律之對仗靈便不測，雖不必首首如是，然此法則不可不會用。東坡贈僧云：「每逢蜀叟談終日，便覺峨眉翠掃空。」黃仲則之〈游西山道中〉「漸來車馬無聲地，忽與雲山有會心」，似從此化出。此等緣故，不是有心去學，讀得古人多了，自有不知不覺之妙。又東坡〈和晁同年九日〉云：「古來重九皆如此，別後西湖付與誰？」〈喜雪御筵〉云：「偶還仗內身如寄，尙憶江南酒可賒。」得此可以類推。

◎　詩有空寫而不覺其空者，不讀書人效之，便味同嚼蠟。屈翁山云：「白鷺一溪影，桃花何處灣？」其神韻色澤，味之彌長。欲爲此等，當先讀書。卽如太白「牀前明月光」一首，似不從讀書得來，然其機神一片，又非藉書卷之氣以發性靈，則斷斷不能。古人所傳，亦有思婦勞人之什，然持較氣味終別。又有故典與題全沒關涉，信手拈來，妙不可言者。翁山〈太白祠〉句云：「才人自古蛟龍得，太白三閭兩水仙。」讀之令人驚喜。如此捏合用事，豈非妙手！

◎　趙甌北七律，登臨懷古之作，激昂慷慨，沈鬱蒼涼，能手也。〈袁州城外石橋最雄麗相傳爲嚴世蕃所作〉：「飛梁橫鎖急流奔，遺惠猶傳濟洧溱。黃閣階前跨竃子，青詞燈下捉刀人。選材幾費深巖石，

得地依然要路津。終欠出都騎款段，一鞭來此踏霜晨。」第六句拍題甚緊，末用徐階語，卻好。〈耒陽杜工部墓〉云：「生無一飽人誰惜？死有千秋鬼豈知！」〈赤壁〉云：「烏鵲南飛無魏地，大江東去有周郎。」〈韓蘄王墓〉云：「勳業未來先臥虎，英雄老去亦騎驢。」〈喬公墓〉云：「生有隻雞留戲笑，死猶兩女嫁英雄。」〈明太祖陵〉云：「千秋形勝從三國，一樣江山陋六朝。」讀之雖氣質稍粗，能淵淵出金石聲，最長人才思，啟人聰明。

◎　詩無新意，讀之不能發人性靈。人每謂非不能作新語，生於古人後，已被其說盡了，更從何處說起。此皆隔靴搔癢，不肯深入，讀書顢頇，以欺人自欺耳。果能得間而入，何患無新意。今錄黃仲則詩，以作一證：「子雲耽清淨，家貧常晏如。奇字世不識，不知讀何書？苦爲玄祕言，惜此名山軀。後塵匪能步，尚哉珍令譽。」夫以舉世不識之奇字而一人讀之，則所讀究是何書，必深有識之疑。往日頗有此意，解人先得之耳。「古交戒情盡，今交患情離。苦自留其餘，不知將贈誰？寶劍既心許，慨然脫相遺。安用挂樹日，悲此宿草爲！」慧心慧眼，方許讀書。又一首云：「行行向京洛，冠蓋織古今。疲極或慨息，偶云慕泉林。長揖挽之去，至竟非其心。朝來出門望，車迹恐不深。驚流少潛魚，疾飇無安禽。亮矣子陵釣，憨哉秬生琴！」此種事向來沒人好意思說破，此竟直抉其心。用「長揖挽之」云云，仲則大是刻薄鬼。

◎　好作綺語，自是不可，然人品則不關係乎此。韓偓爲人，有〈唐書〉可按，可以作〈香奩〉語短之耶！其〈安貧〉句云：「謀身拙

爲安蛇足,報國危曾採虎鬚。」至今讀之,猶有生氣。再如羅昭諫一輩人,勸錢鏐討梁,堂堂正正,豈詞華之士所能及!其形於文字之間,風骨亦自可見。〈夜泊淮口〉云:「秋涼霧露侵燈下,夜靜魚龍逼岸行。」亦非晚唐靡靡之響。

◎ 贈人詩切姓最俗,此亦爲俗手而言,若古人之精切有味,剛剛安頓得好,則又不爲嫌矣。王荊公〈上元喜呈貢父〉云:「車馬紛紛白晝同,萬家燈火暖春風。別開閶闔壺天外,特起蓬萊陸海中。盡取繁華供俠少,祇分牢落與衰翁。不知太乙游何處,定把青藜獨照公。」前四句了不異人,第五句忽然束一筆,六句著到劉身上,剛剛起起末二句。俠少看燈,衰翁讀書,兩兩相形,妙不可言。而筆氣之靈動堅整,又最起發後學。

小清華園詩談　　　　王壽昌 撰

◎ 戴鼎恆序:聖人以詩立教,非徒示人以吟詠之適,實欲使人各得夫性情之正也。故曰:「《詩》三百,一言以蔽之,曰思無邪。」又曰:「溫柔敦厚,詩教也。」

◎ 詩有四正:性情宜正,志向宜正,本源宜正,是非取舍宜正。

◎ 詩有六要:心要忠厚,意要纏綿,語要含蓄,義要分明,氣度要和雅,規模要廣大。

◎ 詩有四清:心境欲清,神骨欲清,氣味欲清,意致音韻欲清。

◎ 詩有三真:言情欲真,寫境欲真,紀事欲真。

◎ 詩有三超：識見欲超，氣象欲超，語意欲超。

◎ 詩有四高：格欲高，興欲高，地步欲高，手眼亦欲高。

◎ 詩有四近：宜近情，宜近理，宜近風雅，宜近畫圖。

◎ 詩有三深：情欲深，意欲深，味欲深。

◎ 詩有三淺：意欲深而語欲淺，鍊欲精而色欲淺，學欲博而用事欲淺。

◎ 詩有三嚴：紀律欲嚴，對仗欲嚴，棄取欲嚴。

◎ 詩有三寬：聲病無礙者宜寬，如蜂腰、鶴膝之類。俗論太刻者宜寬，如論杜詩每聯上句第七字，上去入間用之類。瑜多瑕少者宜寬。

◎ 詩有三留：留好意以待發揮，留好字以助警策，留好韻以振精神。

◎ 詩有四不可：骨不可露，氣不可浮，情不可過，意不可偏。

◎ 詩有四勿傷：鍊勿傷氣，曲勿傷意，淡勿傷味，瘦勿傷神。

◎ 詩有三不盡：景盡情不盡，語盡意不盡，興盡味不盡。

◎ 詩有三可借：故事可借，字意可借，古人句可借。

◎ 詩有三不欲勝：文不欲勝質，境不欲勝情，情不欲勝理。

◎ 詩有五不可失：麗不可失之豔，新不可失之巧，淡不可失之枯，壯不可失之粗豪，奇不可失之穿鑿。

◎ 詩有五可五不可：可頌不可諛，可刺不可訕，可怨不可疾，可樂不可淫，可哀不可傷。

◎ 詩以古為主，以高為上，自然者次之，渾然者次之，超然者次之，純粹精鍊者次之，清新秀逸壯健者次之，奇麗瘦淡者次之。

◎ 作字者，可以篆隸入楷書，不可以楷法入篆隸。作詩者，可以古

體入律詩，不可以律詩入古體。以古體作律詩，則有唐初氣味；以律詩入古體，便落六朝陋習。然於轉韻長篇，則又可不拘。

◎ 何謂是非取舍？曰：「好賢如〈緇衣〉，惡惡如〈巷伯〉，故賢愚不分，不足以論人；是非不辨，不足以論事；取舍不明，不足以御事變而服人心。」

◎ 宜以詩生韻，不宜以韻生詩。意到其間自然成韻者，上也；句到其間自來湊韻者，次也；以句求韻尚覺妥適者，又其次也；若由韻生而成詩，是詩由韻生而非由我作，詩之下者也。

◎ 從來詠物之詩，能切者未必能工。能工者未必能精，能精者未必能妙。李建勳「惜花無計又花殘，獨遶芳叢不忍看。暖艷動隨鶯翅落，冷香愁雜燕泥乾。綠珠倚檻魂初散，巫峽歸雲夢又闌。忍把一尊重命樂，送春招客亦何歡？」（〈落花〉）切矣而未工也。羅隱「似共東風別有因，絳羅高卷不勝春。若教解語應傾國，任是無情亦動人。芍藥與君為近侍，芙蓉何處避芳塵。可憐韓令功成後，辜負穠華過此身。」（〈牡丹〉）又「暖觸衣襟漠漠香，間梅遮柳不勝芳。數枝豔拂文君酒，半里紅依宋玉牆。盡日無人疑悵望，有時經雨更淒涼。舊山山下還如此，迴首東風一斷腸。」（〈杏花〉）暨李中之「森森移得自山莊，植向空庭野興長。便有好風來枕簟，更無閒夢到瀟湘。蔭來砌蘚經疏雨，引下溪禽帶夕陽。閒約羽人同賞處，安排棋局就清涼。」（〈竹〉）工矣而未精也。雍陶之「雙鷺應憐水滿池，風飄不動頂絲垂。立當青草人先見，行傍白蓮魚未知。一足獨拳寒雨裏，數聲相叫早秋時。林塘得爾須增價，況與詩

人物色宜。」（〈詠雙白鷺〉）精矣而未妙也。鄭谷之「暖戲煙蕪
錦翼齊，品流應得近山雞。雨昏青草湖邊過，花落黃陵廟裏啼。遊
子乍聞征袖溼，佳人纔唱翠眉低。相呼相喚湘江闊，苦竹叢深春日
西。（〈鷓鴣〉）暨杜牧之「金河秋半虜弦開，雲外驚飛四散哀。
仙掌月明孤影過，長門燈暗數聲來。須知胡騎紛紛在，豈逐春風一
一回？莫厭瀟湘少人處，水多菰米岸莓苔」（〈早雁〉）。如此等
作，斯為能盡其妙耳！

◎ 擬古貴得其神，而後求之氣韻，而後求之趣味，而後求之格調，
而後乃求諸語意之間。太白擬古而不似古，蘇州效陶而不似陶。謝
康樂〈鄴中八首〉，如「排霧矖聖明，披雲對清朗」等辭，終不改
生平本色。江文通〈雜擬三十〉如「涼風盪芳氣，碧樹先秋落」諸
句，究不似漢、魏古音。其〈田居〉一篇，可謂得其神似，然雜諸
陶集中，後人猶辨其為江詩者，神韻不同也。自是以還，代相倣效，
優孟衣冠，聊存彷彿耳！唯陶徵君「榮榮窗下蘭，密密堂前柳。初
與君別時，不謂行當久。出門萬里客，中道逢嘉友。未言心先醉，
不在接杯酒。蘭枯柳亦衰，遂令此言負。多謝諸少年，相知不忠厚。
意氣傾人命，離隔復何有。」（〈擬古〉），雖不規規揣稱，而神
韻自不減於古人。其後則李義山之「勝概殊江右，佳名逼渭川。虹
收青嶂雨，鳥沒夕陽天。客鬢行如此，滄波坐渺然。此中真得地，
漂蕩釣魚船。」（〈河清與趙氏昆季讌集擬杜工部〉）暨「人生何
處不離群，世路干戈惜暫分。雪嶺未歸天外使，松州猶駐殿前軍。
座中醉客延醒客，江上晴雲雜雨雲。美酒成都堪送老，當壚仍是卓

文君。」（〈杜工部蜀中離席〉）如此等篇，神情雖不能全肖，然已得其八九矣。

◎　弔古之詩，須褒貶森嚴，具《春秋》之義，使善者足以動後人之景仰，惡者足以垂千秋之炯戒。如左太沖之〈詠史〉曰「何世無奇才，遺之在草澤」，不勝動人以遺賢之憂；李太白〈望鸚鵡洲懷禰衡〉曰：「才高竟何施，寡識冒天刑。[2]」不禁深人以恃才之惕；謝宣城之〈孫權城〉，感盛衰於倏忽，知書軌之薦必同；杜少陵〈九成宮〉[3]慨遺蹟於雕牆，見夏、殷之鑒不遠。他如「溪迴松風長，蒼鼠竄古瓦。不知何王殿，遺構絕壁下。陰房鬼火青，壞道哀湍瀉。萬籟真笙竽，秋色正瀟灑。美人為黃土，況乃粉黛假。當時侍金輿，故物獨石馬。憂來藉草坐，浩歌淚盈把。冉冉征途間，誰是長年者。」（杜甫〈玉華宮〉）近體如少陵之「丞相祠堂何處尋，錦官城外柏森森。映階碧草自春色，隔葉黃鸝空好音。三顧頻煩天下計，兩朝開濟老臣心。出師未捷身先死，長使英雄淚滿襟。」（〈蜀相〉），錢員外（起）之「漢家無事樂時雍，羽獵年年出九重。玉帛不朝金闕路，旌旗長繞綵霞峰。且貪原獸輕黃屋，寧畏漁人犯白龍。薄暮

---

[2] 全詩為「魏帝營八極，蟻觀一禰衡。黃祖斗筲人，殺之受惡名。吳江賦鸚鵡，落筆超群英。鏘鏘振金玉，句句欲飛鳴。鷙鶚啄孤鳳，千春傷我情。五嶽起方寸，隱然詎可平。才高竟何施，寡識冒天刑。至今芳洲上，蘭蕙不忍生。」

[3] 九成宮（本隋仁壽宮，貞觀修以避暑，更名九成，在麟遊縣西五里。）全詩為「蒼山入百里，崖斷如杵臼。曾宮憑風回，岌業土囊口。立神扶棟梁，鑿翠開戶牖。其陽產靈芝，其陰宿牛斗。紛披長松倒，揭　怪石走。哀猿啼一聲，客淚进林藪。荒哉隋家帝，製此今頹朽。向使國不亡，焉為巨唐有。雖無新增修，尚置官居守。巡非瑤水遠，跡是雕牆後。」

方歸長樂觀，垂楊幾處綠煙濃。」（〈漢武出獵〉），李義山之「紫
泉宮殿鎖煙霞，欲取蕪城作帝家。玉璽不緣歸日角，錦帆應是到天
涯。于今腐草無螢火，終古垂楊有暮鴉。地下若逢陳後主，豈宜重
問後庭花。」（〈隋宮〉），「玄武湖中玉漏催，雞鳴埭口繡襦迴。
誰言瓊樹朝朝見，不及金蓮步步來。敵國軍營漂木柿，前朝神廟鎖
煙煤。滿宮學士皆顏色，江令當年只費才。」（〈南朝〉），溫飛
卿之「蘇武魂銷漢使前，古祠高樹兩茫然。雲邊雁斷胡天月，隴上
羊歸塞草煙。迴日樓臺非甲帳，去時冠劍是丁年。茂陵不見封侯印，
空向秋波哭逝川。」（〈蘇武廟〉），如此諸作，其悽惻足以動人，
其抑揚復足以懲勸，猶有詩人之遺意也。至若劉夢得之「王濬樓船
下益州，金陵王氣黯然收。千尋鐵鎖沈江底，一片降幡出石頭。人
世幾回傷往事，山形依舊枕寒流。從今四海爲家日，故壘蕭蕭蘆荻
秋。」（〈西塞山懷古〉），讀前半篇暨義山「敵國軍營」二句，
令人凜然知憂來之無方，禍至之無日，而思患預防之心，不可不日
加惕也。

三家詩話　　　　尙　鎔　編

◎　少年聰明兒女，血氣未定。略知吟詠，罕有不喜流宕者，子才風
流放誕，遂詩崇鄭、衛，提倡數十年，吳越間聰明兒女，今猶以之
藉口，流弊無窮，此爲風雅之罪人。惲子居誌孫韶之墓，所以極力
詆之也。

退庵隨筆　　　　梁章鉅 編

◎　《三百篇》之宗旨，「思無邪」三字盡之，則人人所可學也。《三百篇》之門徑，「興、觀、羣、怨」四字盡之，則人人所同具也。《三百篇》之性情，「溫柔敦厚」四字盡之，則人人所當勉也。此不可以時代限之也。

◎　古人立言，以能感人爲貴，而詩之入人尤深，故聖人言詩可興、觀、羣、怨。而今人作詩，但以應酬世故爲能，則不如不作。

◎　袁簡齋《隨園詩話》云：「詩貴淡雅，亦不可有村野氣。古之應、劉、鮑、謝、李、杜、韓、蘇，皆非村野之人。蓋士君子讀破萬卷，又必須登廟堂，覽山川，結交海內名流，然後氣局見解，自然闊大，良友琢磨，自然精進。否則鳥語蟲音，沾沾自喜，雖有佳處，而邊幅狹矣。人有鄉黨自好之士，詩亦有鄉黨自好之詩。桓寬〈鹽鐵論〉曰：『鄙儒不如都士。』信哉！」又云：「懷古詩乃一時興會所觸，不如山經地志以詳核爲佳。近見某太史〈洛陽懷古〉四首，將洛陽故事搜括無遺，竟有一首中使事至七八者，編湊拖沓，茫然不知作者意在何處。古人懷古，只就一人一事而言。如少陵之〈詠懷古跡〉，一首武侯，一首昭君，兩不相屬也。劉夢得〈金陵懷古〉，只詠王濬樓船一事，而後四句全是空描。當時白太傅謂其已探驪珠，所餘鱗甲無用。真知言哉！不然，金陵典故，豈止王濬一事，而夢得胸中，豈止曉此一典乎？」又云：「今人論詩，動言貴厚而賤薄。此

亦耳食之言，不知宜厚宜薄，惟在相題爲之，以妙爲主耳。以兩物而論，狐貉貴厚，鮫綃貴薄。以一物而論，刀背貴厚，刀鋒貴薄。安見厚者定貴，薄者定賤乎？古人之詩，少陵似厚，太白似薄，義山似厚，飛卿似薄，皆名家也。」

◎ 古詩純乎天籟，雖不拘平仄，而音節未有不諧者。至律詩則不能不講平仄矣。乃不知何時何人，創爲一三五不論之說，以疑誤後學；村師里儒，靡然從之。律詩且如此，則更何論古詩乎？不知律詩平仄固嚴，卽古詩不拘平仄，而實別有一定之平仄，不可移易。卽拗體之律詩，而其中亦有必應拗之字及必應相救之字。唐、宋大家之詩具在，覆按自得，皆非可以意爲之者也。

◎ 七古以平韻到底者爲正格，不可雜以律句。其要在出句第五字多用仄，落句第五字必用平，出句之第五字旣用仄，則第二字必用平，落句之第五字必用平，則第四字必用仄。出句如平平仄仄仄平仄，或平平平平仄平仄，或仄平仄平仄平仄，間有不如是者，亦須與律句有別。落句如平平仄仄平平平，或仄仄仄仄平平平，或平平仄仄平仄平，間有不如是者，亦須與律句有別。大抵出句聲律尙寬，落句則以三平押韻爲正調。其有四平切脚者，如少陵之「何爲見羈虞羅中」，義山之「詠神聖功書之碑」，則爲落調，唐大家中所僅見，不必效之。若五平切脚，則直是不入調，唐、宋、元、明諸大家所無。前明何、李、邊、徐、王、李輩，尙不犯此病，袁中郎之流，多不能了了矣。一句一韻之柏梁體，不在此限。

◎ 七古有仄韻到底者，則不妨以律句參錯其間，以用仄韻，已別於

近體，故間用律句，不至落調。如昌黎〈寒食日出遊〉詩凡二十韻，而律句十四見；東坡〈石鼓詩〉凡三十韻，而律句十五見。其篇中換韻者，亦可用律句，如少陵之〈丹青引〉，東坡之〈往富陽新城〉皆是。而王右丞之〈桃源行〉凡三十二句，律句至二十三見。此皆唐宋大家可據爲典要者。四句轉韻之初唐體，不在此限。

◎　仄韻到底之七古，出句住腳，必須平仄間用，且必須上去入相間用之。如以入聲爲韻，第三句或用平聲，第五句或用上聲，第七句或用去聲。大約多用平聲，而以仄聲錯綜之，但不可於入聲韻出句之住腳，再用入聲字耳。若平韻到底之七古，則出句住腳，但須上去入相間，而忌用平聲。王漁洋已詳言之。今人於仄韻之出句，往往不知間用平仄，而於平韻之出句住腳，反多用平聲，殊不可解。殆以古人詩中間有不拘者，如韓公〈石鼓歌〉之「孔子西行不到秦」及「憶昔初蒙博士徵」，坡公〈游徑山〉之「雪眉老人朝扣門」，歐陽公〈啼鳥〉之「獨有花上提壺盧」。然合唐、宋兩朝數大家之詩，其出句用平者，不過此數處，則非後人所可藉口也。篇中轉韻疊韻者，不在此限。

◎　五古出句住腳，亦當平仄間用，與七古同；惟平韻之出句住腳，不忌用平聲，則與七古異。漢、魏以至唐、宋諸大家詩，可覆按也。至近體之出句住腳，人惟知唐賢有忌用一紐之說，不知杜詩中凡一三五七句住腳字，上去入三聲，亦必隔別用之，莫有疊出者。昔朱竹垞寄查德尹書，謂富平李天生之論如此，以爲少陵自詡「晚節漸於詩律細」，此可徵其細處，爲他家所不能。予初聞是言，尚未深

信，退而攷之，惟八首與天生所言不符。其一〈鄭駙馬宅宴洞中〉云「春酒杯濃琥珀薄」，又云「誤疑茅堂過江麓」，又云「自是秦樓壓鄭谷」，疊用三入聲字。其一〈江村〉云「老妻畫紙為棋局」，又云「多病所須惟藥物」，疊用二入聲字。其一〈秋興〉云「織女機絲虛夜月」，又云「波漂菰米沉雲黑」，疊用二入聲字。其一〈江上值水〉云「為人性僻耽佳句」，又云「老去詩篇渾漫興」，又云「新添水檻供垂釣」，疊用三去聲字。其一〈題鄭縣亭子〉云「雲斷岳蓮臨大路」，又云「巢邊野雀羣欺燕」，疊用二去聲字。其一〈至日遣興〉云「欲知趨走傷心地」，又云「無路從容陪語笑」，疊用二去聲字。其一〈卜居〉云「已知出郭少塵事」，又云「無數蜻蜓齊上下」，又云「東來萬里堪乘興」，疊用三去聲字。其一〈秋盡〉云「菊邊老卻陶潛菊」，又云「雪嶺獨看西日落」，又云「不辭萬里長為客」，疊用三入聲字。既而以宋、元舊雕本暨〈文苑英華〉證之，則「江麓」作「江底」，「多病」句作「賴有故人分祿米」，「夜月」作「月夜」，「漫興」作「漫與」，「大路」作「大道」，「語笑」作「笑語」，「上下」作「下上」，「西日落」作「西日下」，合之天生所云，八詩無一犯者。由是推之，「七月六日苦炎熱」下第三句不應用「蠍」字，作「苦炎蒸」者是也；「謝安不倦登臨賞」下第七句不應用「府」字，作「登臨費」者是也。循此說以勘，雖長律百韻，諸本字義之異，可審擇而正之。此義蓋前人所未發也。

◎ 七古以第五字為關捩，五古以第三字為關捩，其理一也。五古出

句,聲律稍寬。對句則亦以三平爲正調,如仄仄平平平是也,或亦用平平平仄平,或仄仄平仄平,間有不如是者,但不入律卽可。或謂六朝以前,五古皆不避律句。此似是而非之說也。古詩之興,在律詩之前,豈能預知後世有律句而避之?若後來律體旣行,則自命爲作古詩者,又豈可不講避忌之法?此如古時未有韻學之名,出口成詩,罔非天籟。若後世韻書旣行,則自應有犯韻出韻之禁,又豈得藉口古人之天籟,而盡棄韻書不觀乎?朱子贈人詩:「知君亦念我,相望兩咨嗟。」(自注云:「望,平聲。」夫「望」字作去聲讀自可,而必注平聲者,豈非力避律句乎?)

◎ 宋、元詩人,於古體平仄,多有未諧,近體平仄,尚無走作。明人則不能,大抵皆爲一三五不論之俗說所誤耳。一三五不論,並不可施於古體,何況近體?其依附此說者,皆由不知有單拗雙拗之法也。近體詩以本句平仄相救爲單拗,出句如少陵之「清新庾開府」,對句如右丞之「暮禽相與還」是也。兩句平仄相救爲雙拗,如許渾之「溪雲初起日沉閣,山雨欲來風滿樓」是也。《聲調譜》所講此例頗精,其餘變例,皆本此而推之,而一三五不論之謬不攻自破矣!

◎ 作古詩但用通韻,不必用轉韻,叶韻則尤不必。雖古人有之,今人又何必悉效之。往往見人於詩賦句末,旁注叶字,而讀之實不能叶,豈非徒勞而罔功乎?

◎ 七律有全首不入律者,謂之吳體,與拗體詩不同。方虛谷《瀛奎律髓》合之拗字類中,非也。如杜少陵之〈題省中院壁〉、〈愁〉、〈畫夢〉、〈暮歸〉諸詩皆是。其訣在每對句第五字以平聲救轉,

故雖拗而音節仍諧。宋人黃山谷以下，多效爲之。

◎ 趙松雪嘗言作律詩用虛字殊不佳，中兩聯須塡滿方好。此語雖力
矯時弊，幼學者正不可不知。唐人如賈至〈早朝大明宮〉等作，實
開其端。此外則少陵之「五更鼓角聲悲壯，三峽星河影動搖。」「錦
江春色來天地，玉壘浮雲變古今。」杜樊川之「深秋簾幕千家雨，
落日樓臺一笛風。」陸放翁之「樓船夜雪瓜州渡，鐵馬秋風大散關。」
皆是。本朝惟吳梅村最爲擅長，趙甌北《十家詩話》所摘凡數十聯。
劉公　謂「七律如強弓硬弩，古來能開到十分滿者，殆無幾人」。
每以此意讀前人七律詩，庶動筆時自不至有滑調耳。

◎ 作近體詩前後複字須避，即古體詩亦不宜重疊用之。劉夢得贈白
樂天詩：「雪裏高山頭白早」，又「于公必有高門慶」，自注云：
「高山本高，高門使之高，二字爲義不同。」觀唐人之忌複字如此，
我輩又焉得不檢點乎？

◎ 元以後，律詩尤多通韻，如元遺山、虞伯生、薩天錫、楊廉夫諸
名家集中皆有之，非可概論。唐律第一句多用通韻字，蓋此句原不
在四韻之數，謂之『孤雁入羣』，然不可通者，亦不用也。『進退
格』乃是兩韻相間而成，亦必韻本相通，非可任意也。凡此皆於古
有據，讀者不可不知，作者正不必遽效之。

◎ 古人之音，隨時遞變，後人亦止能尋其迹，而實無由聞其聲，則
以今人言古韻，亦祇以意而已。沈約以吳音爲人口實，吾閩之音，
又有甚焉。而言古韻者，實莫善於閩人，則亦惟古書之是據而已。
講古韻者，自吾閩之吳才老（棫）始，惟《韻補》一書，頗多謬誤。

連江陳季立（第）因之作《毛詩古音考》、《屈宋古音義》，則條例貫通，考證精密。顧亭林之《音學五書》，實從此出。亭林之學，又傳之安溪李文貞公。康熙間御定《音韻闡微》，卽出文貞之手。昔劉貢父（攽）《中山詩話》，載閩士試〈清明象天賦〉，破題云：「天道如何，仰之彌高。」會考官亦同里，遂中選。宋人以此事爲閩人笑柄。

◎　鄭蘇年師曰：「排律爲詩之一體，而其法實異於古近體諸詩，其義主於詁題，其體主於用法，其前後起止，鋪衍詮寫，皆有一定之規格，淺深之體勢。……排律雖以用法、詁題爲主，然無性情、學問、風格以緯於其間，則亦俗作而已。深於風雅者，當自得之。」

◎　鄭蘇年師嘗言：「填詞語多佻達，可不必學。」故及門中，亦無一工此者。

養一齋詩話　　　　潘德輿　著

◎　夫所謂雅者，非第詞之雅馴而已；其作此詩之由，必脫棄勢利，而後謂之雅也。今種種鬪靡騁妍之詩，皆趨勢弋利之心所流露也。詞縱雅而心不雅矣，心不雅則詞亦不能掩矣。

◎　神理意境者何？有關係寄託，一也；直抒己見，二也；純任天機，三也；言有盡而意無窮，四也。……王濟之曰：「讀《詩》至〈綠衣〉、〈燕燕〉、〈碩人〉、〈黍離〉等篇，有言外無窮之感。唐人詩尚有此意，如『君向瀟湘我向秦』，不言恨別而恨別之意溢於

言外;『潮打空城寂寞回』,不言興亡而興亡之感溢於言外,最得風人之旨。」愚謂此類甚多,皆《三百篇》可學之證也。

◎ 學詩當先求六義,唐以前比興多,宋以來賦多,故韻味迥殊。

◎ 郊、島並稱,島非郊匹。人謂寒瘦,郊並不寒也。如「天地入胸臆,吁嗟生風雷。文章得其微,物象由我裁。」論詩至此,胚胎造化矣,寒乎哉?

◎ 每讀東野詩,至「南山塞天地,日月石上生。山中人自正,路險心亦平。」「短松鶴不巢,高石雲始棲。君今瀟湘去,意與雲鶴齊。」「江與湖相通,二水洗高空。定知一日帆,使得千里風。」「天台山最高,動躡赤城霞。何以靜雙目?掃山除妄花。靈境物皆直,萬松無一斜」諸句,頓覺心境空闊,萬緣退聽,豈可以寒儉目之!惟〈秋懷〉諸作,如「老泣無涕洟,秋露為滴瀝。」「秋深月清苦,蟲老聲粗疏。」真有寒意,然不可以概全集也。其〈送別崔寅亮〉云:「天地惟一氣,用之自偏頗。憂人成苦吟,達士為高歌。」詞意圓到,豈專於愁苦者!

◎ 七言絕句,易作難精,盛唐之興象,中唐之情致,晚唐之議論,塗有遠近,皆可循行。然必有弦外之言,乃得環中之妙。利其短篇,輕遽命筆,名手亦將顛躓,初學愈騰笑聲。五言絕句,古雋尤難;搦管半生,望之生畏。

◎ 古之傳者,五字播其芳聲;今之作者,千篇儕於廢紙。苦境不過,甘處不來,卽苦卽甘,乃屬懸解。此中妙境,難為人言。但取多多以為觀美,一寸靈臺,究何樂哉!

◎ 詩不可爲人強作，必勃勃不可以已也而後爲之。滄浪云：「和韻最害人詩。」此雖元、白、皮、陸諸公爲之，然皆爲人強作之一端也。而意興既到，惟所樂爲者，却又宜全力與俱。初定意格，終研詞句，如良醫診脈，精神入微；如法吏斷獄，反覆勘問。凡易悅而自足，皆文章之大病也。

◎ 趙子昂對元世祖詩：「往事已非那可說，且將忠赤報皇元。」哀哉若人，乃至於此！其〈岳王墓〉詩：「南渡君臣輕社稷，中原父老望旌旗。」南渡之君，子昂何人？而忍下此筆也！詩雖工亦不足述矣。後人題子昂畫者，率寓刺譏，而詩品亦有高下，不可一例以爲工也。如虞勝伯〈題子昂苕溪圖〉云：「吳興公子玉堂仙，寫出苕溪似輞川。回首青山紅樹下，那無十畝種瓜田！」沈啓南〈題子昂畫馬〉云：「隅目晶瑩耳竹披，江南流落乘黃姿。千金千里無人識，笑看蕃人買去騎。」史明古〈題子昂畫蘭〉云：「國香零落佩纕空，芳草青青合故宮。誰道有人和淚寫，託根無地怨東風。」方良右〈題子昂竹枝〉云：「中原日暮龍旗遠，南國春深水殿寒。留得一枝烟雨裏，又隨人去報平安。」僧某〈題子昂書淵明歸去來辭後〉云：「典午山河半已墟，褰裳宵逝望歸廬。翰林學士宋公子，好事多應醉裡書。」數詩中惟虞君、史君有忠厚之意，餘悉雋而傷于刻矣。沈啓南詩尤欠老成，不類名宿語。

◎ 凡作譏諷詩，尤要蘊藉；發露尖穎，皆非詩人敦厚之教。如元人〈博浪沙〉云：「如何十二金人外，猶有民間鐵未銷？」〈陳橋驛〉云：「路人遙指降王道，好似周家七歲兒。」皆機警有餘，深厚不

足。予獨愛袁凱〈蘇李泣別圖〉云：「猶有交情兩行淚，西風吹上漢臣衣。」斧鉞寓於纏綿，極耐尋諷，高出〈白燕〉詩百倍。

◎　「亭亭畫舸繫春潭，只待行人酒半酣。不管煙波與風雨，載將離恨過江南。」張文潛絕句也。……予考文潛此題詩又有一首云：「風棹浮煙匝地回，雨將濃翠撲山來。晚涼鼓角三吹罷，夕照江天萬里開。」前詩以情致勝，此詩以氣格勝，皆唐人佳境，漁洋遺之何也？

◎　或問六言詩法，予曰：「王右丞『花落家童未掃，鳥啼山客猶眠。』康伯可『啼鳥一聲春晚，落花滿地人歸。』此六言之式也。必如此自在諧協方妙，若稍有安排，只是減字七言絕耳，不如無作也。

◎　唐六如詩：「青山白髮老癡頑，筆硯生涯苦食艱。湖上水田人不要，誰來買我畫中山？」清狂道人郭詡詩云：「雨腳風聲滿樹頭，隨身蓑笠勝羊裘。柴門猶道牛歸晚，江上風波未泊舟。」此等詩看似淺薄，實有無窮之味，自王、李、鍾、譚作，此等遂成〈廣陵散〉矣。六如又一絕云：「烏衣深巷閉門居，滿榻清風臥讀書。藉問十年何所守？炊煙不繼腹長虛。」六如負才拓落，而清苦如此，其品殊不可及。郭詡雖一畫師，而中官蕭敬啗以錦衣世官，力卻之；宸濠數召與語，辭謝遠遁，求之弗得。二人之胸次極清曠，故脫口能有佳詩，非倉卒可襲也。

◎　元末群盜縱橫，時事不堪言矣。詩家慷慨陳詞，多衰颯無餘地。獨愛張光弼〈感事〉一律云：「雨過湖樓作晚寒，此心時暫酒邊寬。杞人惟恐青天墜，精衛難期碧海乾。鴻雁信從天上過，山河影在月中看。洛陽橋上聞鵑處，誰識當時獨倚欄？」悲淒婉篤，尋諷不厭。

五句痛使命之梗，六句歎金甌之破，尤爲寄託入微。竹垞謂其派出西崑，以「萬斛春光金盞酒，百年心事玉人箏。」「燒殘蠟燭渾成淚，折斷蓮莖卻是絲。」「牡丹開後春無力，燕子歸來事可憐。」盡之，殊不然。其「未添白髮三千丈，又見銅駝五百年。」「長空孤鳥望中沒，落日數峯烟外青。」「揚州城郭高低樹，瓜步帆檣上下風。」雄爽可愛，西崑無此吐屬也。

◎ 詠子陵釣臺者，或云：「經過百世見清風，爭羨羊裘一釣翁！不有雲臺諸將力，釣臺亦在戰爭中。」或云：「一著羊裘便有心，虛名傳誦到如今。當時若著蓑衣去，烟水茫茫何處尋。」自以爲獨開生面，而不知其刻繩無味也。以嚴先生之高節，而猶不免詆譏，何不樂成人之美如此？晚唐王貞白詩「山色四時碧，溪光七里清。嚴陵愛此景，下視漢公卿。」不著議論而行以古直之氣，最屬高格。惜其下接云：「垂釣月初上，放歌風正輕。」局振不起，晚唐通病。末云：「應憐渭濱叟，匡國祇論兵。」欲揚子陵，遂抑太公，何無識乃爾！此亦如溫飛卿〈磻溪〉詩：「橋上一通名利迹，至今沙鳥背人飛。」同一揶揄古聖，犯大不韙也。方密之〈釣臺〉詩云：「先生無行事，先生不著書，但能不肯爲人臣。今人不能棄富貴，乃以藏拙譏古人。」兀傲不羣，深中時人隱痼之疾。如「不有雲臺諸將力」，「當時若著蓑衣去」二詩，皆不能棄富貴而以藏拙譏古人者也，徒見其輕薄可哂而已矣。

◎ 唐人詩「長貧惟要健，漸老不禁愁。」「乍見翻疑夢，相悲各問年。」「少孤爲客早，多難識君遲。」「長因送人處，憶得別家時。」

「問姓驚初見,稱名憶舊容。」「客淚題書落,鄉愁對酒寬。」「旅望因高盡,鄉心遇物悲。」「道直身還在,恩深命轉輕。」「乍見翻無語,別來長獨愁。」皆字字從肺肝中流露,寫情到此,乃為入骨,雖是律體,實《三百篇》、漢、魏之苗裔也。初學欲以淺率之筆襲之,多見其不知量。

◎ 吾鄉龔聖予題趙子昂〈雪中高士圖〉云:「雪氣侵人臥欲僵,勞勞明府到蔾牀。主賓問答皆情話,何用閒名入薦章!」諷刺之意,在於言外,不獨品高,詩亦深遠。譏子昂者多矣,不逮此也。龔又有〈題山水〉詩云:「谷口長松澗底藤,石橋山路遠登登。囊琴斗酒來何暮,空負寒齋昨夜燈。」風味直似倪高士。

◎ 漁洋答劉大勤云:「無論古律正體拗體,皆有天然音節。唐、宋、元諸大家,無字不諧,明何、李、邊、徐、王、李亦然,袁中郎之流,便不了了矣。」又云:「七言古凡一韻到底者,其法度悉同。惟仄韻詩單句末一字,可平仄相間用,平韻詩單句末一字,忌用平聲,若換韻者則當別論。」是漁洋亦未嘗不以聲調示人也,特不如趙氏之備耳。凡趙氏所致譏於漁洋者甚多,其詞氣憤懑,非盡由論詩之相失,恐自以蹉跌不振,由漁洋門下所擠故耶?抑以婦舅之親,不能出氣力相拔故耶?要之《聲調》一譜,則趙氏之功為大,殆歷刼不敝者也。

◎ 張文定安道〈題漢高廟〉詩:「縱酒疏狂不治生,中陽有土不歸耕。偶因亂世成功業,更向翁前與仲爭。」議論極有關係,但「治」字誤讀去聲。然徐騎省〈觀習水師〉詩:「元帥樓船出治兵」,「治」

字已讀去聲矣。按〈說文〉，治本水名，出東萊曲城陽丘山，南入海。從水，台聲，直之切。是「治」字本平聲。陸氏《釋文》，於諸經中平聲者，並無音去聲者，乃音直吏反，蓋借用乃爲去聲也。今騎省亦誤讀「治」字，豈校定《說文》者所宜出耶？然昌黎〈諱辨〉：「諱呂后名雉爲野雞，不聞又諱治天下之治爲某字也。」則「治」字誤讀，又不始於騎省。第騎省佳詩甚希，且以南唐大臣復仕於宋，選者必以其詩殿唐人之後，何所取哉！

◎　魯直曰：「二十年來，學士大夫有功於翰墨者，不爲不多，卓爾名家者則少。蓋嘗深求其故，病在欲速成耳。」又曰：「近世少年，多不肯治經術，及精讀史，乃縱以助詩，故致遠則泥。」又「古之能爲文章者，真能陶冶萬物，雖取古人之陳言入於翰墨，如靈丹一粒，點鐵成金也。文章最爲儒者末事，然既學之，又不可不知其曲折」。後山云：「詩欲其好，則不能好矣。王介甫以工，蘇子瞻以新，黃魯直以奇，而子美之詩，奇、常，工、易，新、陳，莫不好也。」又曰：「詩非力學可致，正須胸中度世耳。」

◎　宋人張無盡〈題武昌靈竹寺〉云：「孟宗泣竹筍多生，豈是青青竹有情。影響主張非別物，人心但莫負幽明。」理何嘗不是，而詞有迂腐直率之病，此宋派也。或謂宋詩少興象，類不長於絕句，亦不然。予於《宋人千首絕句》外，前已略數宋之名絕句矣。今又得思致清婉，足供誦玩，而不甚著名者數首，錄於此：「少年公子出皇都，勒馬途中倒玉壺。卻問路旁耕稼者，夜來風雨損花無？」「遲明騎馬傍朱門，安得梅花入夢魂？慚愧高人眠正熟，一生知不受人

恩。」「集賢仙客問生涯，買得漁舟度歲華。案有《黃庭》尊有酒，無風波處即爲家。」「紛紛紅紫已成塵，布穀聲中夏令新。夾路桑麻行不盡，始知身是太平人。」「欲挂衣冠神武門，先尋水竹渭南村。卻將舊斬樓蘭劍，買到黃牛教子孫。」

養一齋李杜詩話　　　潘德輿　著

◎　朱子曰：「李太白詩非無法度，乃從容於法度之中，蓋聖於詩者。」按古今論太白詩者眾矣，以朱子此論爲極則。

◎　嚴氏羽曰：「觀太白詩者，要識真太白處。太白天才豪逸，語多卒然而成。學者於每篇中，識其安身立命處可也。」

◎　顧氏璘亦云：「文至莊，詩至太白，草書至懷素，皆兵法所謂奇也。」然懷素之草書，非右軍之左規右矩也，太白卻於古法無脫漏處耳。

◎　秦氏觀曰：「杜子美之詩，實集眾家之長，適當其時而已。昔李陵、蘇武之詩，長於高妙；曹植、劉楨之詩，長於豪邁；陶潛、阮籍之詩，長於沖澹；謝靈運、鮑照之詩，長於峻潔；徐陵、庾信之詩，長於藻麗。於是子美窮高妙之格，極豪邁之氣，包沖澹之趣，兼峻潔之姿，備藻麗之態，諸家之作所不及焉。然不集諸家之長，亦不能至於斯也。……按東坡云：「子美之詩，退之之文，魯公之書，皆集大成者也。」「集大成」之說，首發於東坡，而少游和之。然考元微之〈工部墓誌〉曰：「余讀詩至杜子美，而知大小之有總

萃焉。上薄《風》、《雅》，下該沈、宋，言奪蘇、李，氣吞曹、劉，掩顏、謝之孤高，雜徐、庾之流麗，盡得古今之體勢，而兼人人之所獨專。能所不能，無可無不可，詩人以來，未有如子美者。」此即「集大成」之義，特未明言耳，則亦非東坡、少遊之創論也。

◎ 李氏綱曰：「王者迹熄而《詩》亡，《詩》亡而〈離騷〉作。〈九歌〉、〈九章〉之屬，引類比義，雖近乎俳，然愛君之誠篤，而疾惡之志嚴，君子許其忠焉。漢、唐間以詩鳴者多矣，獨杜子美得詩人比興之旨，雖困躓流離而心不忘君，故其詞章慨然有志士仁人之大節，非止摹寫物象，風容色澤而已也。」

◎ 朱子曰：「杜詩佳處，有在用字造意之外者，惟虛心諷詠，乃能見之。」按薛文清公云：「『水流心不競，雲在意俱遲』，可以形容有道者之氣象。『寂寂春將晚，欣欣物自私』，可以形容物各付物之氣象。『江山如有待，花柳更無私』，唐詩皆不及此氣象。」

◎ 宋氏祁曰：「甫混涵汪茫，千彙萬狀，兼古今而有之。他人不足，甫乃厭餘；殘膏賸馥，沾丐後人多矣。又善陳時事，律切精深，至千言不少衰，世號詩史。」

◎ 李氏夢陽曰：「疊景者意必二，闊大者半必細，此最律詩三昧。如『浮雲連海岱，平野入青徐。孤嶂秦碑在，荒城魯殿餘。』前景寓目，後景感懷也。如『詔從三殿去，碑到百蠻開。野館濃花發，春帆細雨來。』前半闊大，後半工細也。唐法律甚嚴惟杜，變化莫測亦惟杜。」按崆峒學杜，摹擬有痕，刻劃過甚，誠開剽竊之風，若此論五律一則，則方圓之規矩也。胡氏應麟亦謂「老杜五律，雖

中聯言景不少，大率以情間之。故習杜者，句語或有枯燥之嫌，而體裁絕無靡冗之病。此初學入門第一義，不可不知」。此與崆峒皆爲閱歷之言。今人自以爲情景交融，而不知夙非老手，何可揮霍任意哉？然周氏弼必謂「前聯情而虛，後聯景而實，輕前重後，酌量乃均。若前聯景而實。後聯情而虛，前重後輕，多流于弱」。又未免拘執過甚，視律詩如印板矣。

輟鍛錄　　　　方南堂 著

◎　有詩人之詩，有學人之詩，有才人之詩。才人之詩，崇論閎議，馳騁縱橫，富贍標鮮，得之頃刻。然角勝於當場，則驚奇仰異；咀含於閒暇，則時過境非。譬之佛家，吞針咒水，怪變萬端，終屬小乘，不證如來大道。學人之詩，博聞強識，好學深思，功力雖深，天分有限，未嘗不聲應律而舞合節，究之其勝人處，即其遜人處。譬之佛家，律門戒子，守死威儀，終是鈍根長老，安能一性圓明！詩人之詩，心地空明，有絕人之智慧；意度高遠，無物類之牽纏。詩書名物，別有領會；山川花鳥，關我性情。信手拈來，言近旨遠，筆短意長，聆之聲希，咀之味永。此禪宗之心印，風雅之正傳也。

◎　作詩未辨美惡，當先辨是非。有出入經史，上下古今，不可謂之詩者；有尋常數語，了無深意，不可不謂之詩者。會乎此，可與入詩人之域矣。

◎　未有熟讀唐人詩數千百首而不能吟詩者，未有不讀唐人詩數千百

首而能吟詩者。讀之既久，章法、句法，用意、用筆，音韻、神致，脫口便是，是謂大藥。藥之不效，是無詩種，無詩種者不必學詩。藥之必效，是謂佛性，凡有覺者皆具佛性，具佛性者卽可學詩。

◎ 古云：「詩有別材，非關書也；詩有別趣，非關理也。」此說詩之妙諦也，而未足以盡詩之境。如杜子美「雨露之所濡，甘苦齊結實。」白樂天「野火燒不盡，春風吹又生。」韓退之〈拘幽操〉，孟東野〈遊子吟〉，是非有得於天地萬物之理，古聖賢人之心，烏能至此？可知學問理解，非徒無礙於詩，作詩者無學問理解，終是俗人之談，不足供士大夫之一笑。然正有無理而妙者，李君虞「嫁得瞿塘賈，朝朝誤妾期。早知潮有信，嫁與弄潮兒」。劉夢得「東邊日出西邊雨，道是無晴却有晴」。李義山「八駿日行三萬里，穆王何事不重來」。語圓意足，信手拈來，無非妙趣。可知詩之天地，廣大含宏，包羅萬有，持一論以說詩，皆井蛙之見也。

◎ 作詩不能不用故實，眼前情事，有必須古事襯托而始出者。然用事之法最難，或側見，或反引，或暗用，吸精取液，於本事恰合，今讀者一見了然，是爲食古而化。若本無用意處，徒取經史字面，鋪張滿紙，是侏儒自醜其短，而固高冠巍屐，綠衣紅裳，其惡狀愈可憎也。

◎ 李遐叔（華）〈弔古戰場文〉：「其存其沒，家莫聞知。人或有言，將信將疑。悁悁心目，寢寐見之。」陳陶則二十四字化而爲十四字，云：「可憐無定河邊骨，猶是春閨夢裏人。」可謂猶龍之筆。

◎ 詠物詩不宜多作，用意用筆俱從雕刻尖巧處着想，久之筆仗纖碎，

求一二高視闊步之語，昭彰跌宕之文，不可得矣。

◎　詠物題極難，初唐如李巨山多至數百首，但有賦體，絕無比興，癡肥重濁，止增厭惡。惟子美詠物絕佳，如咏鷹咏馬諸作，有寫生家所不到。貞元、大曆諸名家，咏物絕少。唯李君虞〈早燕〉云：「梁空繞復息，簷寒窺欲遍」，直是追魂攝魄之語。餘無所見。元和以後，下逮晚唐，詠物詩極多，縱盡巧妙，總不勉描眉畫角，小家舉止，不獨求如杜之詠馬詠鷹不可得見，即求如李之〈早燕〉大方而自然者，亦難之難矣。

◎　人情真至處，最難描寫，然深思研慮，自然得之。如司空文明「乍見翻疑夢，相悲各問年」，李君虞（益）「問姓驚初見，稱名憶舊容」，皆人情所時有，不能苦思，遂道不出。陳元孝云：「詩有兩字訣：曰曲，曰出。」觀此二聯，益知元孝之言不謬。

◎　作詩以意為主，而句不精煉，妙意不達也；煉句以達為主，而音不合節，雖達非詩也。然則音韻之於詩亦重矣哉！今人不知，誤以高響為音韻，其失之更遠。

◎　立題最是要緊事，總當以簡為主，所以留詩地也。使作詩義意必先見於題，則一題足矣，何必作詩？然今人之題，動必數行，蓋古人以詩詠題，今人以題合詩也。

說詩菅蒯　　　　　吳雷發 著

◎　詩須得言外意，其中含蓄無窮，乃合風人之旨。故意餘于詞，雖

淺而深,辭餘于意,雖工亦拙。詞盡而意亦盡,皆無當于風人者也。

◎ 筆墨之事,俱尚有才,而詩爲甚,然無識不能有才,才與識實相表裏,作詩須多讀書,書所以長我才識也;然必有才識者,方善讀書。不然,萬卷之書,都化塵壒矣,詩須多做,做多則漸生才識也,然必有才識者,方可多做。不然,如不識路者,愈走愈遠矣。詩須多講究。講究多所以遠其識、高其才也,然必有才識者,方能講究,不然,齊語楚咻,茫然莫辨故也,故知才識尚居三者之先。

◎ 有強解詩中字句者,或述前人可解、不可解、不必解之說曉之,終未之信。余曰:「古來名句,如『楓落吳江冷』,就子言之,必曰楓自然落,吳江自然冷,楓落則隨處皆冷,何必獨曰吳江?況吳江冷,亦是常事,有何喫緊處?卽『空梁落燕泥』,必曰梁必有燕,燕泥落下,亦何足取?不幾使千秋佳句,興趣索然哉!且唐人詩中,鐘聲曰濕,柳花曰香,必來君輩指摘。不知此等皆宜細參,不得強解,甚矣,可爲知者道也。

◎ 咏物詩要不卽不離,工細中須具縹緲之致。若今人所謂必不可不寓意者。無論其爲老生常談,試問古人以咏物見稱者,如鄭鷓鴣、謝蝴蝶、高梅花、袁白燕諸人,彼其詩中寓意何處,君輩能一一言之否?夫詩豈不貴寓意乎?但以爲偶然寄託,則可,如必以此意強入詩中,詩豈肯爲俗子所驅遣哉!總之,詩須論其工拙,若寓意與否?不必屑屑計較也。大塊中景物何限,會心之際,偶爾觸目成吟,自有靈機異趣,倘必拘以寓意之說,是錮人聰明矣。此其說在今,一唱百和,遂奉爲科律,吾謂巧者用之,則有益無害,拙者守之,

愈甚其拙而已。近見咏物詩，時時欲以自命不凡之意寓乎其中，且無論其詩之工拙，卽其爲人腥穢之氣，已使人難近，縱詩中作大話，誰則信之？又其甚者，必以己之境遇強入詩中，塵容俗狀，令人欲嘔。論詩者，或以二者皆能寓意而取之耶，古人咏物詩，體物工細，摹其形容，兼能寫其性情，而未嘗旁及他意，將以其不寓意而棄之耶！彼其以此繩人者，蓋爲見人有好句，以此抹煞之耳。卽不然，亦自欺以欺人耳！試取咏物數題，令彼成詩，方求肖乎是物之不暇，尚敢言寓意否？

◎　從古詩人，大約憤世疾邪者居多。今人作詩，切戒罵人，勢必爭妍取憐，學爲妾婦之道，宜乎詩稿中，無非祝頌之詞，諂諛之態，而氣骨全不見也。但刺譏之中，須隱而彰，始爲得體耳！至于深可憎惡者，原自不妨痛快，卽《三百篇》中，何嘗無痛罵不留餘地處，以後又不必論矣。夫強越人以文冕，猶可也，養鴛雛以死鼠，可乎哉？

◎　學古須有獨見，不然，則易得其短，難取其長。世人貴遠賤近，謂古人有美無惡，至問其所以爲美，則終不能言，宜其賤玉貴珉，去取皆左矣。夫刻求古人之短，正能識其長處，古人有知，必不以浮慕者爲知己。以此論之，則牝牡驪黃之外，自有真賞。人奈何不以目爲用而以耳爲用乎？詩以山林氣爲上，若臺閣氣者，務使清新拔俗，不然，則格便低，前人早朝應制諸詩，其拔俗者，不過十之一二，大抵此等題，極易入俗，雖有能者，無所施其技也。余幼時侍先君子，猶記論詩一節云：「畫山水者宜竹籬茅舍，不宜朱閣華

堂；宜布袍藜杖之老翁，不宜垂紳縉笏之朝貴；宜抱琴負囊之童子，
披蓑撥棹之野人，不宜輕裘駿馬之公子及旗旄導前騎卒擁後之從
人。雖有好俗之人，不能使畫家頓易其轍。」蓋山水有真趣，俗自
不能勝雅，以此推之，于詩則山林氣者爲貴矣。先君子所訓，洵是
不易之言。

◎　有極平淡而難及者，人或以爲警鍊少，不知其駕警鍊而上之也，
但學者未造警鍊，不可先學平淡，且亦斷學不來。

◎　羅大經《鶴林玉露》云：「杜陵詩『桑麻深雨露，燕雀半生成』，
后山詩『輟耕扶日月，起廢極吹噓』，或謂虛實不類，殊不知生爲
造，成爲化，吹爲陰，噓爲陽，氣勢力量與雨露日月正相配也。」
愚按此論，是爲古人曲護，而其說頗鑿，古人用此，亦是偶然，在
兩公或未必見及此，且卽無此解，虛實未嘗不可活對，古人有知，
甚無取後人之曲護也。試卽類推之，如『氣色皇居近，金銀佛寺開』，
得無曰氣爲陽、色爲陰乎！又『竟日淹留佳客至，百年粗糲腐儒餐』，
「淹留」二字，又當何解？

竹林答問　　　　　陳　僅　答

◎　問：嚴滄浪有云：「律詩難於古詩，七律難於五律。」此語頗似
駭俗。答：滄浪此語，深得詩中三昧，學者自昧昧耳！管韞山曰：
「五律人可頓悟，七言則非積學攻苦不能致也。論者謂『如挽百弓，
非腕中有神力者，止到八九分地位。』此言最善於名狀。」吾鄉先

輩薛千仞先生曰：「七言律法度貴嚴，紀律貴整，音調貴響，不易染指。余見初學後生無不爲七言律，似反以此爲入門之路，宜其欲入而自閉其門，終身不得窺此道藩籬，無怪也。」兩先生之言旨哉！

◎　問：兩漢詩無用事者，詩之用典起於何人？答：史語入詩，始於曹子建。玄語入詩，始於孫子荊。經語入詩，始於謝康樂。

◎　問：沈歸愚謂「文以養氣爲歸，詩亦如之。」然否？答：詩以氣爲主，此定論也。少陵，元氣也。太白，逸氣也。昌黎，浩氣也。中唐諸君，皆清氣之分，而各有所雜，爲長篇則不振，氣竭故也。香山氣不盛而能養氣，淪瀾淳蓄，引而不竭，亦善用其短者。晚唐則厭厭無氣矣。譬之於水，杜爲東瀛；李爲天漢；韓爲江河；白則平湖萬頃，一碧漣漪；晚唐之佳者，不過澗溪之泛濫而已。

◎　問：漢、魏、六朝五古尟有轉韻者，唐人五古尙然，而七古則大抵轉韻者多，何也？答：七古行之以氣，句字旣冗，長篇難於振厲。轉韻長古較易於一韻到底者，以韻轉則氣隨之翕張，不至一往而竭故也。唐初盛諸家，獨韻長古絕少。惟昌黎之氣最盛，特好爲之，而少變化亦坐此。然必氣盛，方可言變化。初學七言，仍當以一韻到底入手，所以充其氣也。若五古字少，又以神韻爲主，神韻不可促，故轉韻特難。〈古詩十九首〉惟「行行重行行」與「冉冉孤生竹」二首換韻，其音節轉捩處，便近樂府。五言長古濫觴於齊、梁，汪洋於杜、韓、元、白，終非正格。

◎　問：然則古詩當以一韻到底爲正格矣？答：此卻不然。論其源，則《三百篇》詩無不轉韻者，卽其中有一韻相承至十二句以上，未

有不換韻，蓋作詩之定式也。豈得謂《三百篇》非正格乎？

◎　問：然則轉韻之長短緩急無定法乎？答：此中亦實有規矩，難以言傳。其法莫備於杜詩，有每段八句四句法律森嚴者，有間以促韻者，有變化不可端倪者，大抵前紆徐而後急促，所謂亂也。熟玩之自能心領神會。予著《詩誦》一書，論《三百篇》轉韻之法甚備，可以溯源。

◎　問：七古轉韻似當以一平一仄相間，抑可不拘否？答：未嘗盡拘。但長古轉韻，平仄自須約略相間，方極高下鏗鏘之致。惟仄韻有三而平韻祇一聲，此中亦自有變化。宋人詩已有不甚了了者矣。

◎　問：七言古詩換韻之句必用韻，何故？答：轉韻七古，凡換頭之句必有韻，與五古轉韻異，與歌行雜言亦異。蓋五古原本《三百篇》，雜言句法伸縮，其換韻自有御風出虛之妙。七言則句法嘽緩，轉韻處必用促節醒拍，而後脈絡緊遒，音調圓轉。古今作者，皆無異軌。惟少陵〈醉時歌〉「先生有道出羲皇」，〈哀江頭〉「憶昔霓旌下南苑」，〈劍器行〉「先帝侍女八千人」，三換頭皆無韻。細玩之，乃各有法外法，使後人傲之，則立蹶矣。

◎　問：平韻五古單句末一字似可用平聲，古人亦嘗如此。答：平韻五古單句住腳可用平聲，與七古異。然三聯中連用平聲尙可，四聯連用，則八句住腳字皆平聲，音節盡痿靡矣。若犯同韻字，如第一句末用「支」字，第三句末用「微」子，第五句末用「齊」字，尤爲大忌。

◎　問：古詩聲調有可宗不可宗，何也？答：欲知聲調之法，杜、韓

可宗也,盛唐諸家其輔也,宋則歐、蘇、黃、陸而已。自「一三五不論,二四六分明」之瞽說起,村學究奉爲金科玉律,將幷律詩之聲調而亡之,是深可恨也。

◎　盛唐人別有一種古律,其音節何如?答:盛唐古律有兩種,其一純乎律調而通體不對者;如太白「牛渚西江夜[4]」,孟浩然「挂席東南望[5]」是也。其一爲變律調而通體有對有不對者,如崔國輔「松雨時復滴[6]」,岑參「昨日山有信[7]」是也。雖古詩仍歸律體。故以古詩爲律,惟太白能之,岑、王其輔車也;以古文爲詩,惟昌黎能之,少陵其先路也。

◎　問:昔人謂每句之間必平仄均勻,讀之始音節諧暢,有可指示者與否?答:律詩貴鏗鏘抗墜,一片宮商,故非獨單句住脚字須三聲互換,卽句首第一字亦不可全平全仄。又七律每句第三字亦不宜全平,以防調啞。少陵〈移居白帝〉五律,第三五句住脚皆入聲,而「別」、「說」又同九屑韻。〈將赴成都寄鄭公〉第二首,八句句頭字一平七仄。〈長沙送李十一〉句首字八仄。要是失檢處,不可以出於杜,遂援爲例也。

---

[4] 李白〈夜泊牛渚懷古〉(此地即謝尙聞袁宏詠史處):「牛渚西江夜,青天無片雲。登舟望秋月,空憶謝將軍。余亦能高詠,斯人不可聞。明朝挂帆席,]楓葉落紛紛。」

[5] 孟浩然〈舟中曉望〉:「挂席東南望,青山水國遙。舳艫爭利涉,來往接風潮。問我今何適,天台訪石橋。坐看霞色晚,疑是赤城標。」

[6] 崔國輔〈宿法華寺〉:「松雨時復滴,寺門清且涼。此心竟誰證,回憩支公床。壁畫感靈跡,龕經傳異香。獨遊寄象外,忽忽歸南昌。」

[7] 岑參〈還高冠潭口留別舍弟〉:「昨日山有信,祗今耕種時。遙傳杜陵叟,怪我還山遲。獨向潭上酌,無人林下棋。東谿憶汝處,閒臥對鸕鶿。」

◎　問：沈約八病當忌否？答：詩法有古人不之忌而今人不可不忌者，如重韻、重字、複調、複典之類。詩律貴嚴，不能以古人解也。從未有古人所忌而今人可不之忌者，惟沈約八病，大牛爲驅古變律之用，今古、律已劃然，正無需於此。至正紐、旁紐、大韻、小韻，唐人已不之遵，村學究斤斤講守，反成拙累，亦何益之有？

◎　問：鍊字之法如何？答：有鍊實字者，如老杜「浮雲連海岱，平野入青徐」，「連」字、「入」字爲單鍊；「花妥鶯捎蝶，溪喧獺趁魚」，「妥、捎」，「喧、趁」，每句各兩字爲雙鍊。此其一隅也。有鍊虛字者，如「江山有巴蜀，棟宇自齊梁」，「有」字、「自」字是也。有鍊半虛半實字者，如「桑麻深雨露，燕雀半生成」是也。有鍊叠字者，如「練練川上雲，纖纖林表霓」，「練練」、「纖纖」是鍊。然猶有本也。若「野日荒荒白，江流泯泯清」，「山市戎戎暗，江雲淰淰寒」，憂憂生造，而景象神趣，全在數叠字內現出，巧奪天工矣。鍊實字易，詩人多能之。鍊虛字難，鍊半虛半實字及鍊叠字更難，此事盛唐以後，眇乎爲繼矣！

◎　問：鍊字與鍊句，似無異法？答：鍊字在字上用力，若鍊句，當以渾成自然爲尚，著一毫斧鑿痕不得，不能以字法論也。宋人《詩眼》謂「好句要須好字」，以「鍊字不如鍊句」一語爲未安，不亦謬乎？

◎　問：班婕妤〈團扇〉，非詠物乎？答：古人之詠物，興也；後人之詠物，賦也。興者借以抒其性情，詩非徒作，故不得謂之詠物也。自擬古詩興而性情僞，自詠物詩興而性情亡，其能於擬古、詠物見

真性情者，杜老一人而已。

◎　問：詠物詩以何道為貴？答：詠物詩寓興為上，傳神次之。寓興者，取照在流連感慨之中，《三百篇》之比興也。傳神者，相賞在牝牡驪黃之外，《三百篇》之賦也。若模形範質，藻繪丹青，直死物耳，斯為下矣。予嘗評友人詩云：「詩中當有我在，卽一題畫，必移我以入畫，方有妙題；一詠物，必因物以見我，方有佳詠。小者且然，況其大乎？」此語試參之。

◎　問：題畫詩何如？答：題畫詩起於老杜，人人皆讀之。故凡題畫山水，必說到真山水，此法稍知詩理者皆能言之。然此中須有人在，否則雖水有聲，山有色，其如盲聾何！試觀老杜題山水必曰：「若邪谿，雲門寺，青鞋布韤從此始。」題畫松必曰：「我有一匹好東絹，重之不減錦繡段，請君放筆為直幹。」題畫馬必曰：「真堪託死生。」題畫鷹必曰：「吾今意何傷，顧步獨紆鬱。」厥後東坡、放翁亦均如此，可悟矣。

◎　問：王筠稱沈約詩為「彈丸脫手」，言其圓熟也。故曰「文到妙來無過熟」。而韓子蒼言：「詩不可太熟，亦須令生。」近人論文，一味忌語生，往往不佳。此言何謂邪？答：詩不宜太生，亦不宜太熟，生則澀，熟則滑，當在不生不熟之間，「捶鉤鳴鏑」，其候也。詩不宜太露，亦不宜太隱，露則淺，隱則晦，當在不露不隱之間，「草蛇灰綫」，其趣也。詩不宜陳，亦不宜新，陳則俗，新則巧，當在不陳不新之間，「初日芙蓉」，其光景也。

◎　問：生熟之候既聞命矣，敢問如何是露？答：詩有十病，總其歸

曰露。意露則淺,氣露則粗,味露則薄,情露則短,骨露則戾,辭露則直,血脈露則滯,典實露則支,興會露則放,藻采露則俗。王世懋謂少陵無露句者此也。

◎ 問:作詩用事之法何如?答:用事之法,實事虛用,死字活用,常事翻用,舊事新用,兩事合用,旁事借用。事過煩則裁之以簡約,事過苦則出之以和平,事近褻則持之以矜莊,事近怪則寄之以淡雅。寫神仙事除鉛汞語,寫僧佛事除蔬筍味,寫儒先事除頭巾氣,寫仕宦事除冠帶樣。本餘事也,或用之作正面;本正事也,或用之作餘波。甚且名作在前,人避我犯,目中且無千古,何至人云亦云邪?

◎ 問:近時人詩有可學者否?答:詩人入門,勿求速成,初學切勿令其窺近時人詩,一入為主,遂悞終身。夫「取法乎上,僅得乎中」,今「取法乎下」,將何以自處?猶記幼年嘗讀袁隨園詩,數日間作詩示人,則交相贊譽,不曰「子才再世」,即曰「神似倉山。」予汗流浹背,遂棄不復再窺。吾師汪竹素先生嘗誨予曰:「子以宋詩入門,故後雖竭力學杜,終不能擺脫窠臼。」嗚呼!吾師往矣,學業不成,終此頹落,負負而已。汝曹其戒之哉!

◎ 問:然則說詩之道當何如?答:說詩當去三弊:曰泥,曰鑿,曰碎。執典實訓詁而失意象,拘格式比興而遺性情,謂之泥。厭舊說而求新,強古人以就我,謂之鑿。釋乎所不足釋,疑乎所不必疑,謂之碎。

◎ 問:叔父每評後進詩,常並其題改之,何故?答:今人不能作詩,並不能作題。試觀唐人詩題,有極簡者,有極委曲繁重者,熟思之

皆有意味，置之後人集中，可以一望而知。勿謂篇題無關詩病可草草也。

◎　古今梅花詩殆將千首，眼前諸名句以外，尙有可探者否？答：非必無出色之句，但鄙意花木中如梅菊二花，昔人名作如林，不如不措筆之爲妙。又若節候中之端午、七夕，作詩斷無佳語，亦不如不作也。

白華山人詩說　　　厲　志　著

◎　直而能曲，淺而能深，文章妙訣也。有大可發揮，絕可議論，而偏出以淺淡之筆，簡淨之句，後之人雖什佰千萬而莫能過者，此〈三百篇〉真旨，漢、魏人間亦有之。

◎　阮亭云：「唐詩主情，故多蘊藉；宋詩主氣，故多徑露。」吾謂唐詩亦正自有氣，宋詩但不及其內斂耳。

◎　心神快爽時，則氣易粗浮。當此時，要平素有實積工夫，抒寫之間，自然如春雲出岫，望之蓬蓬勃勃，而其噓吐又極自在也。

◎　今人作詩，氣在前，以意尾之。古人作詩，意在前，以氣運之。氣在前，必爲氣使，意在前，則氣附意而生，自然無猛戾之病。

◎　劉公幹詩，讀之亦無甚深意。意依情生，情厚則意與俱厚，祇覺纏綿悱惻，縈繞簡篇，十日不散。其詩之勝人處，實其情之過人所致。

◎　宋人多不講音韻，所以大遜唐人也。要知離脫音韻，便不可謂之

詩。

◎　凡作詩必要書味薰蒸，人皆知之。又須山水靈秀之氣，淪浹肌骨，始能窮盡詩人真趣，人未必知之。試觀古名人之性情，未有不與山水融合者也。觀今之詩人，但觀其游覽諸作，雖滿紙林泉，而口齒間總少烟霞氣，此必非真詩人也。

問花樓詩話　　　　陸　鋆　著

◎　昔人謂「詩中有畫，畫中有詩」，然亦有畫手所不能到者。先廣文嘗言：「劉文房〈龍門八詠〉：『入夜翠微裏，千峯明一燈。』〈浮石瀨〉詩：『眾嶺猿嘯重，空江人語響。』〈石梁湖〉詩：『湖色澹不流，沙鷗遠還滅。』錢仲文〈秋杪南山〉詩：『反照亂流明，寒空千嶂淨。』李祭酒〈別業〉詩：『片水明斷崖，餘霞入古寺。』柳子厚〈溪居〉詩：『曉耕翻露草，夜榜響溪石。』〈田家〉詩：『雞鳴村巷白，夜色歸暮田。』此豈畫手所能到耶？」

◎　詩宜含蓄，唐人不露論鋒，所以可貴。庾子山本梁臣，後入東、西魏，又事後周，歷四朝十主。唐人盧中〈讀子山集〉云：「四朝十帝盡風流，建業長安兩醉遊。惟有一篇〈楊柳曲〉，江南江北為君愁。」按庾信〈楊柳曲〉：「君言丈夫無意氣，試問燕山那得碑？」蓋欲自比孟堅從竇憲立功塞外，究亦書生大言耳。盧詩隸事精切，風刺之意，都在言外。

◎　梅花詩，譚者盛稱林處士，不知唐人先有佳作。釋齊己《白蓮集》

中〈早梅〉詩云:「萬木凍欲折,孤根暖獨回。前村深雪裏,昨夜一枝開。風遞幽香出,禽窺素豔來。明年如應律,先發望春臺。」崔道融詠梅詩,楊誠齋愛其首聯,以未見全篇爲憾。後得於說部中,詩曰:「數萼初含雪,孤標畫本難。香中別有韻,清極不知寒。橫笛和愁聽,斜枝倚病看。朔風如解事,容易莫摧殘。」

◎ 宋詩好議論,元詩近詞曲,昔賢固有定論,然有元一代之作不可廢也。自李空同倡不讀唐以後書之說,前後七子唾棄元詩爲不足道。漁洋〈論詩絕句〉云:「鐵厓樂府氣淋漓,淵穎歌詩格儘奇。耳食紛紛說開寶,幾人眼見宋元詩?」爲空同輩發也。鐵厓,楊維楨廉夫。淵穎,吳萊立夫,淵穎者,蓋其門人宋金華輩所私諡也。鐵厓樂府出少陵、二李之間。明洪武初,召修禮書,賦〈老客婦謠〉以進,至京留百有十日而歸。宋金華贈詩云:「不受君王五色詔,白衣宣至白衣還。」蓋紀實也。淵穎工古文,七言、歌行尤奇肆。

◎ 客有從楚南來者,爲余誦元人張雄飛〈題岳陽樓〉云:「樓上元龍氣不除,湖中范蠡意何如?西風萬里一黃鵠,秋水半江雙白魚。鼓瑟至今悲二女,沈沙何處弔三閭?朗吟仙子無人識,騎鶴吹簫下碧虛。」岳陽自少陵一詩後,有作者皆凡響耳。雄飛在元不著名,其詩橫絕一世,少陵而後,此其嗣音。

◎ 古人無以詩文爲壽之例,前明以來,公然有作,圭峯、震川兩家,間刻壽序,亦一時風氣所尚爾。先方伯公退居林下,年逾古稀,梅村祭酒以同里素交,爲詩稱祝。詩曰:「金門掉臂卽蓬萊,石室烟霞待爾開。三徑春遊鳩杖出,九苞朝食鳳雛來。夢懸西掖雙鳴珮,

坐對南山共舉杯。却喜文孫傳奕葉，五雲遙見日邊迴。」今梅村集
不載此詩。昔石林題南澗詩曰：「不可使千秋後集中有上生日詩。」
蓋宋人最嚴此例。

◎　作詩忌寒乞態。余經年遠客，金盡裘敝，擬賦敝裘詩未果。頃讀
《研溪集》（惠元龍著），中有〈敝裘〉詩一律，工雅無酸氣。詩
云：「幾度西風促暮砧，漫傾殘笥付縫紝。絲紋斷續難容綖，毛裏
稀疎不受鍼。猶有餘溫勝短褐，還將獨夜抵重衾。歲寒惟爾堪相倚，
忍爲豐貂易素心。」

◎　周侍郎〈櫟園〉有言：「國朝詩推寧人、野人二家。」野人姓吳
名嘉紀，江南泰州人，詩名《陋軒集》。〈新僕〉云：「語少身初
賤，魂傷家驟離。饑寒今已免，力役竟忘疲。長者親難浹，新名答
尚疑。猶然是人子，過小莫輕笞。」野人落拓布衣，不事聲華，微
侍郎夫孰能知菰蒲中大有人在耶！

詩　概　　　　　　　劉熙載 著

◎　詩品出於人品。人品悃款朴忠者最上，超然高舉、誅茅力耕者次
之，送往勞來、從俗富貴者無譏焉。

◎　或問詩何爲富貴氣象？曰：大抵富如昔人所謂「函蓋乾坤」，貴
如所謂「截斷衆流」便是。

峴傭說詩

施補華口授
錢　榘筆述

◎　今人作律詩，往往先作中二聯，然後裝成首尾，故卽有名句可摘，而首尾平弱草率，劣不成章，必須一氣渾成，神完力足，方爲合作，五律尤要，所謂四十賢人也。

◎　五律須講鍊字法，荊公所謂詩眼也。「泉聲咽危石，日色冷青松」，「遠水兼天淨，孤城隱霧深」，此鍊實字；「古牆猶竹色，虛閣自松聲」，「蟻浮仍蠟味，鷗泛已春聲」，「江山有巴蜀，棟宇自齊梁」，「入天猶石色，穿水忽雲根」，此鍊虛字。鍊實字有力易，鍊虛字有力難。

◎　「星臨萬戶動，月傍九霄多」，是華貴語；「星垂平野闊，月湧大江流」，是雄壯語；「行到水窮處，坐看雲起時」，是自然語；「微雲淡河漢，疏雨滴梧桐」，是清淡語；「生還今日事，問道暫時人」，是沈痛語；「山鬼迷春竹，湘娥倚暮花」，是惝恍語；「怪禽啼曠野，落日恐行人」是奇警語。皆律詩中必有之境，姑舉一端。

◎　《三百篇》比興爲多，唐人猶得此意，同一詠蟬，虞世南「居高聲自遠，端不藉秋風」，是清華人語；駱賓王「露重飛難進，風多響易沈」，是患難人語；李商隱「本以高難飽，徒勞恨費聲」，是牢騷人語，比興不同如此。

◎　景中有情如「柳塘春水漫，花塢夕陽遲」；情中有景如「勳業頻看鏡，行藏獨倚樓」；情景兼到者如「水流心不競，雲在意俱遲。」

◎ 譏刺語須含蓄，如少陵「落日留王母，微風倚少兒」，太白「漢宮誰第一，飛燕在昭陽」，「只愁歌舞散，化作彩雲飛」。皆刺明皇楊妃事，何等婉曲。若香山〈長恨歌〉，微之〈連昌宮詞〉，直是訕謗君父矣！詩品人品，均分高下，義山「如何四季爲天子，不及盧家有莫愁」，尤爲輕薄壞心術。

◎ 「聖朝無闕事，自覺諫書稀」，頌揚得體，「明朝有封事，數問夜如何」，忠愛切心，皆得三百篇意。

◎ 「聖朝無棄物，衰病已成翁」，怨而不怒，「一病緣明主，三年獨此心」，諷而不刺，皆見詩人忠厚。

◎ 拗體不可輕作，此是已成功夫，初學時須律協聲穩，不惟五律爲然也，兩字同解，有用此字而聲亮，用彼字而聲啞者。既云律詩，當講聲韻，擇其亮者用之，又有兩字同解，用此字而甚穩，用彼字而不安者，此故在作詩時自辨之。

◎ 古詩有先叙事後點題法，最易得勢，如送表姪王砅詩，「次問最少年」一段，不知說誰，及至「秦王時在座，眞氣驚戶牖」，方知言太宗，〈麗人行〉「後來鞍馬」一段，亦不知說誰，及至「愼莫近前丞相嗔」，方知言楊國忠，章法甚奇，王砅詩前後分兩大段，換兩韻，同〈大食寶刀歌〉一例，亦用韻之奇者，王砅詩，後半叙避亂時事，「自下所騎馬，右持腰間刀，左牽紫遊韁，飛走使我高」，左右不作對句，筆勢參差錯綜，最宜學。

◎ 唐初七律，有平仄一順者，至摩詰少陵，猶未改，如摩詰「酌酒與君」一首，第三聯「草色全經」，平仄一順，少陵「天門日射」

一首，第三聯「雲近蓬萊」，平仄一順，此類甚多。要是當時初創此體，格調未嚴，今人不必學也。

◎　七律有全首拗調如古詩者，少陵「主家陰洞」一首，「城尖徑仄」一首之類是也，初學不可輕效。

◎　和賈至舍人早朝詩，究以岑參爲第一，「花迎劍珮，柳拂旌旗」，何等華貴自然，摩詰「九天閶闔」一聯，失之廓落，少陵「九重春色醉仙桃」，更不安矣。詩有一日短長，雖大手筆不免也。

◎　少陵七律，無才不有，無法不備。義山學之，得其濃厚；東坡學之，得其流轉；山谷學之，得其奧峭；遺山學之，得其蒼鬱；明七子學之，佳者得其高亮雄奇，劣者得其空廓。

◎　謝朓以來，即有五言四句一體，然是小樂府，不是絕句。絕句斷自唐始，五絕只二十字最爲難工。必語短意長，而聲不促，方爲佳唱，若意盡言中，景盡句中，皆不善也。

◎　少陵、退之、東坡三大家，皆不能作五絕，蓋才太大，筆太剛，施之二十字，反喫力不討好，言豈一端而已。夫各有所當也，五絕究以含蓄清淡爲佳。

◎　摩詰〈臨高臺送黎拾遺〉：「相送臨高臺，川原杳何極。日暮飛鳥還，行人去不息。」所謂語短意長，而聲不促也，可以爲法。

◎　輞川諸五絕，清幽絕俗，其間「空山不見人」，「獨坐幽篁裏」，「木末芙蓉花」，「人閑桂花落」四首，尤妙，學者可以細參。

◎　七絕亦切忌用剛筆，剛則不韻。即邊塞之作，亦須斂剛於柔，使雄健之章，亦饒頓挫，乃不落粗豪。

◎　七絕用意，宜在第三句，第四句只作推宕，或作指點，則神韻自出，若用意在第四句，便易盡矣。若一二句用意，三四句全作推宕作指點，又易空滑，故第三句是轉柁處，求之古人，雖不盡合，然法莫善於此。

◎　五排篇幅短者，起筆可以突兀；篇幅長者，必將全篇通括總攬，以完整之筆出之。岑參「亭高出鳥外，客到與雲齊」（〈早秋與諸子登虢州西亭觀眺〉），王維「積水不可極，安知滄海東」（〈送祕書晁監還日本國〉），皆起筆之突兀者也，要是篇幅短故耳！長者嫌頭小矣，少陵〈投贈哥舒開府〉之「今代麒麟閣，何人第一功，君王自神武，駕馭必英雄。」〈行次昭陵〉之「舊俗疲庸主，羣雄問獨夫，讖歸龍鳳質，威定虎狼都。」〈重經昭陵〉之「草昧英雄起，謳歌歷數歸，風塵三尺劍，社稷一戎衣。」〈謁先主廟〉之「慘澹風雲會，乘時各有人，力侔分社稷，志屈儻經綸。」皆包攬全篇，完整足法，一隅可反矣。

筱園詩話　　　　　朱庭珍 著

◎　序：一秋杜門養疴，惟與藥爐經卷相伴，甚苦岑寂。郡中同人偕及門二三子，日載酒過從，爭問詩法於予。愧無以副諸君厚意，乃以筆代口，述予見聞所及，爲詩話四卷付之。雖落語言文字之迹，然渡迷津者必假寶筏，識歧途者莫如老馬，姑導先路，未始非學繡金鍼之度也。夫無上妙諦，貴心契於言外，拈花微笑時，悟徹三昧，

詎復有法可說哉！要所能言傳者，略盡於是，區區之心，亦略盡於是矣。

◎ 詩也者，無定法而有定法者也。詩人一縷心精，蟠天際地，上下千年，縱橫萬里，筆落則風雨驚，篇成則鬼神泣，此豈有定法哉！然而重山峻嶺，長江、大河之中，自有天然筋節脈絡，鍼綫波瀾，若蛛絲馬迹，首尾貫注，各具精神結撰，則又未始無法。故起伏承接，轉折呼應，開闔頓挫，擒縱抑揚，反正烘染，伸縮斷續，此詩中有定之法也。或以錯綜出之，或以變化運之；或不明用而暗用之，或不正用而反用之；或以起伏承接而兼開闔縱擒，或以抑揚伸縮而爲轉折呼應；或不承接之承接，不呼應之呼應；或忽以縱爲擒，以開爲闔，忽以抑爲揚，以斷爲續；或忽以開闔爲開闔，以抑揚爲抑揚，忽又以不開闔爲開闔，不抑揚爲抑揚；時奇時正，若明若滅，隨心所欲，無不入妙：此無定之法也。作詩者以我運法，而不爲法用。故始則以法爲法，繼則以無法爲法。能不守法，亦不離法，斯爲得之。蓋本無定以馭有定，又化有定以歸無定也。無法之法，是爲活法妙法。造詣至無法之法，則法不可勝用矣。所謂行乎其當所行，止乎其所不得不止，神而明之，存乎其人也。若泥一定之法，不以人馭法，轉以人從法，則死法矣。

◎ 詩人以培根柢爲第一義。根柢之學，首重積理養氣。（謂讀書析理也）……積理而外，養氣爲最要。蓋詩以氣爲主，有氣則生，無氣則死，亦與人同。……氣須以至動涵至靜，非養不可。養之云者，齋吾心，息吾慮，游之以道德之途，潤之以詩書之澤，植之在性情

之天，培之以理趣之府，優游而休息焉，蘊釀而含蓄焉，使方寸中怡然渙然，常有鬱勃欲吐暢不可遏之勢，此之謂養氣。及其用之之際，則又鎮之以理，主之以意，行之以才，達之以筆，輔之以理趣，範之以法度，使暢流於神骨之間，潛貫於筋節之內，隨詩之抑揚斷續，曲折縱橫，奔放充滿於中，而首尾蓬勃如一。斂之欲其深且醇，縱之欲其雄而肆，揚之則高渾，抑之則厚重，變化神明，存乎一心，此之謂鍊氣。

◎ 大抵用典之法，在融化剪裁，運古語若已出，毫無費力之痕，斯不受古人束縛矣。正用不如反用，明用不如暗用。或借賓以定主，或托虛以襯實。死事則用之使活，熟事則用之使生。渲染則波瀾疊翻，鎔鑄則鑪錘在握。驅之以筆力，馭之以才情，行之以氣韻，俾自在流出，如鬼斧神工，不可思議，而一歸於天然，斯大方家手筆。

◎ 律詩謀篇，貴一氣相生，詞意渾成，精光熊熊，聲調響亮。用筆則貴有抑揚頓挫，開闔縱擒之奇。造語鍊句，則貴生辣警拔，力厚思沈，又須無斧鑿痕迹，雖鍊而不傷氣格，乃為上乘。司空所謂「返虛入渾，積健為雄」是也。

◎ 自周氏論詩，有四實四虛之法，後人多拘守其說，謂律詩法度，不外情景虛實。或以情對情，以景對景，虛者對虛，實者對實，法之正也。或以景對情，以情對景，虛者對實，實者對虛，法之變也。於是立種種法，為詩之式。以一虛一實相承，為中二聯法。或前虛後實，或前景後情，此為定法。以應虛而實，應實而虛，應景而情，應情而景，或前實後虛，或前情後景，及通首言情，通首寫景，為

變格、變法，不列於定式。援據唐人詩以證其說，臚列甚詳。予謂以此為初學說法，使知虛實情景之別，則其說甚善，若名家則斷不屑拘拘於是。

◎ 作史者以才學識為三長，缺一不可。詩家亦然。三者並重，而識為尤先，非識則才與學恐或誤用，適以成其背馳也。

◎ 昔方虛谷《律髓》小序云：「詩雖小道，然立志必高，讀書必多，用力必勤，師傳必真。四者不備，不可言詩。」河間紀文達公深賞其言，而尤嘉其以師傳之真為第一義。謂「古今詩人，皆有傳授，其能卓然成家，自立於當時，不朽於後世者，皆得真傳者也。不得真傳，無能自立者」。噫！斯言盡之矣。

◎ 太奇則凡，太巧則纖，太刻則拙，太新則庸，太濃則俗，太切則卑，太清則薄，太深則晦，太高則枯，太厚則滯，太雄則粗，太快則剽，太放則冗，太收則蹙，皆詩家大病也，學者不可不知。必造到適中之境，恰好地步，始無遺憾也。

◎ 《金史‧文苑傳》錄周德卿之言曰：「文章徒工於外者，可以驚四筵，不可以適獨坐，以其中無我故也。」趙秋谷深佩此論，以為名言。因謂詩中無我，即非作者；必也詩中有我在焉，始可謂之真詩，無忝作家，乃足傳世。其見誠卓。然近代詩人，又多誤會其旨，反益流弊。夫所謂中有我者，不依傍前人門戶，不摹仿前人形似，抒寫性情，絕無成見，稱心而言，自鳴其天。勿論大篇短章，皆乘興而作，意盡則止。我有我之精神結搆，我有我之意境寄託，我有我之氣體面目，我有我之材力準繩，決不拾人牙慧，落尋常窠臼蹊

徑之中。任舉一篇一聯，皆我之詩，非前人所已言之詩，亦非時人意中所有之詩也。是爲詩中有我，卽退之所謂詞必己出，陳言務去者也。

◎ 老、莊告退，山水方滋。康樂善遊，精於獨造，其寫山水諸作，千秋絕調。歸愚謂謝公能於山水閒適之中，時時愜洽理趣，故詩品高不可攀。又謂永嘉山水奇麗，康樂詩境肖之；西蜀山川雄險，工部詩境肖之；永、柳山川幽峭，柳州文筆詩境肖之。況山者天地之筋骨，水者天地之血脈，而結構山水，則天地之靈心秀氣，造物之智慧神巧也。

◎ 骨有餘而韻不足，格有餘而神不足，氣有餘而情不足，則爲板重之病，爲晦澀之病，非平實不靈，卽生硬枯瘦矣。初唐諸人、西江一派是也。肉有餘而骨不足，詞有餘而意不足，風調有餘而神力不足，則爲綺靡之病，爲膚浮之病，非塗澤堆垛，卽空調虛腔矣。西崑、晚唐派中人及明七子是也。

◎ 黃莘田《香草箋》詩，以尖新見長，專學晚唐，乃小家伎倆，在閩詩中，亦祇充偏裨之列，袁枚以性近而尊之，尤乖公論。

◎ 古人詩法密，有章法，有句法，有字法。而字法在句法中，句法在章法中，一章之法，又在連章之中，特渾含不露耳。至於連章則尤難，合觀之，連章若一章；分觀之，各章又自成章。其先後次第，自有一定不紊之條理，觀工部〈秋興〉、〈諸將〉、〈詠懷古迹〉、〈前後出塞〉諸作可見。以工部之才力，而生平連章七律，只〈秋興〉作至八首，亦可見古人鄭重矣。自宋後，才不逮古，偏好以多

為貴，動作連章，呶呶不休，殊可厭也。

◎　宋人七律句中好用虛字，每流滑弱，南渡後尤甚。趙松雪力矯其
失，謂七律須有健句壓紙，為通篇警策處，以樹詩骨。此言極是。
又謂七律中二聯，以用實字無一虛字為妙，則矯枉過正，未免偏矣。
詩之工拙，句之軟健，在筆力氣勢，不在用字虛實也。用虛字者，
能莊重精當，使虛字如實字，則運虛為實，句自老成。用實字者，
能生動空露，使實字如虛字，則化實入虛，句自峭拔。是在平日體
貼之功，臨文運用之妙耳。用筆果超妙，運氣果雄渾，則勿論用虛
用實，皆可成妙句也，何必定忌虛字耶？

◎　純用實字，傑句最少，不可多得。古今句可法者，如少陵「五更
鼓角聲悲壯，三峽星河影動搖」，「錦江春色來天地，玉壘浮雲變
古今」，「西山白雪三城戍，南浦清江萬里橋」，「路經灩澦雙蓬
鬢，天入滄浪一釣舟」數聯，皆雄渾高壯，氣勢凌跨一切，又復確
切老當，景中有情，詩中有我，既非空聲，亦無用力痕迹，真大手
筆也。王右丞「九天閶闔開宮殿，萬國衣冠拜冕旒」，氣象闊大，
而稍欠精切；「雲裏帝城雙鳳闕，雨中春樹萬人家」，秀健而欠雄
厚，又遜一格矣。劉中山「天子旌旗分一半，八方風雨會中州」，
李義山「永憶江湖歸白髮，欲迴天地入扁舟」，高唱入雲，氣魄雄
厚，亦名句之堪嗣響工部者。宋人傑句，如東坡之「令嚴鐘鼓三更
月，野宿貔貅萬竈煙」，放翁之「四海一家天歷數，兩河百郡宋山
川」，「樓船夜雪瓜州渡，鐵馬秋風大散關」，陳簡齋之「晚木聲
酣洞庭野，晴天影抱岳陽樓」，楊誠齋之「千古英雄鴻去外，六朝

形勝雪晴中」。金元遺山之「劫前寶地三千界，夢裏瓊枝十二樓」。元人楊仲孚之「大地山河微有影，九天風露寂無聲」。明人宋仲敏之「禾黍秋風周洛邑，山河殘照漢咸陽」，「翠華去國三千里，玉璽傳家九十年」，高青丘之「四塞河山歸版籍，百年父老見衣冠」，李空同之「金繒社稷和戎日，花石君臣棄國秋」，王鳳洲之「夜月旌旗五馬渡，秋風草木八公山」，陳臥子之「九龍移帳春無草，萬馬窺邊夜有霜」，「金陵文武牙籤盡，建業風流〈玉樹〉殘」，「三市銅駝愁夜月，五陵石馬泣秋風」。國初錢牧齋之「桃葉春流亡國淚，槐花秋冷故宮煙」，「神愁玉璽歸新室，天泣銅人別漢家」。以上各聯，或沉雄、或悲壯、或淒麗、或新警，雖遜老杜，亦卓然可傳。

◎　凡懷古詩，須上下千古，包羅渾含，出新奇以正大之域，融議論於神韻之中，則氣韻雄壯，情文相生，有我有人，意不竭而識自見，始非史論一派。……明人高青丘〈岳王墓〉云：「大樹無枝向北風，十年遺恨泣英雄。班師詔已來三殿，射虜書猶說兩宮。每憶上方誰請劍，空嗟高廟自藏弓。栖霞嶺上今回首，不見諸陵白露中。」楊升菴〈武侯祠〉云：「劍江春水綠沄沄，五丈原頭日又曛。舊業未能歸後主，大星先已落前軍。南陽祠宇空秋草，西蜀關山隔暮雲。正統不慚傳萬古，莫將成敗論三分。」邊華亭〈文丞相祠〉云：「丞相英靈迴未消，絳帷燈火颯寒飆。黃冠天地牽羊禮，碧血山河飲馬謠。花外子規燕市月，水邊精衛浙江潮。祠堂亦有西湖樹，不遣南枝向北朝。」國朝呂履恆〈金川門〉云：「金川北望日黃昏，聞道

燕師入此門。不見古公傳季歷，祇知太甲是湯孫。風雷豈爲鴟鴞變，江漢難招杜宇魂。南渡降旗何面目，西山省恨舊乾坤。」宋聚業〈南陽懷古〉云：「眞人白水生文叔，名士青山臥武侯。水自奔騰趨漢口，山猶層疊枕城頭。時來一夕收銅馬，事去經年運木牛。歎息興亡千載上，荒村野廟兩悠悠。」黃子雲〈太白酒樓〉曰：「文章睥睨世無敵，湖海飄零氣轉遒。六代騷壇餘此席，一江春色獨登樓。爲君天特開青嶂，題壁人今亦白頭。猶有浣花草堂在，懷鉛直欲錦城遊。」嚴遂成〈三垂岡〉云：「英雄立馬起沙陀，奈此朱梁跋扈何！赤手難扶唐社稷，連城猶擁晉山河。風雲帳下奇兒在，鼓角燈前老淚多。蕭瑟三垂岡畔路，至今人唱〈百年歌〉。」蔣士銓〈題南史〉云：「半壁銷沈霸業荒，髑髏腥帶粉脂香。皇天好殺非無故，亂世多才定不祥。六代文章藏虎豹，百年花月化鴛鴦。南朝幾片風流地，酒色乾坤戰馬場。」袁枚〈睢陽廟〉云：「刀上蛾眉喚奈何，將軍鄰境尚笙歌。殘兵獨障全淮水，壯士同揮落日戈。六射鬚眉渾不動，一城人肉已無多。而今鳥鼠空啼竄，暮雨靈旗冷薜蘿。」……家兄次民觀察〈紫柏山留侯祠〉云：「少時任俠老求仙，龍虎風雲壯盛年。天眷漢家成帝業，人從秦季得師傳。五湖臣節開先路，三顧君恩讓後賢。豈有赤松遊世外，空餘紫柏滿祠前。」以上諸作，或高渾沉雄，或生辣蒼涼，或清麗超妙均屬蓋代名篇，懷古詩中卓然可傳之筆，學者所當熟玩而以爲法者也。

◎　詠古七絕尤難，以詞意既須新警，而篇終復須深情遠韻，令人玩味不窮，方爲上乘。若言盡意盡，索然無餘味可尋，則薄且直矣。

陳元孝〈題秦紀〉云：「謗聲易弭怨難除，秦法雖嚴亦甚疏。夜半橋邊呼孺子，人間猶有未燒書。」較元人陳剛中〈咏博浪椎〉之「如何十二金人外，尚有民間鐵未銷」，更覺生色。鄧孝威〈咏息夫人〉云：「楚宮慵掃黛眉新，只自無言對暮春。千古艱難惟一死，傷心豈獨息夫人！」包羅廣遠，意在言外。較唐人小杜之「至竟息亡緣底事？可憐金谷墜樓人」，更覺含蓄有味。所謂微詞勝於直斥，不著議論，轉深於議論也。錢牧齋〈讀漢書〉詩云：「漢家爭道孝文明，左右臨朝問亦輕。絳灌但知讒賈誼，可思流汗愧陳平！」頗有玉溪生筆意，則又著議論之佳者。詩固不可執一格論也。

◎　使事運典，最宜細心。第一須有取義，或反或正，用來貴與題旨相浹洽，則文生於情，非強為比附，味同嚼蠟也。次則貴有剪裁融化，使舊者翻新，平者出奇，板重化為空靈，陳悶裁為巧妙。如是則筆勢玲瓏，興象活潑，用典徵書，悉具天工，有神無迹，如鏡花水月矣。所以多多逾善，雖用書卷，而不覺為才情役使故也。不善用者，則以詞累意，其病百出。非好學深思之士，心細如髮者，斷不能樹極清之詩骨，提極靈之詩筆，驅役典籍，從心所欲，無不入妙也。吳梅村詩云：「蘇小宅邊桃葉渡，昭君村畔木蘭舟。」王阮亭詩云：「景陽宮外文君井，明聖湖邊道韞家。」二聯同一病痛。夫「桃葉渡」不在「蘇小宅邊」，而「昭君村」亦無「木蘭舟」故實；「文君井」、「道韞家」與「景陽宮」、「明聖湖」天各一方，風馬牛不相及也，上下全無交涉。本各自一事，今乃強以兩典扭合，湊成一句，毫不相生，徒取字面鮮妍好看，但修飾外面而已，實無

意義融貫於中，前後竟判然兩截。如此塗澤支離，眞用典苦事矣。梅村、阮亭兩大詩家，猶犯此病，皆心不細之失。若顧寧人、朱竹垞，讀書多而心思細，則斟酌分寸，決無此累矣。

◎ 學老杜詩有八字訣，曰學其開闔頓挫，沈鬱動盪。此工部獨至之詣，他人莫及。顧開闔頓挫之奇，妙在用筆；沈鬱動盪之奇，妙在氣味。求用筆，須悟會於字句之先；求氣味，須體驗於字句之外。執杜以求杜，執詩以求詩，終莫能得其神髓。

◎ 溫柔敦厚，詩教之本也。有溫柔敦厚之性情，乃能有溫柔敦厚之詩。本原既立，其言始可以傳後世，輕薄之詞，豈能傳哉！夫言爲心聲，誠中形外，自然流露，人品學問心術，皆可於言決之，矯強粉飾，決不能欺識者。蓋違心之言，一見可知，不比由衷者之自在流出也。古今以來，豈有刻薄小人，倖成詩家，忝入文苑之理！如陰參軍已爲宋臣矣，而陶淵明送之，但曰「才華不隱世，江湖多賤貧」，何等忠厚，何等微婉！若出後人手，不知如何淺露矣。少陵哭房琯，送嚴公，夢李白，寄王維，別鄭虔，其詩無一不深厚沈摯，情見乎詞，友朋風義，何其篤也！昌黎於柳州、東野，一往情深。有陶、杜、韓三公之性情，自宜有陶、杜、韓三公之詩文也。自宋以降，世風日下，文人相輕，漸成惡習。劉祁作〈歸潛志〉，力詆遺山，自護己短。李空同與何大復書札相爭，往復攻擊。李于鱗因謝茂秦成名，反削其名於吟社，以書絕交。趙秋谷因不借《聲調譜》之故，集矢阮亭，至作《談龍錄》以貶之。袁枚與趙翼互相標榜，亦互相刺譏，趙作四六文以控袁，雖云游戲，而筆端刻毒，與市棍

揭帖、訟師刀筆無異。此等皆小人之尤，適以自獻其醜，於人終無所損。君子之交，斷不出此，才人當以爲大戒也。

◎ 作梅花詩，宜以清遠沖淡，傳其高格逸韻，否則另出新意，以生峭之筆，爲活色疏香寫照，不宜矯激。後人一味矯激鳴高，借寓身分，不知其俗已甚，於此花轉無相涉，徒自墮塵劫惡劄而已。

◎ 律詩鍊句，以情景交融爲上，情景相對次之，一聯皆情、一聯皆景又次之。然一聯皆寫情，則兩句須有變幻，不可一律，致犯合掌之病。一聯皆寫景亦然，或上句寫遠，下句寫近，或上句寫所聞，下句寫所見。總寫一句自有一句之意境，兩句迥然不同，卻又呼吸相應，此爲至要。情景交融者，景中有情，情中有景，打成一片，不可分拆。工部「感時花濺淚，恨別鳥驚心」，「捲簾殘月影，高枕遠江聲」，「村春雨外急，鄰火夜深明」，「風月自清夜，江山非故園」，「露從今夜白，月是故鄉明」，「山鬼吹燈滅，廚人語夜闌」，「落日心猶壯，秋風病欲蘇」；右丞「白雲迴望合，青靄入看無」，「松風吹解帶，山月照彈琴」，「行到水窮處，坐看雲起時」，「時倚簷前樹，遠看原上村」，「大壑隨階轉，羣峯入戶登」；常建「山光悅鳥性，潭影空人心」；嘉州「白髮悲花落，青雲羨鳥飛」等句，皆是句中有人，情景兼到者也。情景相對者，如工部「白首多年病，秋天一味涼」，「幾年逢熟食，萬里逼清明」；宋之問「老至居人下，春歸在客先」；顧況「一家千里外，百舌五更頭」等句，一句情對一句景是也。至一聯皆情、一聯皆景佳句，詩家更多，不可勝數。其兩句寫成一例，意境合掌，不可爲訓者，

如「蟬噪林逾靜，鳥鳴山更幽」一聯。王介甫以寫景略無變幻，兩句一律少之，上句改為「風定花猶落」，而以「鳥鳴山更幽」作對，謂如此則上句靜中有動，下句動中有靜，不致合掌，便成寫景名句。所論入微，初學詳之。

◎ 律詩中二聯，不宜一味寫景。有景無情，固非好手所為；景多於情，亦非佳處。蓋詩要文質協中，情景交化，始可深造入微。

◎ 詩家以不登應酬作為妙，此是正論。而袁枚非之，謂李、杜、蘇、韓集中，強半應酬詩也。萬里之外，情文相生，又可廢乎？今若可刪，昔可無贈。誰謂應酬詩不能工耶？噫！此借以文己過，強詞奪理之言也。夫朋友列五倫之一，「同心之言，其臭如蘭」，《周易》亦有取焉。勿論贈答唱和之作，但有深意，有至情，即是真詩，自應存以傳世，不得謂之應酬。即投贈名公鉅卿，或感其知，或頌其德，或紀其功，或述其義，但使言由衷發，無溢美逾分之詞，則我係稱情而施，彼亦實足當之，有情有文，仍是真詩。即其人無功德可傳，而實能略分忘位，愛士憐才，於我果有深交厚誼，則知己之感，自有不容已於言者。意既真摯，情自纏綿，本非違心之詞，亦是真詩，均不得以應酬論。所謂應酬者，或上高位，或投泛交，既無功德可頌，又無交情可言，徒以慕勢希榮，逐利求知，屈意頌揚，違心諛媚，有文無情，多詞少意，心浮而偽，志躁以卑。以及祝壽賀喜，述德感恩，謝餽贈，敍寒暄，徵逐酒食，流連讌遊，題圖贊像，和韻疊章。諸如此類，豈非詞壇干進之媒，雅道趨炎之徑！清夜捫心，良知如動，應自忸怩，不待非議及矣。是皆誤於「應酬」

二字者也。則不登應酬之作，所以嚴詩教之防；不濫作應酬之篇，所以立詩人之品，何可少也！考袁枚一生，最工獻諛時貴，其集具可覆按，直藉詩以漁利耳，乃故作昧心之語，以飾己過，亦可醜也。後生勿受其愚。

◎ 詩不可入詞曲尖巧輕倩語，不可入經書板重古奧語，不可入子史僻澀語，不可入稗官鄙俚語，不可入道學理語，不可入游戲趣語，幷一切禪語丹經修煉語，一切殺風景語，及爛熟典故與尋常應付公家言，皆在所忌，須掃而空之，所謂陳言務去也。自宋以來，如邵堯夫、二程子、陳白沙、莊定山諸公，則以講學爲詩，直是押韻語錄。其好二氏書者，又以禪機丹訣爲詩，直是偈語道情矣。此外講考據者，以考據爲詩；工詞曲者，以詞曲爲詩；好新穎者，以冷典僻字、別名瑣語入詩；好游戲者，以稗官小說、方言俚諺入詩。凌夷至今，風雅掃地。有志之士，急須別裁僞體，掃除羣魔，力扶大雅，上追元音，勿爲左道所惑，誤入迷津。若夫已入歧途者，宜及早回頭，捐除故技，更求正道，如康崑崙之於段師，雖失之東隅，猶可救之桑榆也。

◎ 王阮亭〈題畫〉云：「蘆荻無花秋水長，淡雲微雨似瀟湘。雁聲搖落孤舟遠，何處青山是岳陽？」〈楊妃墓〉云：「巴山夜雨卻歸秦，金粟堆邊草不春。一種傾城好顏色，茂陵終傍李夫人。」〈蟂磯靈澤夫人祠〉云：「霸氣江東久寂寥，永安宮殿莽蕭蕭。都將家國無窮恨，分付潯陽上下潮。」皆以神韻制勝，意味深遠，含蓄不露，阮亭集中最上乘也。

◎ 大抵名句須上下相稱，不得已而對勝於出，終非作家手段；若出勝於對，直是村夫子伎倆矣。

附 篇

經史動靜字音　　　劉　鑑　著

凡字之動者在諸經史當以朱筆圈之，靜者不當圈也。

王　〔平聲〕君也，君有天下曰王〔去聲〕。

女　〔上聲〕如也，以女嫁人曰女〔去聲〕。

妻　〔平聲〕與夫齊者也，以女適夫曰妻〔去聲〕。

親　〔平聲〕姻也，婚姻相賓曰親〔去聲〕。

賓　〔平聲〕客也，以禮會賓曰賓〔去聲〕。

衣　〔平聲〕身章也？加諸身曰衣〔去聲〕。

冠　〔平聲〕首服也，加諸首曰冠〔去聲〕。

枕　〔上聲〕藉首木也，首在木曰枕〔去聲〕。

飲　〔上聲〕酒漿也，所以歠曰飲〔去聲〕。

麾　〔平聲〕旌旗也，所以使人曰麾〔去聲〕。

冰　〔平聲〕水凝也，所以寒物曰冰〔去聲〕。

膏　〔平聲〕脂凝也，所以潤物曰膏〔去聲〕。

文　〔平聲〕采章也，所以飾物曰文〔去聲〕。

粉　〔上聲〕白飾也，所以傅物曰粉〔去聲〕。

巾　〔平聲〕，所以飾物曰巾〔去聲〕。

熏　〔平聲〕煙出也，所以薰物曰熏〔去聲〕。

陰　〔平聲〕氣之濁也，所以庇物曰陰〔去聲〕。

采　〔上聲〕取也，所以取食曰采〔去聲〕。

輕　〔平聲〕浮也，所以自用曰輕〔去聲〕。

兩　〔上聲〕偶數也，物相偶曰兩〔去聲〕。

三　〔平聲〕奇數也，審用其數曰三〔去聲〕。

左　〔上聲〕左手也，左右助之曰左〔去聲〕。

右　〔上聲〕右手也，左右助之曰右〔去聲〕。

先　〔平聲〕前也，前之曰先〔去聲〕。

卑　〔平聲〕下也，下之曰卑〔去聲〕。

遠　〔上聲〕疏也，疏之曰遠〔去聲〕。

離　〔平聲〕兩也，兩之曰離〔去聲〕。

傍　〔平聲〕近也，近之曰傍〔去聲〕。

空　〔平聲〕虛也，虛之曰空〔去聲〕。

沉　〔平聲〕沒也，沒之曰沉〔去聲〕。

重　〔平聲〕再也，再之曰重〔去聲〕。

數　〔上聲〕計之，計之有多少曰數〔去聲〕。

量　〔平聲〕酌也，酌之有大小曰量〔去聲〕。

度　〔上聲〕約也，約之有長短曰度〔去聲〕。

高　〔平聲〕崇也，度高曰高〔去聲〕。

深　〔平聲〕下也，測深曰深〔去聲〕。

長　〔平聲〕永也，揆長曰長〔去聲〕。

廣　〔上聲〕闊也，量廣曰廣〔去聲〕。

染　〔上聲〕濡也，既濡曰染〔去聲〕。

折　〔旨列切〕，屈也既屈曰折〔常列切〕。

別　〔彼列切〕，辨也既辨曰別〔皮列切〕。

貫　〔平聲〕穿也，既穿曰貫〔去聲〕。

縫　〔平聲〕紩也，既紩曰縫〔去聲〕。

過　〔平聲〕逾也，既逾曰過〔去聲〕。

斷　〔都管切〕絕也，既絕曰斷〔徒管切〕。

盡　〔即忍切〕極也，既極曰盡〔慈忍切〕。

分　〔平聲〕別也，既別曰分〔去聲〕。

解　〔佳買切〕釋也，既釋曰解〔胡買切〕。

行　〔平聲〕履也，履迹曰行〔去聲〕。

施　〔平聲〕行也，行惠曰施〔去聲〕。

相　〔平聲〕共也，共助曰相〔去聲〕。

從　〔平聲〕隨也，隨後曰從〔去聲〕。

走　〔上聲〕趨也，趨嚮曰走〔去聲〕。

奔　〔平聲〕趨也，趨走曰奔〔去聲〕。

散　〔上聲〕分也，分布曰散〔去聲〕。

還　〔平聲〕回也，回遶曰還〔去聲〕。

和　〔平聲〕調也，調絮曰和〔去聲〕。

調　〔平聲〕和也，和適曰調〔去聲〕。

凝　〔平聲〕結也，結固曰凝〔去聲〕。

彊　〔平聲〕堅也，堅固曰彊〔去聲〕。

齊　〔平聲〕等也，等平曰齊〔去聲〕。

延　〔平聲〕長也，長引曰延〔去聲〕。

著　〔張畧切〕置也，置定曰著〔直畧切〕。

冥　〔平聲〕暗也，暗甚曰冥〔去聲〕。

塵　〔平聲〕土也，土污曰塵〔去聲〕。

煎　〔平聲〕烹也，久烹曰煎〔去聲〕。

炙　〔之石切〕炮也，炮肉曰炙〔之夜切〕。

收　〔平聲〕斂也，斂穫曰收〔去聲〕。

斂　〔上聲〕收也，收聚曰斂〔去聲〕。

陳　〔平聲〕列也，成列曰陳〔去聲〕。

呼　〔平聲〕聲也，號聲曰呼〔去聲〕。

悔　〔上聲〕過也，改過曰悔〔去聲〕。

如　〔平聲〕似也，審似曰如〔去聲〕。

應　〔平聲〕當也，相當曰應〔去聲〕。

當　〔平聲〕宜也，得宜曰當〔去聲〕。

帥　〔入聲〕總也，總人者曰帥〔去聲〕。

將　〔平聲〕持也，持衆者曰將〔去聲〕。

監　〔平聲〕莅也，莅事者曰監〔去聲〕。

使　〔上聲〕命也，將命者曰使〔去聲〕。

援　〔平聲〕引也，引者曰援〔去聲〕。

障　〔平聲〕壅也，壅者曰障〔去聲〕。

防　〔平聲〕禦也，禦者曰防〔去聲〕。

任　〔平聲〕堪也，堪其事曰任〔去聲〕。

中　〔平聲〕任也，任其宜曰中〔去聲〕。

間　〔平聲〕中也，厠其中曰間〔去聲〕。

足　〔即玉切〕止也，益而止曰足〔子句切〕。

勝　〔平聲〕舉也，舉之克曰勝〔去聲〕。

觀　〔平聲〕視也，謂視曰觀〔去聲〕。

號　〔平聲〕呼也，謂呼曰號〔去聲〕。

爭　〔平聲〕鬭也，謂鬭曰爭〔去聲〕。

迎　〔平聲〕逆也，謂逆曰迎〔去聲〕。

攻　〔平聲〕伐也，謂伐曰攻〔去聲〕。

守　〔上聲〕保也，謂保曰守〔去聲〕。

選　〔上聲〕擇也，謂擇曰選〔去聲〕。

聽　〔平聲〕聆也，聆謂之聽〔去聲〕。

禁　〔平聲〕制也，制謂之禁〔去聲〕。

知　〔平聲〕識別也，識謂之知〔去聲〕。

思　〔平聲〕慮度也，慮謂之思〔去聲〕。

評　〔平聲〕訂也，訂語謂之評〔去聲〕。

論　〔平聲〕說也，說言謂之論〔去聲〕。

便　〔平聲〕欲也，得所欲謂之便〔去聲〕。

好　〔上聲〕善也，嚮所善謂之好〔去聲〕。

惡　〔烏各切〕否也，心所否謂之惡〔烏故切〕。

喜　〔上聲〕悅也，情所欲謂之喜〔去聲〕。

怨　〔平聲〕尤也，意有所尤謂之怨〔去聲〕。

操　〔平聲〕持也，志有所持謂之操〔去聲〕。

語　〔上聲〕言也，以言告之謂之語〔去聲〕。

令　〔平聲〕使也，所使之言謂之令〔去聲〕。

教　〔平聲〕使也，所使之言謂之教〔去聲〕。

雨　〔上聲〕天澤也，謂雨自上下曰雨〔去聲〕。

宿　〔息逐切〕止也，謂星所止舍曰宿〔息救切〕。

種　〔上聲〕五穀也，謂播穀曰種〔去聲〕。

生　〔平聲〕育也，謂育子曰生〔去聲〕。

乳　〔上聲〕生子也，謂飼子曰乳〔去聲〕。

吹　〔平聲〕呴也，謂呴氣曰吹〔去聲〕。

烝　〔平聲〕氣噓也，謂氣噓而澤曰烝〔去聲〕。

經　〔平聲〕東西，謂東西其緯曰經〔去聲〕。

緣　〔平聲〕循也，謂循飾其傍曰緣〔去聲〕。

編　〔平聲〕次也，謂所次列曰編〔上聲〕。

封　〔平聲〕授爵土也，謂所授爵土曰封〔去聲〕。

載　〔去聲濁音〕舟車所致物也，謂致物曰載〔去聲清音〕。

張　〔平聲〕陳也，謂所陳事曰張〔去聲〕。

藏　〔平聲〕入也，謂物所入曰藏〔去聲〕。

處　〔上聲〕居也，謂所居曰處〔去聲〕。

爨　〔平聲〕炊也，謂所炊處曰爨〔去聲〕。

柱　〔上聲〕支也，謂支木曰柱〔去聲〕。

乘　〔平聲〕登車也，謂其車曰乘〔去聲〕。

卷　〔上聲〕曲也，謂其曲曰卷〔去聲〕。

祝　〔之六切〕祭主贊詞者也，謂贊詞曰祝〔職救切〕。

要　〔平聲〕約也，謂約書曰要〔去聲〕。

傳　〔平聲〕授也，記所授曰傳〔去聲〕。

名　〔平聲〕目也，目諸物曰名〔去聲〕。

首　〔上聲〕頭也，頭所嚮曰首〔去聲〕。

蹄　〔平聲〕獸足也，足相躔曰蹄〔去聲〕。

始　〔上聲〕初也，緩言有初曰始〔去聲〕。

聞　〔平聲〕聆聲也，聲著於外曰聞〔去聲〕。

稱　〔平聲〕舉也，舉事得宜曰稱〔去聲〕。

譽　〔平聲〕稱也，稱名當體曰譽〔去聲〕。

平　〔平聲〕均也，品物定法曰平〔去聲〕。

治　〔平聲〕理也，致理成功曰治〔去聲〕。

衷　〔平聲〕中也，處事用中曰衷〔去聲〕。

裁　〔平聲〕制也，體制合宜曰裁〔去聲〕。

勞　〔平聲〕勤也，賞勤勸功曰勞〔去聲〕。

興　〔平聲〕舉也，舉物寓意曰興〔去聲〕。

累　〔上聲〕連也，牽連為敗曰累〔去聲〕。

與　〔上聲〕授也，授而共之曰與〔去聲〕。

比　〔上聲〕近也，近而親之曰比〔去聲〕。

難　〔平聲〕艱也，動而有所艱曰難〔去聲〕。

繫　〔古詣切〕屬也，屬而有所著曰繫〔胡計切〕。

爲　〔平聲〕造也，造而有所循曰爲〔去聲〕。

遲　〔平聲〕緩也，緩而有所待曰遲〔去聲〕。

屬　〔上欲切〕聯也，聯而有所係曰屬〔去聲〕。

享　〔上聲〕獻也，神受其獻曰享〔去聲〕。

棺　〔平聲〕柩也，以柩斂尸曰棺〔去聲〕。

緘　〔平聲〕束也，謂齊棺束曰緘〔去聲〕。

含　〔平聲〕實口中也，謂口中實曰含〔去聲〕。

遣　〔上聲〕送也，送終之物曰遣〔去聲〕。

引　〔上聲〕曳也，曳車之紼曰引〔去聲〕。

臨　〔平聲〕莅也，哭而莅喪曰臨〔去聲〕。

取於人曰假〔上聲〕，與之曰假〔去聲〕。

取於人曰借〔子亦切〕，與之曰借〔子夜切〕。

取於人曰乞〔入聲〕，與之曰乞〔去聲〕。

取於人曰貸〔他得切〕，與之曰貸〔他代切〕。

毀之曰壞〔音怪〕，毀曰壞〔戶怪切〕。

毀他曰敗（博怪切），自毀曰敗〔蒲敗切〕。

壞他曰毀〔上聲〕，自壞曰毀〔去聲〕。

上化下曰風〔平聲〕，下刺上曰風〔去聲〕。

上臨下曰見〔古電切〕，下朝上曰見〔胡彥切〕。

視之曰見〔古電切〕，示之曰見〔胡彥切〕。

下曰上曰告〔古沃切〕，上布下曰告〔古報切〕。

上育下曰養〔上聲〕，下奉上曰養〔去聲〕。

上賦下曰共〔平聲〕，下奉上曰共〔去聲〕。

有所亡曰遺〔平聲〕，有所與曰遺〔去聲〕。

設之曰施〔書之切〕，及之曰施（羊吏切）。

因而改曰更〔平聲〕，捨故而作曰更〔去聲〕。

除之曰去〔上聲〕，自離曰去〔去聲〕。

聚之曰畜〔勑六切〕，養之曰畜〔許六切〕。

死亡曰喪〔平聲〕，失亡曰喪〔去聲〕。

意遺曰忘〔平聲〕，意背曰忘〔去聲〕。

善功曰巧〔上聲〕，偽功曰巧〔去聲〕。

懼之急曰恐〔上聲〕，疑之曰恐〔去聲〕。

復之速曰還〔音旋〕，緩之曰還〔音圜〕。

命中曰射〔羊益切〕，以禮曰射〔神夜切〕。

制師從己曰取〔七雨切〕，屈己事師曰取〔七句切〕。

上委下曰仰〔去聲〕，下瞻上曰仰〔上聲〕。

凡廣曰大〔徒蓋切〕，其極曰大〔土蓋切〕。

凡微曰少〔上聲〕，其降曰少〔去聲〕。

焉〔於乾切〕何也，常居語初。焉〔于乾切〕中也，常居語末。

相合曰會〔胡外切〕，聚合曰會〔古外切〕。

開謂之披〔平聲〕，分謂之披〔上聲〕。

揚謂之播〔上聲〕，布謂之播〔上聲〕。

下謂之降〔古巷切〕，伏謂之降〔戶江切〕。

傾曰覆〔入聲〕，蓋曰覆〔去聲〕（即是腹、副二音）。

聲和曰樂〔五角切〕，志和曰樂〔盧各切〕。

旦日曰朝〔陟遙切〕，旦見曰朝〔直遙切〕。

餐謂之食〔時力切〕，餉謂之食〔祥志切〕。

目汁曰涕〔恥禮切〕又音弟，鼻汁曰涕〔他計切〕。

剸謂之刺〔入聲〕，傷謂之刺〔去聲〕。

承曰奉〔扶勇切〕，拱曰奉〔扶用切〕。

人之美稱曰父〔音甫〕，家之尊曰父〔扶雨切〕。

著謂之被〔皮彼切〕寢衣也，覆謂之被〔平義切〕。

牽和曰合〔古盍切〕，自和曰合〔胡閣切〕。

居高定體曰上〔時亮切〕，自下而升曰上〔時掌切〕。

居卑定體曰下〔胡雅切〕，自上而降曰下〔胡嫁切〕。

居其後曰後〔胡苟切〕，從其後曰後〔胡姤切〕。

相鄰曰近〔巨隱切〕，相親曰近〔巨刃切〕。

四方廣大曰夏〔胡雅切〕中夏也，萬物盛大曰夏〔胡嫁切〕夏夏
也。（動靜字音終）

編按：以上〈經史動靜字音〉係摘自元劉士明（鑑）《經史正音切
韻指南》，藉為讀者臨文之用。

名字辨音　　　　馬建忠 著

同一字或爲名字，或爲別類之字，惟以四聲爲區別者，皆後人強爲之耳。稽之古籍，字同義異者，音不異也。雖然，音韻之書，今詳於古，亦學者所當切究。而況聲律之文，惟此之務乎？爰錄若干爲則：

比：「皋比」，虎皮也，名也，當平讀。　《禮・學記》之「比物醜類」，解比較也，則動字矣，當上讀。　而《周禮・夏官》「大國比小國」，解親近之義，亦動字也，則去讀。

分：《易・繫辭上》「物以羣分」，別也，動字，平讀。　《禮・禮運》「禮達而分定」，名分也，名也，則去讀。

王：名用，平讀。　《詩・大雅・皇矣》「王此大邦」。動字，去讀。

尼：「僧尼」，名也，平讀。　《孟子・梁惠王上》「止或尼之」，動字，去讀。

令：名字，去讀。　動字，平讀。

衣：名則平讀。　動字，去讀。

妻：名則平讀。　動字，去讀。

空：《詩・小雅・白駒》「在彼空谷」，靜字也，平讀。　《考工記・函人》「視其鑽空」，名字也，上讀。　《論語・先進》「回也其庶乎！屢空」，窮也，亦靜字，去讀。

思：名用，去讀。　動字，平讀。

除：解殿陛也，名用，平讀。　《書·泰誓》「除惡務本」，《漢書·田蚡傳》「君除吏盡未」，皆動字，平讀。　惟《詩·唐風·蟋蟀》「今我不樂，日月其除」，解去也，則去讀。

慮：《淮南子·原道訓》「澹然無慮」，解思慮，名用，平讀。　《書·太甲下》「弗慮胡獲」，憂疑也，動字，去讀。

冠：名用，平讀。　動字，去讀。

咽：曰「咽喉」，名也，平讀。　曰「哽咽」，動字，入讀。

庭：《易·節》「不出戶庭」，名字，則平讀。　《莊子·逍遙遊》「大有逕庭」，靜字，去讀。

衷：《書·湯誥》「降衷於下民」，解方寸所蘊也，名字，平讀。《左傳·隱公九年》「衷戎師」，當也，動字，去讀。惟《史記·孔子世家·贊》「折衷於夫子」，此「衷」字平仄兼讀。

扇：《禮·月令》「乃修闔扇」，又箑也，名字，去讀。　束皙《補亡詩》「四時遞謝，八風代扇」，動字，平讀。

釘：名也，平讀。　動字，以釘釘也，去讀。

乘：《詩·小雅·六月》「元戎十乘」，名也，去讀。　《易·乾》「時乘六龍以御天」，解駕也。《孟子·公孫丑上》「不如乘勢」，解因也。《詩·豳風·七月》「亟其乘屋」，解治也，皆動字，平讀。

疏：揚雄《解嘲》「獨可抗疏時道是非」，解奏疏也，名也，去讀。《孟子·滕文公上》「禹疏九河」，解通也。《禮·祭義》「祭

不欲疏」，解稀也，一爲動字，一爲靜字，皆平讀。

牽：挽舟索也，通「縴」，名也，去讀。　《易・夬》「牽羊悔亡」，
　　引也，動字，平讀。

教：《易・觀》「聖人以神道設教」，解所以教也，名也，去讀。　解
　　教之也，動字也，平讀。

荷：芙蕖也，名也，平讀。　《論語・憲問》「有荷蕢而過孔氏之
　　門者」，動字也，上讀。

盛：《書・泰誓》「犧牲粢盛」，祀器中之黍稷也，名也，平讀。　《易・
　　繫辭上》「日新之謂盛德」，靜字也，去讀。

屏：名也，平讀，《詩・大雅・板》「大邦維屏」。　動字，上讀，
　　《禮・王制》「屏之遠方」，解除去也。

鈔：名也，去讀，楮貨名，一貫、二貫、三貫、五貫、十貫謂「大
　　鈔」，一百、二百、三百、五百、七百謂「小鈔」，見《宋史・
　　食貨志》。　動字，平讀，《漢書・公孫瓚傳》「剋期會日攻
　　鈔郡縣」，略取也。又與俗「抄」字同解。

創：名也，平讀。《史記・蕭相國世家》「身被七十創」，解傷也。
　　動字，去讀。《孟子・梁惠王下》「創業垂統」，解始也，造
　　也。《書・益稷》「予創若時」，懲也。

湯：名也，平讀，《楚辭・九歌》「浴蘭湯兮沐芳」。又「殷湯」。
　　去讀，動字也，熱水沃也。

量：名也，去讀，《書・舜典》「同律度量衡」。　動字，平讀，
　　丈量，商量也，《周禮・夏官》「量人」。

喪：平讀，名也，《論語・八佾》「臨喪不哀」。持服曰「喪」。
去讀，動字也，又「二三子何患於喪乎？」又《子罕》「天之
將喪斯文也。」

楷：平讀，名也，孔林之木。　上讀，動字也。《禮・儒行》「今
世行之，後世以爲楷[8]」，式也，法也，又「模楷」。

聞：去讀，名也，聲所至也，《詩・大雅・卷阿》「令聞令望」。
又「聲聞」。　平讀，動字也，《書・堯典》「俞，予聞如何」，
聞知也。

傳：去讀，名也，「經傳」與「驛傳」、「列傳」之類。　平讀，
動字也，續也，布也，《禮・曲禮上》「七十曰老而傳」。

號：去讀，名也，「號令」「稱號」之類，《易・渙》「渙汗其大
號」。又《齊語》「使周游於四方，以號召天下之賢士」。　平
讀，動字也。《詩・大雅・蕩》「式號式呼」，大呼也。

膏：平讀，名也，「脂膏」。又肥也，《孟子・告子上》「所以不
願人之膏粱之味也」。　去讀，動字也，《詩・曹風・下泉》
「陰雨膏之」。

稱：去讀，名也，權衡也，俗作「秤」。又度也。作動字用，《易・
繫辭上》「君子以稱物平施」，適可之也。　平讀，動字也，
《禮・月令》「蠶事既登，分繭稱絲，效功以共郊廟之服」，
知輕重也。又揚也，《禮・表記》「稱人之美則爵之」。又言
也，《禮・檀弓》「言在不稱徵」。

---

[8]本條疑誤。「楷」無動字用法，所引《儒行》例仍名字，〔平聲〕只是又讀。

劑：平讀，名也，「質劑」，劵書也。　去讀，動字也，「調劑」「藥劑」之意。

鋪：去讀，名也，賈肆，俗作「舖」。　平讀，動字也，《詩・序》「賦之言鋪（解布也）陳今之政教善惡」。　而「金鋪」，則門之銜環者，亦名也。[9]

墳：平讀，名也，《禮・檀弓》「古者墓而不墳」。　仄讀，靜字也。《書・禹貢》「白墳」，「赤墳」，土膏肥也。

論：平讀，名也，「評論」「《魯論》、《齊論》」之類。　去讀，動字也，《書・周官》「論道經邦」。《禮・王制》「凡官民材，必先論之」。

彈：去讀，名也，行丸也，又「彈丸」。　平讀，動字，鼓爪也，《史記・屈原列傳》「新沐者必彈冠」。又糾劾也。

緣：去讀，名也，衣純也。《漢書・公孫弘傳》「緣飾以儒術」，《注》云：猶衣加純緣也。　平讀，動字，循也，「緣木求魚」。又因也。

監：平讀，名也，《禮・王制》「天子使其大夫爲三監」。《詩・小雅・賓之初筵》「既立之監」。　去讀，動字，視也，《詩・大雅・皇矣》「監觀四方」。　又「監」「鑒」通，《書・酒誥》「人無于水監，當于民監」。　而官寺爲「監」，名也，去讀。

---

[9] 章云：《詩序正義》引《注》（《周禮注》）曰：「賦之言鋪，直鋪陳今之政教善惡。」馬氏以爲《詩序》，誤。

縫：去讀，名也，《禮·檀弓》「古者冠縮縫，今也衡縫」。 平讀，動字，以針紩衣也，《詩·召南·羔羊》「羔羊之縫」。

親：去讀，名也，「親家」「姻親」之屬，《左傳·桓公二年》「庶人工商各有分親」。 平讀，動字，近也，愛也，「身親庶務」。又《論語·學而》「因不失其親」。

橈：平讀，名也，《博雅》「楫謂之橈」。去讀，動字，《易·大過》「棟橈」，枉也。又《禮·月令》「乃命有司申嚴百刑，斬殺必當，毋或枉橈」。

燒：去讀，名也，野火曰燒。 平讀，動字，爇也。

操：去讀，名也，「節操」「琴操」之屬。平讀，動字，《禮·曲禮上》「必操几杖以從之」。

磨：去讀，名也，石磑也。《隋書·天文志》「如蟻旋磨」[10]。平讀，動字，《詩·衛風·淇奧》「如琢如磨」。

興：去讀，名也，趣也，「詩興」「乘興」之屬，而「比興」讀亦同。 平讀，動字，《詩·衛風·氓》「夙興夜寐」。又靜字，盛也，《詩·小雅·天保》「天保定爾，以莫不興」。

擔：去讀，名也，《左傳·莊公二十二年》「弛於負擔」。 平讀，動字，《國策·秦策》「負書擔橐」。

騎：去讀，名也，「車騎」「驃騎」之類。 平讀，動字，跨馬也。

---

[10]馬氏原文只作《天文志》，章加「《隋書》」，並云：《漢書》無此語，此例蓋自《康熙字典》轉引。《字典》僅著「《天文志》」，亦未詳何史。惟《隋書天文志》有「譬之於蟻行磨石之上，磨左旋而蟻右去，磨疾而蟻遲」之語，《字典》或節取其辭也。

難：去讀，名也，《禮・曲禮上》「臨難毋苟免」患難也。　又詰
　　辨之解，則動字矣，平讀。「難易」之解，靜字也，亦平讀。

藏：去讀，名也，《禮・中庸》「寶藏興焉」。　平讀，動字，匿
　　也，《易・文言》「陽氣潛藏」。又蓄也，《易・繫辭》「君
　　子藏器於身」。

籠：去讀，藏也，「箱籠」「藥籠」。　平讀，動字，《漢書・食
　　貨志》「盡籠天下之貨物」。而盛矢之器曰「籠」，名也，亦
　　平讀。

觀：去讀，名也，「宮觀」「京觀」之稱，卦名同。　平讀，動字，
　　《書・盤庚上》「予若觀火」。

鹽：平讀，名也，《周禮・天官》「鹽人掌鹽之政令，以供百事之
　　鹽」。　去讀，動字，《禮・內則》「屑桂與薑，以灑諸上而
　　鹽之。」

動字辨音　　　　　　馬建忠　著

同一字也，有因異韻而為名字、為動字者，已略於名字篇內。
更有以音異而區為靜字與動字者，或區為內、外動字者，或區為受
動與外動者，且有區為其他字類者，散見於書，難以遍舉，爰書如
干為例。

中：平讀靜字也。《書・大禹謨》「允執厥中」。　去讀外動字，

矢中的也。《史記・周本紀》「養由基去柳葉射之，百發百中[11]」。
《孟子》「其中非爾力也」。

恫：平讀內動字，痛也。《詩・大雅・思齊》「神罔時恫」。　去
　　讀靜字，不得志也。《史記・蘇秦列傳》「是故恫疑虛喝」。

總：平讀名字，縫也。《詩・召南・羔羊》「素絲五總」。　上讀
　　外動字，合也。《書・伊訓》「百官總己」。

逢：在東韻，狀字，鼓聲也。《詩・大雅・靈臺》「鼉鼓逢逢」。
　　在冬、江兩韻，外動字，值也。《左・宣三》「不逢不若」。　若
　　從「夆」則音龐，姓也。《孟子・離・下》「逄蒙學射於羿」。
　　故《顏氏家訓》有云：「逢」「逄」之別，豈可雷同[12]？

重：平讀外動字，複也。《易・文言》「九三重剛而不中」。　上
　　讀靜字，不輕之謂也。《禮・王制》「輕任并，重任分」。又
　　去讀亦外動字，因其重而重之也。《禮・祭統》「所以明周公
　　之德而又以重其國也」。

從：平讀外動字，相聽也。《書・益稷》「汝無面從」。又就也。
　　《易・文言》「雲從龍，風從虎」。又自也。《詩・小雅・何
　　人斯》「伊誰云從」。　去讀名字。《書・冏命》「其侍御僕
　　從」。「放縱」之解則為外動字，亦去讀也。《論・八佾》「從

---

[11]章云：《史記》原文作「楚有養由基者，善射者也，去柳葉百步而射之，百
發而百中之。」
[12]章云：阮元氏《孟子注疏校勘記》云：按「逄」字從「夆」，逄蒙，逄伯陵，
逄丑父，逄公，皆薄紅反；東轉為江，乃薄江反；德公，士元，非有二字也。
宋人《廣韻》改字作「逢」，薄江切，殊謬，《孟子音義》同謬，不可不正。
「逄蒙」古書作「蠭蒙」，則其字不當從「夆」可知矣。

之純如也」。

共：平讀外動字，敬也。《漢・王褒傳》「《共惟春秋》法五始之要」。　其解公同之義者亦外動字，則去讀矣。《禮・王制》「爵人於朝，與衆共之」。而「共給」「共養」有平、去二音，音別義同。

縱：平讀靜字，南北曰縱，亦作「從」字。賈誼《過秦論》「合從締交」。假爲外動者亦平讀。《詩・齊風・南山》「衡縱其畝」。去讀外動字。《說文》云「舍也，緩也」。　《玉篇》云「放也，恣也」。《書・太甲》「縱敗禮」。又「操縱」亦去讀。

降：平讀內動字，降伏也。《左・莊八》「師及齊師圍郕，郕降于齊師」。　去讀外動字，升降也。語云「降心相從」。

爲：平讀外動字。《爾雅・釋言》云「作，造，爲也」。《書・益稷》「予欲宣力四方，汝爲」。　去讀介字，以也，緣也。《書・咸有一德》「臣爲上爲德，爲下爲民」。《釋文》云：「爲上」，「爲下」之「爲」，〔于僞反〕。

吹：平讀外動。《玉篇》「出氣急也」。《莊・逍遙遊》「生物之以息相吹也」。《詩・小雅・鹿鳴》「鼓瑟吹笙」。　去讀名字。《禮・月令》「上丁命樂正入學習吹」。

施：平讀外動字，設也，用也。《書・益稷》「以五采彰施于五色」。去讀亦動字，惠也，與也。《易・文言》「雲行雨施」。《禮・曲禮》「其次務施報。又及也」。《詩・周南・葛覃》「施于中谷」。又邪行也。《孟・離婁下》「施從良人之所之」。惟

「施與」之施，平仄兼讀。

遲：平讀。《說文》「徐行也」。則爲狀字。《詩・邶風・谷風》「行道遲遲」。緩也，則爲靜字。《禮・玉藻》「君子之容舒遲」。久也，亦靜字，常語也。　去讀外動字，待也。《後漢・章帝紀》「朕思遲直士，側席異聞」。

遺：平讀受動字。《說文》「亡也」。《詩・小雅・谷風》「棄予如遺」。又餘也。《禮樂記》「有遺音者矣」。　去讀外動字，投贈也。

差：平讀〔叉茲切〕，靜字，不齊也。《孟・萬下》「其祿以是爲差」。《詩・周南・關雎》「參差荇菜」。　〔初佳切〕，則爲外動字，差使也。　〔初加切〕，則爲內動字。《說文》「貳也，不相值也」。《廣韻》「舛也」。《漢・東方朔傳》「失之毫釐，差以千里」。

衰：平讀〔所危切〕，減也，弱也。《穀梁・序》「昔周道衰陵」。讀「崔」音則爲名字，同「縗」字，喪服。

追：平讀〔中葵切〕，外動字，隨也，逮也，送也。《詩・周頌・有客》「薄言追之」。《說文》「逐也」。《左・莊十八》「公追戎于濟西」。　〔都雷切〕亦外動字，治玉也。《詩・大雅・棫樸》「追琢其章」。又，「毋追」，冠名，與「頧」字通。

治：凡「治之」之「治」平讀，外動字也，「治國」「治人」之類。而「已治」之「治」去讀，受動字也，「國治」「邑治」之屬。故州郡所駐曰「治」，則用爲名字矣。

推：平讀〔川錐切〕，外動字，順遷也。《易・繫辭》「寒暑相推
　　而歲成焉」。又擇也，奉也，獎也，亦進之也。《書・周官》
　　「推賢讓能，庶官乃和」。　又〔通回切〕，排也。《左・襄
　　十四》「或輓之，或推之」。《注》「後送曰推」。又讓所有
　　以予人也。《史記・淮陰侯列傳》「解衣衣我，推食食我」。
　　又移也。《詩・大雅・雲漢》「旱既太甚，則不可推」。《疏》
　　「不可令之移去也」。

居：平讀〔居之切〕，助字。《禮・檀弓》「何居」？　〔斤於切〕，
　　內動字，安也，坐也。《書・盤庚》「奠厥攸居」。《禮・曾
　　子問》「居，吾語女」。又積蓄也。《書・益稷》「懋遷有無
　　化居」。《注》「化易也」。謂交易其所居積也。

戲：〔平讀〕嘆字。又《莊子》「伏羲」作「伏戲」。　去讀內動
　　字，弄也。《禮・坊記》「閨門之內，戲而不嘆」。　又謔也。
　　《詩・衛風・淇奧》「善戲謔兮」。

委：〔平讀〕靜字，雍容自得之貌。《詩・召南・羔羊》「委蛇委
　　蛇」。　去讀外動字，任也，屬也。《左・昭元》「徐吾犯之
　　妹美，公孫楚聘之矣，公孫黑又使強委禽焉」。又棄置也。《孟・
　　公下》「委而去之」。

幾：平讀靜字，《說文》「微也」。《易・繫辭》「幾者動之微」。
　　上讀狀字，幾何也。《左・僖二十七》「靖諸內而敗諸外，所
　　獲幾何」。　去讀外動字，覬也。《左・哀十六》「國人望君
　　如望歲焉，曰月以幾」。

予：平讀代字，我也。　上讀外動字，賜也。《詩·小雅·采菽》「君子來朝，何錫予之」。

與：平讀助字。　上讀名字。《說文》「黨也」。《管子·八觀篇》「請謁得於上，則黨與成於下」。又外動字，善也。《禮·禮運》「諸侯以禮相與」。又許也，從也。《論語·先進》「吾與點也」。又施與也。《禮·曲禮》「與人者不問其所欲」。去讀介字。《論·學而》「與朋友交而不信乎」？

躇：〔平讀〕狀字，「躊躇」，猶豫不定之容。　入讀外動字。《公·宣七》「躇階而走」。《釋文》「躇」與「踱」同。又《注》云「猶超遽不暇以次」。

輸：平讀外動字，以物送之也。《左傳·僖十三》：秦於是乎輸粟于晉。又隳也。《詩·小雅·正月》「載輸爾載」。又俗謂「勝負」爲「輸贏」。　去讀名字，指所送之物也。《韻會》「漢有三輔委輸官」。謂委所輸之物之官也。

汙：平讀〔汪胡切〕，同「洿」，名字。《說文》「濁水不流也，一曰窊下」。《詩·小雅·十月之交》「田卒汙萊」。　又〔烏瓜切〕，外動字，鑿地也。《禮·禮運》「汙尊而杯飲」。去讀〔烏故切〕，亦外動字，染也，又去垢也。《詩·周南·葛覃》「薄汙我私」。

惡：平讀詢問代字，又狀字，何也。　去讀外動字，憎也。《左·隱三》「周鄭交惡」。　入讀靜字，不善也，又陋也。

嘔：平讀〔匈于切〕，狀字。《史記·淮陰侯列傳》「言語嘔嘔」，

《漢書》作「姁姁」。又〔烏侯切〕，內動字，小兒語。又通
「謳」。《漢・朱買臣傳》「其妻亦負戴相隨，數止買臣毋歌
嘔道中」。

反：平讀受動字，斷獄平反也，猶云定案爲反回也。《漢・食貨志》
「杜周治之，獄少反者」。　上讀內動字。《史・陳勝列傳》
「使者五反」。《孟子・梁惠王下》「反其旄倪。則用爲外動
字」。

怨：平讀名字。《禮・儒行》云「外舉不避怨」。　去讀外動字「怨
天尤人」。

攤：平讀外動字，開也，一曰手布也。《世說》「王戎滿牀攤書。
去讀亦外動字，按也。

還：平讀〔胡關切〕，內動字，反也。《詩・小雅・何人斯》「爾
還而入，我心易也」。又〔旬宣切〕，同「旋」，亦內動字也。

閒：平讀〔居顏切〕，名字。《說文》「隙也」。《莊子・山木》
云「周將處乎材與不材之閒」。　又〔何艱切〕，靜字，安也。
《漢・司馬相如傳》「雍容閒雅甚都」。　去讀外動字，代也。
《詩・周頌・桓》「皇以閒之」。又廁也。《左・隱三》石碏
曰「遠閒親，新閒舊。」又迭也。《書・益稷》「笙鏞以閒」。
「閒」者，迭奏也。

先：平讀名字、靜字皆通用。《老子》「象帝之先」。　去讀外動
字，在後而先之也。《易・文言》「先天而天弗違」。

穿：平讀外動字。《說文》「穴也，通也」。《詩・召南・行露》

「何以穿我屋」？　去讀亦外動字，貫也，連也。《漢‧司馬遷傳》「貫穿經傳」。

濺：平讀狀字，水疾流貌。　去讀外動字，水激也。《史‧藺相如傳》「相如請得以頸血濺大王矣」。

挑：平讀〔他彫切〕，外動字，俗謂肩荷曰「挑」。　又取也。今揀人物亦謂之「挑」。　又〔他羔切〕，靜字，挑達也，同「佻」。《荀子‧彊國篇》「其服不挑」。　上讀外動字，引也，撥也。《史‧項羽本紀》「願與漢王挑戰決雌雄」。

調：平讀〔田聊切〕，外動字，和也。《禮‧月令》「調竽笙竾簧」。又〔張流切〕，靜字，朝也。《詩‧周南‧汝墳》「惄如調飢」。《毛傳》云：「調，朝也，又作『輖』」。　去讀外動字，選調也。《史‧秦始皇本紀》云「下調郡縣轉輸菽粟芻藁」。　又名字，賦也。《正字通》「民賦曰調」。由是「音調」之謂樂律，「才調」之謂韻致，皆名字也。

要：平讀外動字，約也。《論‧憲問》「久要不忘平生之言」。又求也，勒也。　去讀靜字，緊要也。《孝經》「先生有至德要道」。

漂：平讀外動字，漂浮也。《書‧武成》「血流漂杵」。　又吹也。《詩‧鄭風‧蘀兮》「風其漂女」。　去讀內動字，水中擊絮也。《史‧淮陰侯列傳》「竟漂數十日」。

徼：平讀外動字，要也，求也。《左‧昭三》「徼福于大公」。《禮‧中庸》「小人行險以徼幸」。又抄也。《論‧陽貨》「惡徼以

爲知者」。《注》「抄人之意以爲己有也」。　去讀亦外動字，循也。《漢·百官表》「中尉秦官，掌徼循京師」。至「遊徼」，邏卒也。　又「徼」解邊塞，與《西都賦》之「徼道綺錯」解小道，則爲名矣。

料：平讀外動字，量也。《史·孔子世家》「嘗爲季氏史，料量平」。又度也，理也，計也。《周語》「乃料民於太原」。《史·李斯列傳》「君侯自料」。《晉書·王徽之傳》「比當相料理」。去讀如「材料」「物料」「意料」「詩料」之類，皆名字也。

摽：平讀外動字，麾也。《孟·萬下》「摽使者出諸大門之外」。上去兼讀皆外動字，同義，擊也，落也。《詩·召南·摽有梅》「摽有梅」。

剽：平讀名字。《爾雅·釋樂》「大木謂之鏞，其中謂之剽」。《疏》「其不大不小者名剽」。　去讀外動字，掠也。《史·酷吏列傳》「嘗與張次公俱攻剽爲羣盜」。　又靜字，急也，輕也。《漢·地理志》「自全晉時已患其剽悍」。

教：平讀外動字，俗解「使令」也，如「悔教」「肯教」之屬。　去讀名字兼動字，訓也，令也，下所效法也。《易·觀》「聖人以神道設教」。又「教訓」。

勞：平讀名字，勤也。《易·兌》云「民忘其勞」。　又事功曰勞。《禮·儒行》「先勞而後祿」。　去讀外動字，慰問也。《禮·曲禮》「君勞之則拜」。

和：平讀名字，又靜字也。《易·乾》「保合太和」。《禮·中庸》

「發而皆中節謂之和」。 又《詩・小雅・蓼蕭》「和鸞雝雝」。和，鈴之在軾也。 去讀外動字，聲相應也。《易・中孚》「鳴鶴在陰，其子和之」。又調也。《禮・檀弓》「竽笙備而不和」。至《禮・禮運》云「五味六和十二食，還相爲質也」。《禮器》「甘受和」。兩「和」字雖去讀而用如名字矣。

荷：平讀名字，荷葉也。 上讀外動字，擔也。《論・憲問》「有荷蕢而過孔氏之門者」。

過：平讀內動字，經也。 去讀外動字，度也，越也。《易・繫辭》「範圍天地之化而不過」。 又過失也，則名字矣。

瘥：平讀名字，病也。《詩・小雅・節南山》「天方薦瘥」。 去讀內動字，疾愈也。

相：平讀代字，所指不一也。《孟・滕下》「出入相友」。又名字，質也。《詩・大雅・棫樸》「金玉其相」。 去讀外動字，視也。《左・隱十一》「相時而動」。又助也。《易・泰》「輔相天地之宜」。

強：平讀靜字，《禮・曲禮》云「四十曰強而仕」。 上讀外動字。《庸》「或勉強而行之」。

行：平讀〔寒岡切〕，名字，列也，二十五人爲「行」。又「中行」「太行」等，皆本名。 〔何庚切〕內動字，人之步驟也。 去讀〔戶浪切〕，名字，行輩也。 又「行行如也」則爲狀字。 〔下孟切〕又爲名字，如「德行」「言行」之類。

慶：平讀音羌，名字，福也。《易・文言》「必有餘慶」。 去讀

〔邱竟切〕，亦訓「福」。而「賀慶」則動字矣。

將：平讀狀字，甫始之辭。《易・繫辭》「是以君子將有爲也，將
有行也」。又外動字，養也。《詩・小雅・四牡》「不遑將父」。
送也。又《召南・鵲巢》「百兩將之」。又《鄭風・有女同車》
「佩玉將將」。又《大雅・緜》「應門將將」。皆狀字也。　去
讀則名字，「將軍」「將帥」之屬。

傍：平讀靜字，通「旁」，側也。　去讀外動字，倚也。

當：平讀外動字，值也，任也。《論・衞靈公》「當仁不讓於師」。
又敵也。《禮・王制》「次國之上卿，位當大國之中」。又遇
也。又《曲禮》「當食不嘆」。又《學記》「當其可之謂時」。
去讀內動字，合宜也。又《樂記》「天地順而四時當」。又出
物質錢謂之當。

攘：平讀外動字，竊也。《論・子路》「其父攘羊」。　去讀亦外
動字，擾也。《漢・陳平傳》「傾側擾攘楚魏之間」。

迎：平讀外動字，人來而接之也。《禮・中庸》「送往迎來」。去
讀則人未來而迓之也。《詩・大雅云：大明》「親迎于渭」。

應：平讀助動字，當也。又料度之辭。　去讀外動字，答也，物相
應也。《易・咸》「二氣感應以相與」。

勝：平讀外動字，任也，舉也，堪也。《孟・告下》「有人於此，
力不能勝匹雛」。去讀內動字，勝負也。《史・魏世家》「百
戰百勝」。

留：平讀外動字，止也，遲也。《易・旅》「君子以明慎用刑而不

留獄」。《楚語》「舉國留之」。又伺便也。《莊・山木》「執彈而留之」。《禮・儒行》「悉數之乃留更僕未可終也」。此「留」字解久也。「留落」「遮留」同韻。　去讀內動字，停待也。《漢・郊祀志》「宿留海上」。

臨：平讀外動字，視也。《詩・邶風・日月》「照臨下土」。　又以尊至卑曰臨。《禮・曲禮》「臨諸侯，畛于鬼神」。　去讀內動字，喪哭也。《左・宣十二》「卜臨于大宮，且巷出車，吉」。

任：平讀外動字，當也。《左・僖十五》「重怒難任」。又負也。《詩・小雅・黍苗》「我任我輦」。又名字，以恩相信也。《周禮・大司徒》「孝友睦姻卹」。　去讀名字，所負也。《論・泰伯》「仁以為己任」。

禁：平讀受動字，受制也。《漢・咸宣傳》「猶弗能禁」。又勝也，當也。　至天子所在曰禁，猶云被禁之地，則名字矣。去讀外動字，制也，戒也。《易・繫辭》「禁民為非曰義」。

占：平讀外動字，視兆問也。　去讀亦外動字，著位也，擅據也。《漢・宣帝紀》「流民自占八萬餘口」。又隱度其辭口以授人曰「口占」。《陳遵傳》「召善書吏十人於前，治私書謝京師故人，遵憑几口占書吏，且治省事，書數百封，親疏各有意」。又有也。韓《進學篇》「占小善者率以錄」。

漸：平讀外動字，浸也，染也。《漢・董仲舒傳》「漸民以仁」。又內動字，流入也。《書・禹貢》「東漸于海」。　去讀狀字，

凡物變移徐而不速之貌。

厭：平讀狀字，安舒貌。去讀外動字，滿也，足也。《漢·王莽傳》
云「克厭上帝之心」。　入讀伏也，壓也。《左·昭二十六》
「將以厭衆」。

帆：平讀名字，所以使風也。　去讀內動字，船使風也。

種：上讀名字，所種也。《詩·大雅·生民》「誕降嘉種」。　去
讀外動字，種之也，布也。《書·大禹謨》「皋陶邁種德」。

恐：上讀內動字，懼也。《禮·中庸》「恐懼乎其所不聞」。　去
讀亦內動字，疑也，慮也，億度也。

累：上讀外動字，增也。《史·吳王濞列傳》「脅肩絫足」。「絫」
古「累」字。又《律曆志》「權輕重者不失黍絫」。則名字矣。
去讀亦外動字，緣坐也。《左·隱十》「相時而動，無累後人」。
《書·旅獒》「終累大德」。　平讀同纍。《孟·梁下》「係
累其子弟」。趙《注》「係累，猶縛結也」。外動字。

使：上讀令也，役也。《禮·曲禮》「六十曰耆，指使」。　去讀
名字，爲所使也。《漢·韓信傳》「然後發一乘之使，奉咫尺
之書以使燕」。

始：上讀名字，本始之始也。《易·乾》「萬物資始」。《漢·王
褒傳》「共惟春秋法五始之要」。　去讀動字，方始之始也。
《禮·月令》「桃始華，蟬始鳴」。

被：上讀名字，寢衣也。　去讀外動字，覆也。《詩·大雅·既醉》
「天被爾祿」。

語：上讀內動字，言論也。《詩·大雅·公劉》：于時語語。　去讀外動字，以言告人也。《論·陽貨》「居，吾語女」。

處：上讀內動字，居也。《詩·召南·殷其靁》：莫或遑處。　去讀名字，所也，所於處也。

女：上讀名字。　去讀外動字，以女妻人也。《孟·離上》：涕出而女於吳。《書·堯典》「女于時」。

去：上讀外動字，除也。《禮·中庸》「去讒遠色」。　去讀內動字，人相違也。

雨：上讀名字，所雨也。　去讀無主動字。《詩小雅·大田》「雨我公田」。

吐：上讀外動字。《詩·大雅·烝民》「剛則吐之」。　去讀內動字，嘔也。

樹：上讀外動字，種也。　去讀名字，所樹也。

數：上讀外動字，計也。《詩·小雅·巧言》「心焉數之」。　去讀名字，算數也。《易·節》「君子以制數度議德行」。入讀靜字，頻數也。《禮·祭義》「祭不欲數，數則煩」。

悔：上讀名字。　去讀外動字。《正字通》云「凡言人有悔吝」，此「悔」字上聲讀；凡言人能改悔，此「悔」字去聲讀。

采：上讀外動字。《詩·周南·卷耳》「采采卷耳」。又擇也。《禮·昏義》「納采問名」。又「采色」，皆讀上聲。　去讀名字，臣食邑也。

載：上讀名字，年也。　去讀外動字，乘也。《易·大有》「大車

以載」。又「覆載」「記載」從同。

引：上讀外動字，開弓也。又演也。《易‧繫辭》「引而伸之」。
又相薦達曰「引」。去讀名字，牽牛紖也。

準：上讀外動字，平也。《書‧立政》「準人」。又仿也。《易‧
繫辭》「易與天地準」。　入讀名字，鼻也。《史‧高祖本紀》
「隆準而龍顏」。

近：上讀靜字，不遠也。《易‧繫辭》「近取諸身」。　去讀〔居
吏切〕，辭也。《詩‧大雅‧崧高》「往近王舅」。　又巨靳
切，親也，近之也。《書‧五子之歌》「民可近，不可下」。
兩去讀皆外動字而異義。

遠：上讀靜字。　去讀外動字，遠之也。《論‧雍也》「敬鬼神而
遠之」。

飯：上讀外動字，餐飯也。《禮‧曲禮》：飯黍毋以箸。　去讀名
字，所食也。

散：上讀名字，「閑散」「藥散」之類。　去讀外動字，離也，布
也。

善：上讀靜字。　去讀外動字，善之也。《孟‧梁下》「王如善之」。

轉：上讀自反動字。《詩‧周南‧關雎》「輾轉反側」。　去讀外
動字。凡物自轉則上聲，以力轉物則去聲。

選：上讀外動字。《禮‧禮運》「選賢與能」。去讀受動字。又《王
制》「命鄉論秀士，升之司徒，曰選士」。　又「少選」，狀
字，讀上聲。

好：上讀靜字。《詩・鄭風・女曰雞鳴》「琴瑟在御，莫不靜好」。
　　去讀外動字，愛而不釋也，好之也。

造：上讀外動字，建也，作也。《書・大誥》「予造天役」。《注》
　　「予之所作，皆天所役使也」。　去讀受動字，造就也。《詩・
　　大雅・思齊》「小子有造」。《禮・王制》「升于學者，不在
　　于司徒，曰造士」。又內動字，詣也，進也。《周禮・秋官・
　　司儀》「凡四方之賓客造焉則以告」。　又《詩・大雅・大明》
　　「造舟爲梁」。連舟而爲橋梁以渡也。

倒：上讀內動字，仆也，如「絕倒」「傾倒」之類。　去讀外動字，
　　翻也。《詩・齊風・東方未明》「顛之倒之，自公召之」。

左：上讀靜字，定位之序，左昭右穆。　去讀外動字。《左・襄十》
　　「天子所右，寡君亦右之，所左亦左之」。

輠：上讀〔胡果切〕，名字，車盛膏器。「炙輠」者，言言之不盡，
　　如輠之常有膏也。又〔尺馬切〕[13]，外動字，迴轉也。《禮・雜
　　記》「叔孫、武叔朝見輪人，以其杖關轂而輠輪者」。謂以杖
　　穿轂而轉其輪也。

下：上讀靜字。　去讀內動字，降也。

瀉：上讀外動字，傾也。《周禮・地官・稻人》「以澮瀉水」。　去
　　讀〔司夜切〕，靜字，鹵也。《論衡・書解》「地無毛則爲瀉
　　土」。又「吐瀉」爲內動字。

---

[13]章云：「輠」字無「尺馬」音。《雜記・釋文》：「輠」胡罪反，又胡瓦反，
又胡管反。此云尺馬切者誤。

仰：上讀外動字，舉首望也。　去讀亦外動字，恃也，資也。《史·平準書》「衣食仰給縣官」。

放：上讀內動字，至也。《孟·離下》「放乎四海」。又《梁下》「放於琅邪」。　去讀外動字，逐也，棄也。《書·舜典》「放驩兜于崇山」。

上：上讀內動字，升也。《易·需》「雲上於天」。　去讀靜字。又《文言》「本乎天者親上」。

請：上讀外動字，求也，謁也。《禮·曲禮》「請業則起」。　去讀名字，春朝秋請也。又「延請」同。

首：上讀名字，《易·說卦》「乾爲首」。去讀「自首」爲外動字。「首向」爲內動字。《禮·玉藻》「君子之居恒當戶，寢恒東首」。

後：上讀靜字。　又用如名字。《左·桓二》「臧孫達其有後於魯乎」？　去讀外動字，後之也。《老子》「自後者人先之」。《論·衛靈》「事君敬其事而後其食」。

走：上讀內動字，趨也。《文選·報任少卿書》「太史公牛馬走」。班固《答賓戲》「走亦不任厠技於彼列」。兩「走」字解「僕」也，則名字矣。　去讀疾趨也，亦內動字。《詩·大雅·緜》「予曰有奔走」。《孟·梁下》「棄甲曳兵而走」。

右：上讀靜字。　去讀外動字，同「左」字。

飲：上讀內動字。《周禮·天官·饍夫》「飲用六清」。　去讀外動字，飲之也。《禮·檀弓》「酌而飲寡人」。

枕：上讀名字。　去讀外動字，枕之也。《論・述而》「曲肱而枕
　　之」。

濫：上讀泉名。《爾雅・釋水》云：「濫泉正出」。　去讀外動字，
　　氾也。《家語》「其源可以濫觴」。又浮辭失實也。

帥：去讀名字，「將帥」也。　入讀外動字。《易・師》「長子帥
　　師」。

刺：從刀束，去讀外動字，直傷也。又「刺史」官名，「投刺」柬
　　也，皆為名字。　入讀亦外動字，針黹也。《史・貨殖傳》「刺
　　繡文不如倚市門」。又偵伺也。《漢・燕王旦傳》「陰刺候朝
　　廷事」[14]。又撐也。《史陳平世家》「平恐，乃躶而佐刺船。　至
　　「剌」字從束入讀，〔郎達切〕，靜字，戾也。《漢・杜欽傳》：
　　無乖剌之心。　又《諡法》：暴戾無親曰剌。　至「撥剌」張
　　弓聲，「跋剌」魚躍聲，皆狀字[15]。

識：上讀，記也。《書・益稷》：「書用識哉」！　入讀，認也。
　　《左・襄二十九》「如舊相識」。皆外動字。

食：去讀名字。《論・為政》「有酒食」。入讀外動字。

積：去讀名字，儲蓄也，所積也。《詩・大雅・公劉》「乃積乃倉」。
　　入讀外動字，聚也。《易・升》「積小以高大」。

出：《正韻》「凡物自出則入聲，非自出而出之去聲」，然亦有互
　　用者。此內外動之別也。《爾雅・釋親》「男子謂姊妹之子為

---

[14] 章云：傳文無此語，馬氏轉引《康熙字典》致誤。
[15] 「剌」和「剌」是兩個字，不是一字異讀，不應闌入。

出」。入讀，名字也。

咥：〔許旣切〕，去讀內動字，大笑也。《詩·衛風·氓》「兄弟不知，咥其笑矣」。　入讀〔徒結切〕，外動字，齧也。《易·履》「履虎尾，不咥人，亨」。

度：去讀名字，法制也。　入讀外動字，謀也，量也。

厝：去讀外動字，置也。《漢·賈誼傳》「夫抱火厝之積薪之下」。入讀名字，厲石也。《詩·大雅·鶴鳴》「可以爲厝」[16]。

錯：去讀外動字，置也。《易·繫辭》「苟錯諸地而可矣」。《史·周本紀》「刑錯四十餘年不用」。　入讀外動字，如「錯雜」「錯亂」「錯綜」「錯誤」之屬。「錯刀」者，《說文》云「金涂也」。

切：去讀音砌，代字，眾也，「一切」，大凡也。　入讀外動字，刌也。《禮·少儀》「聶而切之爲膾」。

畫：去讀圖物也。　入讀分界也。皆外動字。

殺：去讀靜字。《禮·禮器》「不豐不殺」。入讀外動字，戮也。

喝：去讀噎塞也。《後漢·竇憲傳》「憲陰喝不能對」。　入讀訶也。《史·蘇秦傳》「恫疑虛喝」。　去入皆內動字。

塞：去讀名字，邊界也。《禮·月令》「備邊竟，完要塞」。　入讀外動字，填也，隔也。又「天地不通，閉塞而成冬」。

約：去讀名字，所要約也。《漢·禮樂志》「明德鄉治本約」。　入

---

[16]章云：今《詩》作「可以爲錯」，《釋文》云：「錯」七落反，《說文》作「厝」。今馬氏引《詩》直作「厝」，亦誤。

讀外動字,纏束也,約束也。又「約劑」者,要盟之載詞也。

樂:去讀外動字,喜好也。《論·雍也》「仁者樂山」。又《季氏》「益者三樂」。 入讀名字,聲音總名。 又內動字,喜也。《孟·梁下》「與民同樂也」。

較:去讀外動字,比也。又狀字,著明貌。《漢·孔光傳》「較然甚明」。 入讀名字,車騎上曲銅也。《詩》「猗重較兮」。

覺:去讀內動字,夢醒也。《詩·王風·兔爰》「尚寐無覺」。入讀外動字,曉也。《孟·萬上》「使先知覺後知」。

背:去讀〔補妹切〕,「補」促,名字,脊也。又「堂北」。《詩·衛風·伯兮》「言樹之背」。 又〔薄味切〕,「薄」聲舒,外動字,違也,棄也。《書·太甲》「既往背師保之訓」。此以聲之舒促而用異者。

暴:去讀靜字。《書·泰誓》「敢行暴虐」。 入讀外動字,日乾也。《孟·告上》「一日暴之」。

冒:去讀外動字,覆也。又假稱也。《漢·衛青傳》「故青冒姓為衛氏」。 入讀靜字,貪也。《左·昭三十一》「貪冒之民」。又「冒頓」同音。

藉:去讀外動字,祭藉也。《易·大過》「藉用白茅」。 又「憑藉」「慰藉」為外動字。 「蘊藉」則為靜字。 入讀狀字,「狼藉」,雜亂離披貌。《漢·江都易王傳》「國中口語藉藉[17],無復至江都」。又「藉田」同音。

---

[17]章云《漢書》作「籍籍」,亦轉引《康熙字典》而誤。

射：去讀名字。《說文》「弓弩發于身而中于遠也」。《禮·射義》「是故古者天子以射選諸侯卿大夫士，射者男子之事也」。《論·八佾》「射不主皮」。又「僕射」官名。　入讀外動字。《論·述而》「弋不射宿」。　又《詩·大雅·思齊》「無射亦保」。靜字，厭也。

畜：去讀名字。《左·僖十九》「古者六畜不相爲用」。《疏》「養之曰畜，用之曰牲」。　入讀，〔許六反〕，名字，與去讀同解。《左·桓六》「謂其畜之碩畜大蕃滋也」。　又《禮·曲禮》「問庶人之富，數畜以對」。兩「畜」字《疏》皆作入聲。又〔丑六切〕，外動字，積也。《禮·月令》「仲秋之月，乃命有司趣民收斂，務畜菜。」　又《內則》「子婦無私貨，無私畜」。　又止也。《孟·梁下》「畜君何尤」？　又〔許六切〕，外動字，養也。《易·師》「君子以容民畜衆」。《禮·儒行》「易祿而難畜也」。　至「大畜」「小畜」卦名，有止之義，音仍〔丑六切〕。

伏：去讀外動字，鳥覆卵也。《漢·五行志》「丞相府史家，雌鷄伏子」。　入讀內動字，偃也。《禮·曲禮》「寢毋伏」。

讀：去讀名字，凡經書語絕處謂句，語未絕而點之以便於誦者曰「讀」。　入讀外動字，誦書也。

越：〔王伐切〕，外動字，度也，踰也。又國名。　〔戶括切〕，名字。《禮·禮運》「越席疏布」。　又瑟下孔爲「越」。

活：〔戶括切〕，內動字，生也。　〔古活切〕，狀字。《詩·衛

風・碩人》「北流活活」。水流聲。

拔：〔蒲撥切〕，靜字，疾也。《禮・少儀》「毋拔來」。《漢・
　　陳項傳》「拔起隴畝之中」。　又〔蒲八切〕，外動字，擢也，
　　抽也。《易・文言》「確乎其不可拔」。又《泰》「拔茅茹」。

別：〔必列切〕，名字，券書也。《周禮・天官・小宰》「聽稱責
　　以傅別」。《注》「別爲兩，兩家各得一也」。　又「大別」，
　　山名。又辨也，用如名。　音便[18]，則外動字，離別也。

合：〔侯閤切〕，一作外動字，同也。《易・乾》「保合大和」。
　　《詩・小雅・常隸》「妻子好合」。　又會也。《禮・王制》
　　「不能五十里者，不合於天子」。　又聚也。《論・子路》「始
　　有，曰，苟合矣」。　又答也。《左・宣二》「旣合而來奔」。
　　此內動字，無止詞也。　一作名字，配也。《詩・大雅・大明》
　　「天作之合」。《史・貨殖列傳》「蘖麴鹽豉千合」。《注》
　　謂四者輕重多寡相配合耳。又「六合」「宇合」皆名也。　〔葛
　　合切〕，則專作名字。《漢・律曆志》「量者，龠、合、升、
　　斗、斛也，所以量多少也」。

動字駢列　　　馬建忠 著

案：經史中動字，往往取對待兩字連用者，又取雙字義同且爲

---

[18]章云：「離別」之「別」不音「便」，此蓋用《康熙字典》便〔入聲〕之文
而脫去〔入聲〕二字。

雙聲叠韻者[19]，學者閱書，當自得之。對待兩字連用者，如：
行藏、興亡、窮通、浮沉、悲歡、縱橫、安危、盈虛、公私、
從違、鉤深[20] 去留、屈伸、抑揚、卷舒、進退、出處、出入、
出納、作息、去就、聚散、向背、隱顯、陟降、反復、坐作、
逆順、開闔、游息、增損、通塞、操舍、因革、褒貶、辭受、
施報、窮達、成毀、張弛。

　　雙字同義者，如：
觀瞻、登臨、追陪、搜尋、棲遲、奔趨、奔馳、謳歌、扶持、
提攜、施爲、耕耘、調和、藏修、栽培、承宣、旬宣、游揚、
調護、維持、切磋、琢磨、品題、品量、較量、激揚、鼓舞、
櫛沐、粉飾、顧盼、睥睨、洗滌、選擇、掎角、反側、步驟、
贊化、樹立、消遣、征伐、耕穫、區處、封殖、招攜、鋪排、
推詳、支掌、驅除、勾銷、薰陶、陶鑄、陶鎔、條陳、吹噓、
侵凌、鞭笞、範圍、調停、掩藏、揣摩、破除、鍛鍊、周內、
整齊、發揮、羽儀、主張、播遷、整葺、脫略、付託、造就、
剖決、束縛、掃蕩、誘掖、獎勸、裁定、殞墜、扇惑、摘抉、
觖望、怨望、跧弛、陳設、覬覦、窺伺、褒顯、蠲免、創垂、
懲勸、扶翊、調處、擔荷、遴選、超擢、商確。

　　雙聲叠韻者[21]，如：

流離、烋休、躊躇、徜徉、逍遙、猖狂、蹉跎、纏綿、趑趄、

綢繆、荒亡、經營、甄陶、周旋、逡巡、相羊、倉忙、遲疑、

迤邐、雍容、支離、盤桓、遷延、留連、優游、欷歔、恢諧、

劻勷、因循、搶攘、陸梁、逗遛、覬覦、滑稽、卓犖、黽勉、

繾綣、嘯傲、怫鬱、恐懼、感慨、酷毒、蔑裂、踟躕、邂逅、

偓佺、辟易、抑鬱、土苴、耿介、勉勵、矯揉、雜遝、慷慨、

猶豫、誠悃、顛倒、盤薄、狼戾、鉤距、蕭散。

　　然雙聲叠韻諸字，所以狀容者居多，故概通狀字。

編按：以上〈名字辨音〉、〈動字辨音〉、〈動字駢列〉數則，係
摘自清丹徒馬建忠之《馬氏文通》。馬氏於同一字之異音異義，辨
別甚明。其中部分較為深僻者，於今已鮮有人知矣。用特錄之，以
供詞人操觚、吟誦及教讀之參考。又馬氏將詞（字）分成實字與虛
字。實字五類為：名字、代字、靜字、動字、狀字；虛字四類：介
字、連字、助字、嘆字。時下有將數詞自靜字（形容詞）中分出，
另立量詞一類者。又馬氏〈名字辨音〉、〈動字辨音〉、〈動字駢列〉
諸條之夾註中所謂「章云」者，乃指章錫琛。本書依上海教育出版
社二○○五年四月版。

易經六十四卦卦名

---

21 下列例字中，甄陶、周旋、勉勵、矯揉、誠悃等，既非雙聲，也非叠韻。

乾為天,　　天風姤,　　天山遯,　　天地否,

風地觀,　　山地剝,　　火地晉,　　火天大有,

坎為水,　　水澤節,　　水雷屯,　　水火既濟,

澤火革,　　雷火豐,　　地火明夷,地水師,

艮為山,　　山火賁,　　山天大畜,山澤損,

火澤睽,　　天澤履,　　風澤中孚,風山漸,

震為雷,　　雷地豫,　　雷水解,　　雷風恆,

地風升,　　水風井,　　澤風大過,澤雷隨,

巽為風,　　風天小畜,風火家人,風雷益,

天雷無妄,火雷噬嗑,山雷頤,　　山風蠱,

離為火,　　火山旅,　　火風鼎,　　火水未濟,

山水蒙,　　風水渙,　　天水訟,　　天火同人,

坤為地,　　地雷復,　　地澤臨,　　地天泰,

雷天大壯,澤天夬,　　水天需,　　水地比,

兌為澤,　　澤水困,　　澤地萃,　　澤山咸,

水山蹇,　　地山謙,　　雷山小過,雷澤歸妹。

編按:由於馬氏〈名字辨音〉、〈動字辨音〉中引用卦名之例甚多,且多用簡寫,恐大部分讀者不甚了了,故將易經六十四卦名錄下,以供參考。

國家圖書館出版品預行編目資料

清詩話精華 / 林正三輯錄. -- 初版. - 臺北市：
文史哲，民 96
面： 公分（臺灣瀛社詩學會叢書；3）
ISBN 978-957-549-724-8 平裝)

1. 中國詩 – 評論

821.87　　　　　　　　　　　96012072

臺灣瀛社詩學會叢書　3

清 詩 話 精 華

輯 錄 者：林　　　　正　　　　三
出 版 者：文　史　哲　出　版　社
http://www.lapen.com.tw
登記證字號：行政院新聞局版臺業字五三三七號
發 行 人：彭　　　　正　　　　雄
發 行 所：文　史　哲　出　版　社
印 刷 者：文　史　哲　出　版　社
臺北市羅斯福路一段七十二巷四號
郵政劃撥帳號：一六一八〇一七五
電話 886-2-23511028 ・ 傳真 886-2-23965656

實價新臺幣 四〇〇元

中華民國九十六年（2007）七月初版